Verhandlungen, Mitteilungen

und

Berichte

des

Centralverbandes Deutscher Industrieller.

№ 115.

Herausgegeben

von

H. A. Bueck, geschäftsführendem Mitglied im Direktorium,
Berlin W., Karlsbad 4a.

Telephon: Nr. 2527, Amt VI.

Mai 1909.

Berlin 1909.
J. Guttentag, Verlagsbuchhandlung,
G. m. b. H.

Inhaltsverzeichnis.

Versammlung

der

Delegierten des Centralverbandes Deutscher Industrieller

am 29. April 1909.

Vorsitzender Landrat a. D. **Rötger**-Berlin: Meine Herren, ich eröffne die Delegiertenversammlung des Centralverbandes und heiße die Herren Delegierten namens des Direktoriums herzlich willkommen.

Die Königliche Staatsregierung ist vertreten durch Herrn Geh. Oberregierungsrat Neumann, der unter uns ja bereits ein bekannter und, ich darf wohl sagen, lieber Gast ist. Ich heiße den Herrn Geheimrat ebenfalls herzlich willkommen und ebenso die Herren von den befreundeten Verbänden, welche die Güte gehabt haben, hier zu erscheinen.

Meine Herren, bevor wir unsere Tagesordnung erledigen, möchte ich Ihre Aufmerksamkeit noch einen kurzen Augenblick in Anspruch nehmen.

Unter den Vorlagen, die das Direktorium vorbereitet hat, und die Sie auf Ihren Plätzen finden, ist auch eine Resolution, betreffend die Reichsfinanzreform.

Meine Herren, seitdem der Centralverband sich mit dieser großen Vorlage beschäftigen durfte, seit jener Versammlung der Delegierten aus dem Anfange des November v. J., vor welcher eben erst die Vorlage der Verbündeten Regierungen bekannt geworden war, sind fast sechs Monate verflossen, und noch ist nicht zu übersehen, wann und in welcher Weise diese wichtige Vorlage zur Verabschiedung gelangen wird (Zuruf: leider!), eine Vorlage, die so wichtig ist, wie seit langer, langer Zeit wohl keine unseren Reichstag und Bundesrat beschäftigt hat. Schon wieder ist die Reichsregierung zur Deckung ihrer laufenden Bedürfnisse genötigt, an die Sparkraft der Nation zu appellieren; sicherlich geht mit den Zeichnungen auf die neue Reichsanleihe ein nicht unbeträchtlicher Teil der Ersparnisse, des Zuwachses zu unserem Nationalvermögen, den werbenden Anlagen verloren, und mit diesen 320 Millionen neuer Anleihe wächst unsere Reichsschuld wieder um annähernd den zehnten Teil ihres gegenwärtigen Bestandes weiter an.

Meine Herren, Sie werden nicht von mir erwarten, daß ich vor Ihnen politisiere oder gar polemisiere; aber das Direktorium hat gestern in seiner Sitzung es doch nahezu für Pflichtvergessenheit gehalten, wenn heute der Versammlung nicht Gelegenheit gegeben würde, in diesem kritischen Zeitpunkte auch zu dieser Frage Stellung zu nehmen.

Meine Herren, die Frage der Reichsfinanzreform ist in unserer Delegiertenversammlung vom 7. November v. J. in der Weise behandelt worden, daß wir uns einmütig in den wesentlichsten Punkten auf den Boden der Vorlage der Verbündeten Regierungen stellen konnten, und auch gegen die Heranziehung des Besitzes zur Besteuerung sind Einwendungen von uns nicht erhoben worden. Wir wissen ja alle, daß gerade diese letzte Frage der Stein des Anstoßes geworden ist, daß gerade diese Frage die Lösung des ganzen Problems ungeheuer erschwert hat. .In der Verworrenheit, die in dieser Beziehung gegenwärtig wohl besteht, ist es aber für uns außerordentlich erfreulich — und das, meine ich, muß heute scharf betont werden —, daß aus allen, sowohl offiziellen wie offiziösen Erklärungen, die von den Verbündeten Regierungen ausgegangen sind, klar und deutlich erkennbar ist, daß die Regierung gewillt ist, ihren Standpunkt in dieser Sache festzuhalten (Beifall), und wir sollten, glaube ich, heute vor allen Dingen der Hoffnung Ausdruck geben, daß die Regierung sich von diesem ihrem Standpunkt nicht abdrängen lassen wird. (Zustimmung.)

Von diesem Hauptgedanken aus ist die Resolution vorbereitet, die Ihnen das Direktorium heute unterbreitet. Nehmen Sie dieselbe an, so, glaube ich, wird sie eine bedeutsame Kundgebung werden und ihren Eindruck nicht verfehlen, als die Kundgebung wichtigster Faktoren in unserem Wirtschaftsleben, so wichtiger Faktoren in unserem Wirtschaftsleben, daß sie eben nicht ungehört bleiben können, wirtschaftlicher Faktoren, welche gern bereit sind, da, wo es not tut, zu den großen Lasten, die sie schon zu tragen haben, auch weitere erhebliche Lasten auf sich zu nehmen, durchdrungen von der Ueberzeugung, daß die Gesundung unseres Wirtschaftslebens diese großen Opfer unbedingt erfordert. (Beifall.)

Meine Herren, ich möchte Ihnen die Resolution verlesen und darf nach den freundlichen Zurufen der **Hoffnung Ausdruck geben**, daß Sie dann diese Resolution annehmen werden.

Regierungsrat Dr. jur. **Bartels**=Berlin (liest):

„Der Centralverband Deutscher Industrieller hat mit den in seiner Versammlung der Delegierten am 7. November 1908 gefaßten Beschlüssen die von den Verbündeten Regierungen verlangte Finanzreform, unter eingehender Begründung, als für den Bestand und das Gedeihen des Reiches dringend notwendig anerkannt.

Der Centralverband hält nach wie vor für unerläßlich, daß ein Teil des Bedarfes aufgebracht werde durch die Erhöhung der Abgaben von wesentlich dem Genusse dienenden Artikeln des Massenverbrauches und zwar in der Weise, daß die Last nicht von den Herstellern, sondern von den Verbrauchern getragen werden muß.

Der andere Teil des Bedarfes ist dem Besitz derart aufzuerlegen, daß die für die Bundesstaaten zur Erfüllung ihrer eigenen Aufgaben unentbehrlichen Steuerquellen nicht angegriffen werden.

Der Centralverband bedauert lebhaft, daß die Parteien des Reichstags bisher einen Weg zur Lösung der ihnen gestellten Aufgabe nicht gefunden haben; er erwartet, daß die Verbündeten Regierungen an der Finanzreform festhalten werden.

Der Centralverband wird alle von den Verbündeten Regierungen zur schnellen und vollständigen Durchführung der Finanzreform für notwendig erachteten Maßnahmen, soweit erforderlich und tunlich, mit allen ihm zu Gebote stehenden Mitteln zu unterstützen und zu fördern bestrebt sein."

Vorsitzender: Meine Herren, wenn sich niemand zum Worte meldet — das ist der Fall —, dann darf ich annehmen, daß Sie e i n s t i m m i g diese R e s o l u t i o n a n g e n o m m e n haben. Ich konstatiere das. (Beifall.)

Ich danke Ihnen, meine Herren.

Meine Herren, ich habe nun noch nachholend Herrn Geheimrat K o c h vom Reichsamt des Innern als den Kommissar des Herrn Staatssekretärs des Innern hier zu begrüßen.

Wir treten nun in die Erledigung unserer Tagesordnung ein. Der erste Punkt ist:

Neuwahl des Direktoriums.

Das Direktorium besteht gegenwärtig aus den Herren:

Landrat Rötger, Vorsitzender,

Baurat Dr. v. Rieppel, erster stellvertretender Vorsitzender,

Geheimer Regierungsrat Koenig, zweiter stellvertretender Vorsitzender,

Hüttenbesitzer v. Vopelius,

Geheimer Finanzrat Dr. Jencke,

Geheimer Kommerzienrat Kirdorf,

Geheimer Kommerzienrat Vorster,

Geheimer Kommerzienrat Schlumberger,

Kommerzienrat Semlinger,

Geheimer Bergrat Hilger,

Geheimer Kommerzienrat Vogel,

Generalsekretär Bueck.

Meine Herren, wenn nicht ein anderer Vorschlag gemacht wird, würde eine Abstimmung durch Stimmzettel über die Neuwahl des Direktoriums vorzunehmen sein. (Rufe: Wiederwahl!) Es wird Wiederwahl mir zugerufen. (Rufe: Akklamation!) Es wird gerufen: Akklamationswahl. Akklamationswahl kann ich nur vornehmen lassen, wenn sich kein Widerspruch dagegen erhebt. Ich frage, ob jemand der Herren gegen die Akklamationswahl etwas einzuwenden hat. Das ist nicht der Fall.

Es ist die Wiederwahl des gesamten Direktoriums durch Akklamation in Vorschlag gebracht worden. (Beifall.)

Meine Herren, wenn sich kein Widerspruch erhebt — und das ist nicht der Fall —, dann darf ich annehmen, daß Sie mit diesem Vorschlage einverstanden sind. Das Direktorium ist in seiner Gesamtheit wiedergewählt.

Meine Herren, ich danke Ihnen namens des Direktoriums für das Vertrauen, welches Sie den Herren aussprechen, und nehme für meine Person die Wahl dankend an.

Die Herren, welche heute hier sind, darf ich fragen, ob sie ebenfalls die Wahl annehmen. (Wird bejaht.) — Das ist der Fall.

Wir kommen zu Punkt 2 unserer Tagesordnung:

Das Arbeitskammergesetz nach den Beschlüssen der Kommission des Reichstages.

Ich gebe dem Herrn Generalsekretär Bueck als Referenten das Wort.

Referent Generalsekretär **Bueck**-Berlin: Geehrte Herren! Im Verlaufe eines noch nicht beendeten halben Jahres hat das Direktorium Sie zum dritten Male zu einer Versammlung der Delegierten nach Berlin berufen. Das ist in der 33jährigen Geschichte des Centralverbandes noch nicht vorgekommen, und es ist auch nicht leichten Herzens geschehen. Der Weg aber, den die Gesetzgebung im Deutschen Reiche eingeschlagen hat, macht es erforderlich, selbst außergewöhnliche Maßregeln zu ergreifen zu dem Versuche, die bedrohten Interessen der Industrie und des Wirtschaftslebens zu wahren.

Meine Herren, die früheren Delegiertenversammlungen pflegte ich einzuleiten mit einem Bericht über die allgemeinen, den Centralverband und die Industrie betreffenden Verhältnisse. Das ist zuletzt am 17. November 1906 geschehen. Seit der Zeit haben, abgesehen von der heutigen, vier Delegiertenversammlungen stattgefunden, in denen — auch ein Zeichen der Zeit — für einen Geschäftsbericht kein Raum war; so waren sie durch andere Erörterungen belastet.

Heute glaube ich meinem Referat über die Arbeitskammern, das nicht lange Zeit in Anspruch nehmen wird, einige Bemerkungen über die allgemeinen Verhältnisse voranschicken zu dürfen.

Meine Herren! Nach jahrelangem, glänzendem Aufschwunge und höchster Blüte unserer Industrie trat gegen Ende des Jahres 1907 eine rückläufige Bewegung ein, die sich während des vergangenen Jahres fortsetzte und in der wir uns anscheinend auch heute noch befinden. Dieser wirtschaftliche Rückgang hat der Industrie schwere Opfer auferlegt und große Verluste bereitet, aber Katastrophen größeren Umfanges, die sonstigen Begleiterscheinungen ähnlicher krisenhafter Zustände, sind diesmal in Deutschland nicht eingetreten. Ich betrachte das als ein Zeichen, daß unsere industrielle und unsere wirtschaftliche Bewegung, vor allem aber der gewaltige Aufstieg unseres Wirtschaftslebens sich auf einer festen, gesunden Grundlage vollzogen haben.

Meine Herren, gestatten Sie mir noch einige andere Symptome und Erscheinungen dafür hier anzuführen. Die Handelsbeziehungen zum Auslande sind gewöhnlich maßgebend für die Bedeutung der wirtschaftlichen Verhältnisse eines Landes. In dieser Beziehung werde ich mir erlauben, Ihnen drei Zahlen anzugeben über die Einfuhr, die Ausfuhr und den gesamten Außenhandel, und zwar für das

Jahr 1872 und 35 Jahre später für das Jahr 1907, und dann für den Rückgang, der im Jahre 1908 gegenüber dem Jahre 1907 stattgefunden hat.*)

Im Jahre 1872 — ich werde die Jahre noch einmal nennen — betrug die Einfuhr in Deutschland 3,4 Milliarden Mark, 35 Jahre später 9 Milliarden. Im vorigen Jahre ist sie zurückgegangen auf 8,7 Milliarden. — Die Ausfuhr — ich nenne jetzt nur die Zahlen — betrug 2,5 Milliarden, sie war gestiegen bis 1907 auf 7,1 Milliarden und ist zurückgegangen auf 6,8 Milliarden. Der gesamte Außenhandel betrug 1872: 6 Milliarden, 1907: 16,1 Milliarden. Er ist zurückgegangen auf 15,5 Milliarden.

Aber, meine Herren, wenn man die Bedeutung des Rückganges für Deutschland beurteilen will, dann muß man sich auch die Verhältnisse in den anderen Ländern ansehen. Ich nenne Ihnen für 1908 den gesamten Außenhandel der verschiedenen Staaten und gebe dann die Summe des Rückganges im vorigen Jahre:

	Gesamtaußenhandel	Rückgang
England	19,4 Milliarden	2000 Millionen
Frankreich	9 „	364 „
Belgien	4,7 „	228 „
Oesterreich-Ungarn . .	4,1 „	96 „
Schweiz	2,1 „	172 „
Vereinigte Staaten . .	12 „	2100 „

Deutschland hat bei einem Gesamtaußenhandel von 15 1/2 Milliarden einen Rückgang von 525 Millionen.

Diese Zahlen sind aber noch nicht so anschaulich wie die Prozentsätze. Der Rückgang hat betragen:

in den Vereinigten Staaten	15,1 pCt.
„ England	9,5 „
„ der Schweiz	7,5 „
„ Belgien	4,6 „
„ Frankreich	3,85 „
„ Deutschland	3,25 „

---

*) Diese und ein Teil der folgenden statistischen Angaben sind entnommen aus der Einleitung zu dem Handelsbericht der Firma **Gehe & Co.**, Akt.-Ges. in Dresden. Diese Berichte erscheinen seit vielen Jahren und werden von der Geschäftswelt und den praktischen Nationalökonomen sehr hoch geschätzt. Ich habe keine Bedenken getragen, diese Zahlen wiederzugeben, da mir bekannt war, daß die erwähnte Einleitung von einem Statistiker ersten Ranges abgefaßt worden ist, der viele Jahre in der Interessenvertretung der Industrie an hervorragender Stelle tätig gewesen und auch im Centralverbande hochgeschätzt worden ist. **Bueck.**

Also, meine Herren, Deutschland hat sich in dieser Beziehung am besten gehalten, mit Ausnahme von Oesterreich, welches nur einen Rückgang von 2,3 pCt. hat, und Italien, das — wir können wohl sagen erfreulicherweise — keinen Rückgang, sondern eine Zunahme seines Gesamtaußenhandels von 1,22 pCt. gehabt hat.

Kohle und Eisen sind gewissermaßen der Gradmesser für die industrielle Bewegung. Die Produktion an Kohle hat im Jahre 1908 gegen 1907 abgenommen

in den Vereinigten Staaten um 12 pCt.,
„ England . . . . . „ 5,9, also nahezu 6 pCt.,
„ Deutschland . . . . „ 1,3 pCt.

Die Produktion an Roheisen hat in den Vereinigten Staaten abgenommen um 38,2 pCt., in England um 10,7 pCt., in Deutschland um 8,2 pCt.

Auch in diesen Beziehungen hat Deutschland die wenigste Einbuße erlitten.

Meine Herren, die außerordentlichen Schwankungen in der Roheisenproduktion in den Vereinigten Staaten von Amerika, der Rückgang in einem Jahre, von 26,1 Millionen Tonnen auf 16,1 Millionen Tonnen, ist meines Erachtens das Anzeichen ungesunder, unnatürlicher Verhältnisse.

Für dieses Urteil liegen aber noch andere Anhaltspunkte vor. Während die industrielle Hochkonjunktur noch ungeschwächt fortdauerte, ging von den Vereinigten Staaten eine Geldkrisis aus, die sich über alle Länder verbreitete und zu einer außerordentlichen Geldknappheit führte. Anzeichen für diese Erscheinung waren freilich schon früher erkennbar gewesen. Es betrug der Durchschnittsdiskont unserer Reichsbank im Jahre 1905 noch den normalen Satz von 3,187 pCt.; im Jahre 1906 war er schon gestiegen auf 5,149 pCt., er stieg im Jahre 1907 auf 6,033 pCt., und der Diskont erreichte im Jahre 1908 die unerhörte Höhe von 7 ½ pCt., das äußerste Zeichen der gewaltigen Geldknappheit.

Meine Herren, diese Geldknappheit hat der Geschäftswelt schwere Opfer auferlegt, im allgemeinen aber hat sie, nach meinem Erachten, eine günstige Wirkung ausgeübt; denn sie hat dazu beigetragen, daß in der Zeit der höchsten Konjunktur eine ungesunde Vermehrung unserer Produktion vermieden wurde (sehr richtig!) und unsere gesunden wirtschaftlichen Grundlagen weiter erhalten blieben.

Meine Herren, diese Geldknappheit ist gegenwärtig überwunden. Der Diskont ist schon im März d. J. auf 3 ½ pCt. zurückgegangen. Zu dieser befriedigenden Erscheinung kommt noch etwas anderes.

Infolge der Reichsfinanzreform, mit der wir uns eingehend in der Delegiertenversammlung am 7. November v. J. beschäftigt haben, und die, wie ich überzeugt bin, durch Ihre heutige großzügige und weitblickende Erklärung auch gestützt und gefördert werden wird, sind Untersuchungen und Schätzungen angeregt worden über die Höhe des deutschen Nationalvermögens. Eine in weiten Kreisen sehr beachtete und von einer nicht geringen Zahl von Autoritäten als ziemlich richtig anerkannte derartige Schätzung hat der Herausgeber der Deutschen Industrie-Zeitung, unseres Organs, Herr Steinmann-Bucher, veröffentlicht. Ich will all diese Berechnungen und Schätzungen im einzelnen hier durchaus nicht vertreten; aber das geht sicherlich aus ihnen hervor, daß Deutschland aus einem armen Lande ein reiches Land geworden ist, daß wir uns bezüglich der Höhe unseres Nationalvermögens vollberechtigt an die Seite von England und Frankreich stellen können, welche Länder bisher als die reichsten galten und manchmal von uns in dieser Beziehung beneidet sein mögen. Das, glaube ich, muß uns mit freudiger Hoffnung für die Zukunft erfüllen.

Diese hohe Stellung hätte Deutschland nicht erreichen können ohne den gewaltigen Aufschwung seiner industriellen und gewerblichen Tätigkeit und seines Handels. Dennoch möchte ich die Bezeichnung „Industriestaat" in dem Sinne, wie sie gewöhnlich auf England und wohl auch auf Belgien angewandt wird, nicht für Deutschland gelten lassen; denn für mich steht es außer Zweifel, daß der industrielle Aufschwung, der unser Wirtschaftsleben auf eine so hohe Stufe gehoben hat, zum sehr großen, zum wesentlichen Teile auf unserer heimischen Landwirtschaft und dem unverkennbar fortschreitenden Gedeihen dieses grundlegenden Gewerbes beruht. (Sehr richtig!)

Meine Herren, bei einer Gesamtbevölkerung von 45,3 Millionen im Jahre 1882 waren 42 ½ pCt. der Bevölkerung in der Landwirtschaft und 45 ½ pCt. in Industrie, Gewerbe, Handel und dem Verkehrswesen beschäftigt. Die letzte Volkszählung von 1907 hat eine Bevölkerung von 61,7 Millionen ergeben; das Bild hat sich aber wesentlich geändert. In der Landwirtschaft waren nur 28,65 pCt., in Industrie, Gewerbe, Handel und Verkehr aber 56,10 pCt. beschäftigt.

Diese Abnahme der in der Landwirtschaft beschäftigten Personen hat zu manchen irrigen Schlußfolgerungen geführt. Ich behaupte, daß man daraus durchaus nicht auf einen Rückgang in der Landwirtschaft schließen darf, höchstens darauf, daß in der Landwirtschaft nicht mehr so viel Menschen beschäftigt werden, wie in früheren Jahren.

Die landwirtschaftlich bebaute Fläche ist eher größer als geringer geworden; aber ich behaupte mit aller Entschiedenheit, daß sie mit höherer Intelligenz, mit größerem Kapital in intensiver Weise und mit steigenden Erträgen betrieben wird. (Sehr richtig!)

Meine Herren, die gesteigerten Erträgnisse gehen aus folgenden wenigen Zahlen hervor. Der Getreidebau hat von 1880 bis 1908 in Millionen Tonnen zugenommen: bei Roggen von 4,9 auf 10,7, bei Weizen von 2,3 auf 3,7, bei Hafer von 4,2 auf 7,6, bei Kartoffeln von 19,4 auf 46,3. Auch eine Steigerung der Viehhaltung ist wahrzunehmen. In der Schafzucht freilich, in der Deutschland früher Bedeutendes leistete, nicht. Die Schafzucht ist in den letzten 50 Jahren von 28 Millionen auf 7,7 Millionen zurückgegangen. Aber, meine Herren, dabei bitte ich zu bedenken, daß die Schafzucht die Signatur der extensiven Wirtschaftsweise auf größeren nur teilweise oder gar nicht angebauten Flächen ist; das beweisen Argentinien, das Kap und vor allem Australien, Länder die jetzt in der Hauptsache die Welt mit den Erzeugnissen der Schafzucht versorgen. Mit der intensiven Wirtschaftsweise läßt sich die Schafzucht nicht mehr vereinigen. Dafür aber, meine Herren, haben die anderen Viehgattungen in außerordentlicher Weise zugenommen. Gegen das Jahr 1860 ist im Jahre 1907 die Haltung gestiegen

bei Pferden von 3,2 Millionen auf 4,3 Millionen
„ Rindern „ 15,0 „ „ $20^1/_2$ „
„ Schweinen „ 6,4 „ „ 22,1 „
„ Ziegen — der Kuh des armen Mannes —
von 1,8 Millionen auf 3,5 Millionen.

Federvieh war im Jahre 1900 vorhanden: $64^1/_2$ Millionen, die Zahl ist gestiegen im Jahre 1907 auf 76,7 Millionen.

Nun gestatten Sie mir noch zwei Zahlen zu nennen. In den letzten 20 Jahren ist der Verbrauch der binnenländischen Landwirtschaft an Kalisalzen von $1^1/_2$ Millionen auf $17^1/_4$ Millionen Doppelzentner und der Verbrauch von Thomasmehl von 50 000 dz auf $11^4/_5$ Millionen Doppelzentner gestiegen.

Meine Herren, ich glaube, keine anderen Verhältnisse geben ein so deutliches und beweiskräftiges Bild von der zunehmenden Intelligenz, mit der unsere Landwirtschaft bewirtschaftet wird, von der größeren Stärke ihrer Betriebskapitalien als diese beiden Zahlen, und darauf muß man hinweisen, wenn man von der Bedeutung unserer Landwirtschaft spricht.

Daher auch, meine Herren, hat die Landwirtschaft eine außerordentliche Bedeutung für unseren inneren Markt (sehr richtig!), denn wir müssen den Innenmarkt als die sicherste und festeste Stütze unserer ganzen industriellen Tätigkeit betrachten. Somit hängt die Pflege der Landwirtschaft auch sehr mit der Existenz und dem Gedeihen der Industrie zusammen. (Beifall.)

Meine Herren, daher kann ich mit vollster Berechtigung, wie ich das auch in meinem letzten Bericht am 17. November 1906 getan habe, auch heute mit Genugtuung sagen, daß in den soeben dargelegten Verhältnissen eine glänzende Rechtfertigung der Handels- und Zollpolitik des Centralverbandes liegt. Es ist uns leider nicht gelungen, die extremen Auswüchse einer demagogischen Agrarpolitik, die sich in unverhältnismäßig hohen Zöllen für die Lebensmittel, in der Belastung unserer Rohmaterialien — ich nenne nur den hohen Zoll auf Quebracho — betätigte, abzuwenden. Wir haben vergebens dagegen gekämpft. Aber, meine Herren, für einen angemessenen Zoll für den Getreidebau, die hauptsächlichste Grundlage unserer Landwirtschaft, sind wir trotz aller Schmähungen und trotz aller Angriffe, die gegen uns gerichtet worden sind, mit aller Entschiedenheit und, wie ich annehme, auch mit Erfolg aufgetreten.

Meine Herren, man sollte eigentlich annehmen, daß die Frage der größeren oder geringeren Zuneigung zur Schutzzoll- oder zur Freihandelspolitik heute ausgeschaltet werden sollte, und, meine Herren, nur ein auffallender Mangel der Beurteilung der allgemeinen Verhältnisse, wie sie sich im einzelnen und bei der Gesamtheit der Staaten gestaltet haben, kann dazu führen, von Deutschland zu verlangen, daß es nun zu einem ganz extremen Schutzzollsystem übergehe, wie es ja leider in den Vereinigten Staaten und auch noch in einigen anderen Ländern herrscht, oder daß es seinen Schutzzoll aufgeben und vollständig zum Freihandel zurückkehren soll. Das ist vollständig ausgeschlossen. Die Verhältnisse sind in dieser Beziehung auf Jahre hinaus geregelt, und daher ist es nicht zu verstehen, wie heute eine Differenz der Anschauungen auf diesem Gebiete noch zu großen Differenzen in der Industrie selbst führen kann. (Sehr richtig!) Und dennoch, meine Herren, geschieht das, dennoch, meine Herren, tritt mir die Tatsache entgegen, daß Vereine, die in dem größten Teil ihrer Mitglieder sich gern dem Centralverbande anschließen möchten, wegen des alten Hasses einzelner gegen den Centralverband, wegen seiner „hochschutzzöllnerischen Tendenzen", die ihm von Anfang an angedichtet worden sind, weil er mit äußerster Energie damals für den Wandel unserer Wirtschaftspolitik eingetreten ist, diesen Anschluß nicht vollziehen. Auch die Angriffe gegen den Centralverband haben nicht aufgehört, sie sind sogar wegen seiner Schutzzollpolitik vor einiger Zeit, vor 14 Tagen ungefähr — ich weiß das nicht genau — von der „Deutschen Arbeitgeber-Zeitung" gegen den Centralverband gerichtet worden. Die „Deutsche Arbeitgeber-Zeitung" geht davon aus, daß der Centralverband seine Politik hauptsächlich nach Bismarck eingerichtet hätte, daß diese Politik während der Bismarckschen Zeit auch ganz angebracht gewesen sei. Heute aber sei diese Bismarcksche Politik überwunden, und daher sei eigentlich der Centralverband mit seiner Politik, der die Bismarckschen Anschauungen noch zugrunde liegen, auch veraltet und nicht mehr geeignet, sich als Vertreter der Industrie zu gerieren; und es wäre Zeit, daß er eben wegen seiner alten Schutzzollpolitik und der Bismarckschen Traditionen beseitigt würde.

Nun, meine Herren, die „Deutsche Arbeitgeber-Zeitung" hat manche lieblichen Bocksprünge gemacht (Heiterkeit), und ich kann Ihnen versichern, in meinem ernsten Leben ist es immer ein Augenblick der Erheiterung, wenn ich so etwas lese. (Heiterkeit.)

Meine Herren, bezüglich der Handelspolitik — da ich nun einmal daran bin — habe ich Ihnen mitzuteilen, daß im vorigen Jahre Handelsverträge abgeschlossen worden sind mit Bolivien, mit Liberia, mit San Salvador und Haiti. Bezüglich dieses Landes ist durch den Abschluß des Handelsvertrages der Zustand eines Zollkrieges beendet worden. Dann ist ein Handelsvertrag mit Portugal abgeschlossen worden, der aber noch der Annahme durch die beiderseitigen Volksvertretungen bedarf. Unsere Regierung ist sehr viel angegriffen worden, weil sie die einzelnen Bestimmungen dieses Vertrages nicht veröffentlicht hat. Soweit ich weiß, hat sie eine Verpflichtung übernommen, eine Veröffentlichung nicht eher vorzunehmen, als bis der Vertrag von der portugiesischen Volksvertretung angenommen sei, was, soweit ich unterrichtet bin, bis jetzt nicht geschehen ist. Wir haben aber aus Portugal selbst genügende Mitteilungen über den Inhalt dieses Vertrages erhalten. Ich kann nicht auf alle Einzelheiten hier eingehen, ich muß aber leider mitteilen, daß Portugal einzelne seiner Zölle in sehr weitem Maße erhöhen wird, eine Maßregel, die wahrscheinlich mit den finanziellen Bedürfnissen dieses Staats zusammenhängt. Meine Herren, dadurch werden unsere Exportindustrien, beispielsweise die Zementindustrie, schwer getroffen werden. Aber es ist erreicht, was zu erreichen war; wir haben die Meistbegünstigung, wir können nicht ungünstiger behandelt werden als irgendein anderes Land, und vorläufig haben wir einen gewissen Vorsprung; denn wir haben den ersten Handelsvertrag abgeschlossen, und alle anderen Länder unterliegen voraussichtlich so lange, bis sie zu einem Vertragsabschluß gelangt sind, dem portugiesischen Maximaltarif, während wir den niedrigsten Tarif genießen.

Meine Herren, unsere Exportindustrie wird aber weiter in ernster Weise bedroht durch die Vorgänge in Frankreich und in den Vereinigten Staaten. Die Revision des in manchen Teilen veralteten französischen Zolltarifs war geboten und gerechtfertigt. Die sehr schutzzöllnerische Mehrheit des Parlaments hat aber diese Gelegenheit benutzt, um ganz außerordentlich schwere Erhöhungen der französischen Zölle zu beantragen, Erhöhungen, die selbst der französischen Regierung und einem sehr großen Teile der Bevölkerung, namentlich der Bevölkerung des Südens, zu weit gehen und von diesen beiden Seiten vorläufig bekämpft werden. Die Sache ist noch nicht zum Abschluß gelangt.

Die Revision des Dingley-Tarifs hat schon seit Jahren das Objekt des Kampfes der Parteien der Vereinigten Staaten gebildet. Der abgetretene Präsident Roosevelt hat sie warm befürwortet und zu fördern gesucht, und sein Nachfolger scheint mit aller Energie daran gegangen zu sein, denn er hat lediglich zur Revision des Zolltarifes bald nach Antritt seines Amtes eine Extrasession des Repräsentantenhauses und des Senats berufen. Zu beschäftigen hatten sich diese Körperschaften zunächst mit einem von der maßgebenden Kommission und von dem Mitgliede des Repräsentantenhauses Payne vorbereiteten und nach diesem auch benannten Tarifentwurf. Der Entwurf ist im Repräsentantenhause erledigt, aber im Senat wohl anscheinend bereits ganz beiseite geschoben; denn ein anderer Tarifentwurf, eingebracht von dem Senator Aldridge, wird jetzt erörtert. Auch er aber soll schon durch eine neue Vorlage wieder beiseite gestellt sein. Was dabei herauskommt, müssen wir abwarten. Es wird nicht günstig für uns sein, denn wenn auch von vielfachen Zollermäßigungen die Rede ist, so ist ebenso die Rede von anderen zollpolitischen Maßregeln, durch welche diese Ermäßigungen paralysiert oder in ihr Gegenteil verwandelt werden könnten. Sicher scheint aber zu sein, daß bedeutende unserer Industrien, wie beispielsweise die Porzellan-, Glas- und ganz besonders ein Zweig unserer Textilindustrie, die Wirkwarenindustrie, die bisher guten Absatz in den Vereinigten Staaten hatten, schwer durch Zollerhöhungen getroffen werden.

Es würde mich zu weit führen im einzelnen hier darzulegen, was Ihre Geschäftsführung getan hat, um jene Schädigungen von unserer Industrie abzuwenden. Ich kann aber versichern, daß mit Erhebungen bei unseren Mitgliedern, mit Eingaben bei den betreffenden Behörden, durch persönliche Verhandlungen mit den maßgebenden Stellen im Reiche, im Zusammenarbeiten mit anderen, den gleichen Zweck verfolgenden Körperschaften alles geschehen ist, was geschehen konnte, um die Interessen unserer Industrie zu wahren.

Meine Herren, was das Reich eventuell tun kann und tun wird, wenn unseren Exportindustrien durch das Vorgehen von Frankreich und den Vereinigten Staaten solche Schädigungen erwachsen, das zu erwägen ist Sache einer späteren Zeit. Ich möchte aus verschiedenen Gründen heute nicht darauf eingehen. Erinnern möchte ich aber daran, meine Herren, daß wir im Centralverband doch Veranlassung hatten, schwer darüber zu klagen, daß unser neuer Zolltarif für den Kampf, zu dem sich eigentlich jede Verhandlung über den Abschluß eines Handelsvertrages ausgestaltet, eine stumpfe Waffe war, und daß demgemäß die neuen Handelsverträge nicht vorteilhaft für unsere Industrien, sondern für viele derselben sogar direkt nachteilig und schädlich waren. (Sehr richtig!) Es war natürlich, daß sich während der Hochkonjunktur jene Folgen nicht in dem befürchteten Maße gezeigt haben. Jetzt beim Niedergang treten sie deutlich erkennbar hervor, und der Centralverband wird dafür Sorge tragen, daß sie festgestellt und im gegebenen Augenblicke verwertet werden. (Beifall.)

Meine Herren, aus diesen Verhältnissen wird die Industrie hoffentlich die Lehre ziehen für das, was sie bei künftiger Vorbereitung von Handelsverträgen und bei den Verhandlungen über dieselben zu tun hat. Meine Herren, vor allen Dingen muß sie darauf dringen, daß ihr selbst eine wirkungsvolle Mitarbeit bei den Verhandlungen und bei dem Abschluß der Handelsverträge eingeräumt wird. (Zustimmung und Beifall.) Meine Herren, sie wird mit aller Entschiedenheit darauf dringen müssen, daß die Verhandlungen nicht lediglich von Staatsbeamten geführt werden. (Beifällige Zustimmung.) Mögen diese Herren die klügsten, weitsichtigsten und unterrichtetsten und von dem besten Willen beseelt sein, so ist es doch absolut unmöglich, daß diese Herren Beamten über die tausendfach verwickelten verschiedenen Verhältnisse nicht nur in der Industrie unseres Landes, sondern auch in der Industrie des betreffenden anderen Landes, mit dem die Verhandlungen gepflogen werden, so genau unterrichtet sein können, wie es für den Abschluß eines Handelsvertrages erforderlich ist. (Lebhafte Zustimmung.) Daher werden die Industriellen in Zukunft bitten müssen, daß bei Verhandlungen über Handelsverträge, mögen sie hier oder im Auslande geführt werden, wenigstens bezüglich der hauptsächlichsten Positionen die interessierten Industriellen selbst zugezogen werden, gewissermaßen als Beirat. (Sehr richtig!) Das würde in der Geschichte des Abschlusses von Handelsverträgen kein Novum sein. Ich weiß, daß bei dem Handelsvertrage mit Oesterreich sich die staatlichen Unterhändler dieses Landes mit einem ganzen Stabe von Industriellen als Beirat umgeben hatten. Meine Herren, es wird auch dem „Wirtschaftlichen Ausschuß" eine permanente Mitarbeit bei den Verhandlungen über den Abschluß von Handelsverträgen eingeräumt werden müssen. Da kann heute noch immer die Tätigkeit des bei den Verhandlungen über den ersten russischen Handelsvertrag von dem Centralverbande freiwillig gebildeten Beirats als mustergültig angesehen werden. (Sehr richtig!) Meine Herren, der Centralverband hatte einen solchen Beirat für Handel und Gewerbe gebildet. Wenn ich hier — wie wohl notwendig — die Tätigkeit dieses Ausschusses für Handel und Industrie in kurzen Strichen zeichnen will, so bestand sie darin, daß bezüglich der meisten wichtigsten Positionen von diesem Ausschuß die Industriellen zu kontradiktorischen Verhandlungen zitiert wurden, die in den meisten Fällen ein ganz anderes Resultat ergaben, als die Korrespondenzen, die vorher geführt worden waren. Die Gründe dafür liegen auf der Hand. Meine Herren, die Ergebnisse der kontradiktorischen Verhandlungen wurden sofort in die geeignete Form gebracht und dann den staatlichen Unterhändlern übergeben. Denn damals war die Regierung weitsichtig genug gewesen, sich dieses freiwilligen Beirats zu bedienen. Meine Herren, damit nicht genug, es wurden Muster herbeigeschafft, um als Beispiel und zur Feststellung der sehr schwierigen Definitionen zu dienen. Das Bureau des Centralverbandes glich in jener Zeit einem großen Warenlager, einem großen Warenhause. So ging es da zu, und ich muß nach meiner Ueberzeugung behaupten, daß diese Mitwirkung wesentlich dazu beigetragen hat, daß der erste russische Handelsvertrag für Deutschland außerordentlich günstig ausgefallen ist. Unser hochverehrtes Mitglied, der Herr Geheime Kommerzienrat Vogel, der damals mit außerordentlicher Aufopferung mitgearbeitet hat, wird alles das bestätigen können, was ich mir erlaubt habe, hier vorzutragen.

Meine Herren, in ähnlicher Weise wird künftig bei dem Abschluß neuer Handelsverträge gearbeitet werden müssen, namentlich im Hinblick darauf, daß die Absatzverhältnisse auf dem Weltmarkte sich unverkennbar durch den immer neu und schärfer auftretenden Wettbewerb ungünstiger gestalten. Dabei, meine Herren, tritt die Frage der Ermäßigung unserer Selbstkosten mit äußerster Schärfe in den Vordergrund. (Sehr wahr!)

Die Ermäßigung unserer Selbstkosten aber hängt zunächst ab von der Gestaltung unseres Verkehrswesens, von der Verbilligung unserer

Transporte. Damit kommen wir auf das Eisenbahnwesen zu sprechen. Leider muß ich sagen, daß wir die Hoffnung auf eine durchgreifende Ermäßigung der Gütertarife, namentlich für Rohmaterialien, nach den Ausführungen des Herrn Ministers für öffentliche Arbeiten in der Budgetkommission wohl für lange Zeit werden fahren lassen müssen. Der Herr Minister verwies auf die außerordentliche Steigerung des Betriebskoeffizienten, der seit 1897 von 56 pCt. auf über 70 pCt. im Jahre 1907 gestiegen ist. Im einzelnen gab der Herr Minister der öffentlichen Arbeiten an, daß von 1897—1907 gestiegen seien die Einnahmen um 67 pCt., die persönlichen Ausgaben um 82 pCt., die Ausgaben für Betriebsmittel um 144 pCt., die Kosten für die Unterhaltung der Betriebsmittel um 123 pCt. und die Kosten für die bauliche Unterhaltung um 114 pCt. Im Hinblick auf diese große Steigerung der Betriebsunkosten argumentierte der Herr Minister so, daß eigentlich unter diesen Umständen in der Beibehaltung der bestehenden Tarife schon eine gewisse Ermäßigung der Tarife erblickt werden müßte.

Meine Herren, dieser Argumentation gegenüber, glaube ich, könnten wir doch wohl berechtigt sein, auf die glänzenden Ergebnisse unseres Eisenbahnwesens in den vorhergegangenen Jahren hinzuweisen. Wenn wir einen Vergleich ziehen mit den Ergebnissen der Eisenbahnen anderer Staaten, so kann ich feststellen, daß im Jahre 1906 das in den gesamten Eisenbahnen angelegte Kapital in den Vereinigten Staaten sich mit 2,3 pCt., in England mit 3,4, in Oesterreich-Ungarn mit 3,1, in Frankreich mit 4,3, in Deutschland aber mit 5,8 pCt. verzinst hat. Wenn wir nun Deutschland allein ins Auge fassen, so hat 1905 eine Verzinsung des Anlagekapitals stattgefunden: bei den Privatbahnen mit 4,1, in Württemberg mit 3,3, in Bayern mit 3,6, in Baden gleichfalls von 3,6, in Elsaß-Lothringen mit 4,1, in Sachsen mit 4,7 und in der preußisch-hessischen Betriebsgemeinschaft mit 7,3 pCt. (Hört! Hört!) Meine Herren, ich glaube, wir dürfen annehmen, daß das geringere, ungünstige Ergebnis eines, vielleicht auch zweier Jahre, kurz in der Zeit, bis es wieder zu einer aufsteigenden Bewegung kommt in unserem Wirtschaftsleben, die hoffentlich nicht lange ausbleiben wird, die Eisenbahnpolitik nicht in der Richtung einer Versagung jeder Ermäßigung unserer Tarife beeinflussen darf.

Freilich muß ich die schwierige Lage unseres Herrn Ministers der öffentlichen Arbeiten gerechterweise anerkennen, die in der mit der Verstaatlichung der preußischen Bahnen eingetretenen Verquickung der Erträgnisse der Eisenbahnen mit den gesamten Staatsfinanzen, mit dem gesamten Budget begründet ist. Diese Verquickung macht es ihm sehr schwer, die berechtigten Bedürfnisse der Industrie und unseres Wirtschaftslebens zu erfüllen.

Meine Herren, da aber, wie gesagt, zur Ermäßigung unserer Selbstkosten — ein Punkt, den ich immer voranstelle — die Eisenbahnen in absehbarer Zeit wenig beitragen werden, so muß unsere Aufmerksamkeit um so mehr auf die Wasserstraßen gelenkt werden. Bezüglich dieser ist Deutschland nicht ganz ungünstig gestellt. Wir haben in Deutschland 13 793,4 km schiffbarer Flüsse. Freilich ist die Fahrtiefe außerordentlich verschieden. Wir haben nur 2800 km mit einer Fahrwassertiefe von $2^1/_2$—5 m; alle anderen haben ein geringeres Fahrwasser bis unter 1 m. Aber, meine Herren, diese Wasserstraßen sind auf das Deutsche Reich außerordentlich verschieden verteilt. Wenn wir den Hauptwert einer Wasserstraße danach bemessen, in welchem Maße sie den Verkehr nach den Weltmeeren erleichtert, so müssen wir anerkennen, daß ganz besonders der Verkehr von dem vom Staate Bayern eingenommenen Südosten unseres Vaterlandes am allerschlechtesten gestellt ist. Die direkte Eisenbahnverbindung mit den nordischen Weltmeeren wird durch die absolute Notwendigkeit, die mitteldeutschen Gebirgszüge zu überschreiten, dauernd und für alle Zeiten wesentlich verteuert. Die Versuche, dieses Hindernis mit der Verfrachtung nach den südlichen Rheinhäfen zu umgehen, erfordern auch sehr lange Eisenbahntransporte und der Transport wird verteuert durch den notwendigen Umschlag der Güter. Dieser Verkehrsweg stellt sich also auch nicht billiger als der andere. Dasselbe Hindernis, nur noch in sehr verstärktem Maße und vergrößert durch die fremden Grenz- und Zollschranken, besteht für den Südosten unseres Vaterlandes bei dem Verkehr nach dem Süden und nach dem Osten. Die einzige größere Wasserstraße, die Süddeutschland durchströmt, die Donau, gewinnt ihre Bedeutung als Schiffahrtsweg eigentlich erst, nachdem sie die deutsche Grenze überschritten hat, und ihre Benutzung wird auch dadurch erschwert, daß fremde Grenzen und fremde Staaten sich dem deutschen Verkehr nach den südlichen Meeren in den Weg stellen. Der Neckar und der Main haben in ihrer jetzigen Beschaffenheit für den Südosten Deutschlands keine Bedeutung. Das Schwergewicht legt der Südosten auf die Fortführung der Kanalisation des Mains und die Fortführung der weiteren, die Verbindung des Mains mit der Weser, der Elbe und schließlich der Donau betreffenden Projekte. Für den weiter nach dem Westen liegenden Teil Süddeutschlands, namentlich für Württemberg, ist die Kanalisation des Neckars von äußerster Wichtigkeit.

Meine Herren, mit diesen traurigen Verkehrsverhältnissen des Südostens unseres Vaterlandes, die ganz entschieden die wirtschaftliche

Entwickelung dieses bedeutenden Landesteiles leider erheblich zurückgehalten haben, haben wir uns in unserer letzten Delegiertenversammlung am 30. Mai beschäftigt. Ich bin überzeugt, daß diese Verhandlungen, insbesondere die Ausführungen meines verehrten Kollegen, des Herrn Dr. Beumer, wesentlich dazu beigetragen haben, die Erkenntnis in unserem ganzen Volke zu verbreiten, daß eine Besserung der Verkehrswege für Süddeutschland, und namentlich für den süddeutschen Osten im allgemeinen Interesse, im Interesse des Gedeihens der allgemeinen wirtschaftlichen Verhältnisse unseres Vaterlandes liegt.

Meine Herren, in Norddeutschland liegen die Verhältnisse ganz anders. Wie der Südosten und der größte Teil des Südens von Bayern eingenommen wird, so der weit von Osten nach Westen ausgedehnte Landesteil des Nordens unseres Vaterlandes von Preußen. Da aber laufen schiffbare Flüsse, die Weichsel, die Oder, die Elbe, die Weser und vor allen Dingen die Hauptwasserstraße des Rheins fast parallel von Süden nach Norden und bilden die Verbindung mit dem Meere. Aber eben bei der großen Ausdehnung dieses Landesteiles von Osten nach Westen ist fast von ähnlicher Bedeutung eine leistungsfähige billige Wasserstraße von dem Osten nach dem Westen, namentlich mit Rücksicht auf die außerordentlich verschiedene Entwickelung dieser beiden Landesteile. Die verschiedensten glücklichen Umstände haben sich vereinigt, das Wirtschaftsleben in den westlichen Landesteilen, Westfalen, der Rheinprovinz und dem Regierungsbezirk Wiesbaden, auf eine von den anderen unerreichte Höhe zu heben. Schon der Umstand allein, daß diese beiden Provinzen mit dem Regierungsbezirk Wiesbaden nur den fünfzehnten Teil des Areals von Preußen umfassen, auf diesem Areal aber 30 pCt. der ganzen Bevölkerung beherbergen, ist ein Zeichen für die große wirtschaftliche Bedeutung des gesamten Gebietes. Unter diesen Umständen müßte man glauben, daß der Osten mit allen seinen Lebensnerven danach strebt, die Verbindung mit diesen hochentwickelten Landesteilen zu erhalten, ihnen durch billige Wasserstraßen immer mehr und tunlichst nahezurücken. Meine Herren, das ist ja auch schon in früherer Zeit erkannt worden. Es besteht eine an sich wenig leistungsfähige Wasserstraße zur Verbindung der Weichsel mit der Oder. Sie wird leistungsfähig in der Fortsetzung von der Oder zur Elbe. Meine Herren, in der neuesten Zeit war es der preußischen Regierung vorbehalten, mit weitem Blick die Fortsetzung dieser Verbindung zu beantragen durch das Herz der rheinisch-westfälischen Industriebezirke bis an die große gewaltige Wasserstraße des Rheins. Da ist, unbegreiflicherweise und gegen ihr eigenstes Interesse der Widerstand der östlichen Landwirtschaft erfolgreich entgegengetreten. Der Mittellandkanal wird unterbrochen, ein Hindernis des Verkehrs gebildet durch den Fortfall der Strecke Hannover—Magdeburg.

Meine Herren, in diesen Bestrebungen haben wir aber auch in Zukunft den Gegensatz zu erblicken gegen alle Maßnahmen, die ergriffen werden, um unsere Wasserstraßen für die Industrie leistungsfähiger zu gestalten. Das hat sich auch in der allerneuesten Zeit gezeigt. Meine Herren, für den westlichsten und voraussichtlich am meisten verkehrsreichen Teil des neuen Kanals sind durch das Gesetz die Abmessungen für die Schleusen auf das 600-Tonnenschiff berechnet. Nach der Ansicht der gesamten rheinisch-westfälischen Industrie und auch anderer rheinisch-westfälischer sachverständiger Kreise werden diese Abmessungen für den Verkehr ungenügend sein. Der Antrag aber, die Abmessungen auf das 1000-Tonnenschiff auszugestalten, stößt auf denselben Widerstand der Landwirtschaft, welcher auch in diesem Falle von Erfolg sein wird, denn dieser Antrag ist von der Regierung abgelehnt worden. So wird ein großes Werk mit außerordentlich großen öffentlichen Mitteln hergestellt werden, von dem man jetzt schon mit Bestimmtheit weiß, daß es den Anforderungen des Verkehrs nicht genügen wird.

Meine Herren, die Bedeutung der Wasserstraßen ist für uns außerordentlich groß. Dafür nur drei Zahlen: Auf deutschen Wasserstraßen wurden transportiert im Jahre 1883 1 858 000 t, im Jahre 1906 4 877 509 t, also es fehlten nicht viel an 5 Millionen, und für das Jahr 1908 wird der Transport geschätzt auf 5 600 000 t.

Meine Herren, aus alledem werden Sie ersehen, daß noch sehr viel geschehen muß auf dem Gebiete unserer Wasserstraßen, um mit deren Hilfe unsere Selbstkosten, auf die ich wieder zurückkomme, im Interesse unserer Ausfuhr herabzusetzen. Sollte der Absatz auf dem Weltmarkt, wie bestimmt zu erwarten, sich immer schwieriger gestalten, sollte es immer schwerer, vielleicht unmöglich werden, die nötigen Aufträge einzuholen, die wir benötigen, um unserer jährlich stark zunehmenden Bevölkerung Arbeit, d. h. Brot zu geben, so werden unweigerlich die Arbeitgeber sich selbst helfen, andere Mittel ergreifen müssen.

Meine Herren, auf dem Gebiete der Verbesserung unserer Technik ist wohl in Deutschland geschehen, was überhaupt hat geschehen können, denn die technischen Einrichtungen unserer Betriebe stehen anerkanntermaßen auf der Höhe und treten hinter denjenigen keines anderen Landes zurück. Meine Herren, es wird daher, wie ich mit außerordentlichem Bedauern hier feststelle, nichts übrig bleiben, als eine Herabsetzung der Löhne vorzunehmen, die natürlich leider verbunden sein wird mit einer Herabdrückung der Lebenshaltung unserer Arbeiter. Das wird aber notwendig sein, wenn wir dem Wettbewerb auf dem Weltmarkte standhalten sollen.

Meine Herren, diese Notwendigkeit wird von den Arbeitern nicht erkannt werden, und bei dem gewaltigen Rüstzeug, welches sich die Arbeiter geschaffen haben — ich erwähne hier nur beiläufig, daß die Organisationen der Arbeiter jetzt eine Mitgliedschaft von 2 446 000 Personen haben, daß die Einnahmen der drei großen Gewerkschaftsverbände, des sozialdemokratischen, des christlichen und des Hirsch-Dunckerschen, in dem letzten Jahre, über das berichtet ist, in dem Jahre 1907, 57 Millionen, die Ausgaben 47 Millionen betragen haben, und daß diese Gewerkschaften zusammen ein Vermögen von 41 Millionen haben — die Hauptstelle Deutscher Arbeitgeberverbände hat es glücklich auf 3/4 Millionen gebracht, wie in der „Kölnischen Zeitung" zu lesen gewesen —, bei diesem gewaltigen Rüstzeug ist anzunehmen, daß die Herabsetzung der Arbeitslöhne, wenn sie sich als notwendig erweisen sollte, nur unter harten, unser ganzes Wirtschaftsleben und die Industrie schwer schädigenden Kämpfen durchzuführen sein wird.

Meine Herren, mit meinen Angaben über den Stand der gewerkschaftlichen Organisationen bin ich eigentlich auf das Gebiet der sozialen Frage gekommen. Ich bitte Sie, mir zu gestatten, das, was ich über sie noch zu sagen habe, in meinem Referat über die Arbeitskammern einflechten zu dürfen, das mich, wie gesagt, nicht sehr lange aufhalten wird.

Vorher aber bitte ich, mir zu gestatten, noch einige spezielle Mitteilungen über den Centralverband zu machen, die ja zu dem Geschäftsbericht unumgänglich gehören.*)

Meine Herren, seit dem letzten Bericht, der, wie ich schon erwähnte, am 17. November 1906 gehalten wurde, haben 4 Ausschußsitzungen, 4 Delegiertenversammlungen und 15 Sitzungen Ihres Direktoriums stattgefunden. Zwei Sitzungen unserer großen Patentkommission, die am 16. März 1907 und am 9. März 1908 stattfanden, haben wertvolles Vorbereitungsmaterial für die Stellungnahme des Centralverbandes geliefert, wenn es sich darum handeln wird, über eine Aenderung unserer Patentgesetzgebung definitiv zum Schluß zu gelangen. Es hat eine große Versammlung stattgefunden, berufen von der Interessengemeinschaft zur Beratung über die Errichtung einer

*) Ein ausführlicher ins einzelne gehender Bericht über die geschäftlichen Vorgänge im Centralverbande seit der Erstattung des letzten Berichtes befindet sich in diesem Hefte Seite 157 ff.

Außenhandelsstelle am 2. Mai 1908; es hat stattgefunden eine Sitzung der ad hoc gewählten Kommission zur Beratung über die Gas- und Elektrizitätssteuer. Meine Herren, dann hat der Centralverband in Gemeinschaft mit den großen wasserwirtschaftlichen Vereinen einen Kongreß in Berlin veranstaltet, in dem der preußische Wassergesetzentwurf einer eingehenden Beratung unterzogen wurde. Endlich, meine Herren, hat stattgefunden eine Sitzung der Kommission für das Feuerversicherungswesen am 21. April d. J.

Abgesehen von dieser letzten Sitzung, und auch abgesehen von den Sitzungen des Direktoriums ist über alle diese Versammlungen des Centralverbandes in der breiten Oeffentlichkeit durch unsere „Mitteilungen, Verhandlungen und Berichte" berichtet worden. Von diesen Mitteilungen sind seit meinem letzten Bericht 11 Hefte erschienen. Sie umfassen 1826 Druckseiten, also über 114 Druckbogen, den Druckbogen zu 16 Seiten berechnet.

Meine Herren, der Verkehr mit den Behörden seitens des Centralverbandes ist ein sehr reger. Ich ergreife diese Gelegenheit mit Freuden, um meinen Dank dafür und meine große Befriedigung darüber auszudrücken, daß wir stets, wenn wir gekommen sind, ein offenes Ohr für unsere Klagen und Beschwerden gefunden haben, und daß man uns Rat und Informationen erteilt hat, wenn wir darum gebeten haben. Meine Herren, wie gesagt, dafür habe ich namentlich als Vorsteher der Geschäftsführung des Centralverbandes meinen wärmsten Dank auszudrücken.

Meine Herren, die Interessengemeinschaft, die vor einigen Jahren vom Centralverbande gegründet ist, hat seit dem letzten Bericht 10 Sitzungen, seit dem Ausscheiden des Bundes der Industriellen 3 Sitzungen gehabt. Sie haben sich mit den meisten der wichtigen Fragen beschäftigt, und so kann ich beispielsweise wohl anführen, daß eine große Eingabe und die Besprechung, die die Delegierten der Vereine mit dem Herrn Finanzminister und mit dessen Herren Dezernenten gehabt haben, wohl auch dazu beigetragen hat, daß das Projekt der Gesellschaftssteuer, die uns bedrohte, gefallen ist. (Beifall.)

Meine Herren, in der Delegiertenversammlung vom 7. November v. J. hat der Herr Vorsitzende Ihnen über die Verhältnisse des Centralverbandes zu den anderen Verbänden berichtet. Er hat Ihnen die Gründe mitgeteilt, die den Bund der Industriellen veranlaßt haben, sich von der Interessengemeinschaft zu trennen, und hat Ihnen auch berichtet über die Angriffe, die vom Bunde der Industriellen in Verbindung mit dem Geschäftsführer des Vereins der sächsischen Industriellen, Herrn Reichstagsabgeordneten Dr. Stresemann, gegen den Centralverband und besonders auch gegen mich gerichtet worden sind. Wer diesen Bericht gehört oder gelesen hat, muß unter dem Eindruck stehen, daß der Herr Vorsitzende sich dabei der äußersten Objektivität befleißigt hat, aber auch unter dem Eindruck, daß weder von dem Centralverband noch von seinem Geschäftsführer Anlaß zu diesen schweren Angriffen gegeben worden ist.

Meine Herren, diese Angriffe werden von dem Geschäftsführer des Bundes der Industriellen unablässig in einer Weise fortgesetzt, die der objektiven Wahrheit, dem betreffenden Sachverhalt und den maßgebenden Verhältnissen nicht entspricht.

Ich kann es hier nicht verhehlen: es hat mich mit wachsendem Befremden erfüllt, daß die an der Spitze des Bundes stehenden hochehrenwerten Herren Angriffe dieser Art fortgesetzt mit ihrem guten Namen decken.

Ueber die Agitation des Bundes der Industriellen, bei der die Art und der Charakter seines Herrn Geschäftsführers besonders bemerkbar hervortreten, will ich nicht weiter reden; nur eine Bemerkung seien Sie so freundlich, mir zu gestatten. Bei der außerordentlichen Anpassungsfähigkeit des Bundes der Industriellen an die verschiedensten, selbst diametral entgegengesetzten Anschauungen und Prinzipien hat es ihm schließlich nicht fehlen können, daß er gewisse Erfolge erzielt.

Meine Herren, der Herr Vorsitzende hat auch gesprochen von den Plänen, die geschmiedet werden, um den Centralverband zu beseitigen. Man will durch die Bildung von Landesverbänden und die Zusammenfassung derselben den Centralverband an die Seite drücken und schließlich sein Ende herbeiführen. Nun, meine Herren, mit der damals geäußerten Ansicht des Herrn Vorsitzenden bin ich vollkommen einverstanden, daß die sogenannten Landesverbände eine sehr große Bedeutung haben. Sie haben es eklatant bewiesen, daß sie für die Verfolgung lokaler Interessen außerordentlich Bedeutendes leisten können und geleistet haben. Aber, meine Herren, für die Wahrung der Interessen, die durch die großen allgemeinen Fragen berührt werden, die die gesamte deutsche Industrie in den Kreis ihrer Wirksamkeit ziehen, für diese Art der Vertretung ist eine zentrale Organisation unbedingt erforderlich, und, meine Herren, diese zentrale Organisation hat seit 33 Jahren der Centralverband Deutscher Industrieller gebildet. Wir wollen abwarten, ob die Landesverbände im Laufe der Zeit es wirklich für besser halten werden, sich abzusondern oder ob sie vielleicht zu der Erkenntnis kommen werden, daß es doch besser ist, sich dem Centralverbande, der bestehenden, immerhin doch gegenwärtig größten zentralen Vertretung der Industrie, anzuschließen. Ich selbst bin für die Zukunft des Centralverbandes nicht in Sorge. Dabei möchte ich mir erlauben, Ihnen gleich mitzuteilen, daß bei meinem letzten Bericht der Centralverband 172 korporative Verbände, Vereinigungen der verschiedensten Art, zu seinen Mitgliedern zählte, und daß er heute 192 solcher Verbände umfaßt. (Beifall.)

Meine Herren, wenn ich nun auf die Arbeitskammern zu sprechen komme, so habe ich zunächst in Ihre Erinnerung zurückzurufen, daß wir bereits zweimal, am 13. März v. J. und am 30. Januar d. J., uns mit dem Arbeitskammergesetz beschäftigt haben. Wir hatten zuletzt den Vorzug, daß wir aus der ersten Lesung im Reichstage, aus der großen Rede des Herrn Staatssekretärs des Innern von den Zielen und Absichten der Regierung, andererseits aber auch von der Stellungnahme der Parteien Kenntnis erhalten hatten.

Heute handelt es sich darum, Stellung zu Beschlüssen zu nehmen, welche die Kommission gefaßt hat, und, meine Herren, da möchte ich zunächst feststellen, daß die sozialistischen Parteien im Reichstag doch außerordentlich viel Wasser in den Wein gegossen haben, den sie bei der ersten Lesung im Reichstag verzapften. Meine Herren, auf den Einschluß der landwirtschaftlichen Arbeiter ist verzichtet worden. Es ist verzichtet worden auf den Einschluß der Arbeiter in den Werkstätten des Heeres und der Marine. Man hatte in der ersten Lesung den Versuch gemacht oder vielmehr geradezu beschlossen, die Arbeiter in den Werkstätten der Staatseisenbahnverwaltung dem Gesetze zu unterstellen. Man hat diesen Beschluß aber in der zweiten Lesung der Kommission fallen lassen. Es ist auch nicht die Rede von „verwaltungsrechtlichen Maßnahmen", die von den Arbeitskammern ergriffen werden sollen, auch nicht von irgendeiner „exekutiven Gewalt".

Aber, meine Herren, dessen ungeachtet sind die Beschlüsse der Kommission doch in manchen Beziehungen recht eingreifend gewesen. Zunächst ist freilich den Arbeitgebern eine kleine Verbeugung gemacht worden, indem es, die allgemeinen Aufgaben der Arbeitskammern betreffend, in § 2 im zweiten Absatz heißt: „Sie (die Arbeitskammern) sollen die gemeinsamen gewerblichen und wirtschaftlichen Interessen der Arbeitgeber und Arbeitnehmer der in ihnen vertretenen Gewerbszweige, sowie die auf dem gleichen Gebiete liegenden besonderen Interessen der beteiligten Arbeitnehmer wahrnehmen." Da hat man eingeschoben hinter wahrnehmen „unter gleichmäßiger Berücksichtigung der Arbeitgeberinteressen". (Heiterkeit.)

Meine Herren, in § 3 sind die speziell aufgeführten Befugnisse der Arbeitskammern dahin erweitert worden, daß sie aus eigener Initiative Umfragen über die gewerblichen und wirtschaftlichen Verhältnisse der in ihnen vertretenen Gewerbezweige veranstalten, sowie Gutachten erstatten können. Der Regierungsentwurf wollte ihnen diese Aufgabe nur auf Ansuchen der Staats- und Gemeindebehörden übertragen. Ferner werden ihnen über den Entwurf hinaus die Befugnisse zugestanden, „auf Anrufen der Beteiligten bei Abschluß von Tarifverträgen mitzuwirken" und „die Errichtung von paritätischen Arbeitsnachweisen zu fördern".

Meine Herren, bei Betrachtung aller dieser Beschlüsse müssen Sie sich vergegenwärtigen, daß aller Voraussicht nach in den Arbeitskammern eine sozialdemokratische Majorität bestehen wird. (Sehr richtig!)

Meine Herren, ich habe mir erlaubt, Ihnen in meinem letzten Referat am 30. Januar mitzuteilen, daß nach dem Urteil unserer sämtlichen sachkundigen Herren ein großer Teil der kleinen Arbeitgeber in den meisten industriellen Bezirken schon zur Sozialdemokratie übergegangen ist. Ich verwies damals besonders auf Nürnberg, wo, wie mir gesagt wurde, schon Arbeitgeber, die 20, 30, 40 Arbeiter beschäftigen, ausgesprochene Sozialdemokraten sind. Bei der Verhältniswahl, die zur Einführung kommen soll, ist also mit Sicherheit anzunehmen, daß auch solche Vertreter von Arbeitgebern in die Arbeitskammern kommen werden, die sich natürlich in allen Punkten den sozialdemokratischen Arbeitervertretern anschließen werden und so die Mehrheit vom sozialdemokratischen Gesichtspunkt aus bilden werden.

Meine Herren, in § 6, nach welchem die Arbeitskammern als Einigungsämter angerufen werden können, ist am Schluß hinzugefügt: „Sind die beteiligten Arbeitnehmer in den Bezirken mehrerer Gewerbegerichte beschäftigt und in diesem Falle sowohl Arbeitskammer wie Gewerbegericht angerufen, so ist diejenige Stelle zuständig, welche zuerst als Einigungsamt angerufen worden ist."

Nach den Motiven des vorliegenden Gesetzentwurfs sollten als Arbeitnehmer angesehen werden auch die Betriebsbeamten, die Werkmeister und die Techniker. Die Kommission hat in § 7 beschlossen, daß diese ausgeschlossen sein sollen. Das ist eine wesentliche Verbesserung.

Meine Herren, in der zweiten Lesung der Kommission wurde eine Resolution des Zentrums angenommen, wonach die Regierung der Errichtung von Technikerkammern nähertreten soll, und eine Resolution von der Wirtschaftlichen Vereinigung, die für Handelsangestellte entsprechende Standesvertretungen im Sinne der kaiserlichen Botschaft verlangt.

In der ersten Lesung hatte die Kommission folgenden Passus in § 7 eingefügt: „Als Arbeitnehmer und Arbeitgeber im Sinne vorstehender Bestimmungen gelten auch die Arbeitnehmer und Arbeitgeber der Fabriken und Werkstätten der Eisenbahnen.“ Ich habe das schon vorher erwähnt. Der Vertreter der Verbündeten Regierungen hat erklärt, daß, wenn dieser Beschluß vom Reichstag bestätigt werden sollte, das Gesetz für die Regierung unannehmbar sein würde. Der Beschluß ist in zweiter Lesung gefallen, aber nur mit 13 gegen 12 Stimmen.

§ 8 ist dahin geändert, daß die Errichtung der Kammern nicht durch Verfügung der Landeszentralbehörden, sondern durch Beschluß des Bundesrats stattfinden soll, was übrigens auch die Absicht der Regierung in dem ersten veröffentlichten Entwurf war.

Betreffs der Wahlberechtigung und Wählbarkeit ist in § 11 das Alter für die Wahlberechtigung vom 25. auf das 21. Lebensjahr, in § 13 das Alter für die Wählbarkeit von 30 auf 25 Jahre herabgesetzt.

In diesem Paragraphen, meine Herren, ist nun auch, in der Kommission wenigstens, der außerordentlich umstrittene Punkt der Mitwirkung von Vorsitzenden und Angestellten der Organisationen zur Entscheidung gekommen. Danach sind wählbar auch solche Personen, welche denjenigen Gewerbezweigen, für welche die Arbeitskammern errichtet sind, wenigstens drei Jahre hindurch als Arbeitgeber oder Arbeitnehmer angehört haben und in den Bezirken, für welche die Arbeitskammern errichtet sind, wohnen. Die Anzahl, in der solche Personen in die Arbeitskammern gewählt werden dürfen, darf je ein Viertel der Vertreter der Arbeitgeber oder der Vertreter der Arbeitnehmer nicht übersteigen.

Laut „Vorwärts“ — ich habe es auch in anderen Zeitungen gelesen — soll die Regierung auch bezüglich der zu diesem Paragraphen gefaßten Beschlüsse die Erklärung abgegeben haben, daß sie unannehmbar sind. Meine Herren, diese Erklärung scheint mir sehr natürlich und naheliegend. Wenn Sie, hinsichtlich der Wählbarkeit, die Arbeiterschaft betrachten, die sich in der Altersgrenze um 25 Jahre herum bewegt, so werden Sie wohl mit mir in dem Urteil übereinstimmen, daß da wenig Neigung vorhanden ist, sich mit den großen Problemen der auf unser Wirtschaftsleben und auf unsere Industrie hauptsächlich einwirkenden Fragen zu beschäftigen. Es wird daher bezüglich dieser Fragen bei dieser Altersgrenze wenig Urteilsfähigkeit vorauszusetzen sein. Auf der anderen Seite, meine Herren, wird wohl die Erfahrung gemacht worden sein, daß gerade in dieser Altersgrenze von 21 bis 25 Jahren die Arbeiter die meiste Neigung zeigen, der verhetzenden Tätigkeit der Sozialdemokratie ein williges Ohr zu leihen. (Sehr wahr!) Wenn Sie die Ausschreitungen bei den Streiks ansehen, so werden Sie finden, daß die Hauptrolle von Arbeitern in dieser Altersgrenze gespielt wird, und sie treten am meisten hervor, wo es sich um die Veranstaltung von Straßenradau- oder dergleichen Szenen handelt. Also, meine Herren, ich möchte sagen: es ist doch eine außerordentlich starke Zumutung an die Arbeitgeber, mit einer solchen Gesellschaft ihre Lebensinteressen zu erörtern, bzw. über sie beschließen zu lassen. (Zustimmung.)

Ich mache hier noch auf folgenden Zusatz zu § 14 aufmerksam. Es sollen bei den Wahlen zu den Arbeitskammern nur diejenigen Bedingungen für die Ablehnung statuiert werden können, die für die Ablehnung des Amtes eines Schöffen bei den Gerichten zulässig sind. Strafbestimmungen für die Ablehnung des Amtes als Beisitzer der Arbeitskammer habe ich aber in dem Gesetz nicht gefunden.

Als Wahlverfahren bleibt das unmittelbare und geheime, und die Wahl erfolgt nach den Grundsätzen der Verhältniswahl. Es ist nur durch die Redaktionskommission eigentlich in der folgenden Bestimmung, die ich gleich verlesen werde, eine kleine Verschärfung eingetreten. Sie lautet jetzt: „Wenn nur eine einzige Vorschlagsliste eingereicht ist, gelten die auf dieser Liste Vorgeschlagenen ohne weiteres als gewählt."

Meine Herren, kleine Abweichungen sind eingetreten bezüglich der Kostenverteilung. Sie fallen nicht ins Gewicht. Sie belasten den Arbeitgeber wohl etwas, aber nicht in so erheblicher Weise, daß ich sie hier ausführlich vortragen müßte. Er soll gehalten sein, das von der Gemeinde für die Arbeiter Ausgelegte vorzustrecken und er soll berechtigt sein, es vom Lohn wieder abzuziehen. Also darauf will ich hier nicht eingehen.

Meine Herren, wenn von den christlich-sozialen Arbeitervereinen abgesehen wird, die sich, freilich mit großen Klagen über die Unzulänglichkeit dieses Gesetzes, aber doch für die Arbeitskammern ausgesprochen haben, ist der Widerspruch gegen dieses Gesetz, der früher in den betreffenden Kreisen fast einstimmig war, doch in der Hauptsache unverändert geblieben.

Wie bereits erwähnt, hat der Centralverband in zwei großen Delegiertenversammlungen sich mit der Sache beschäftigt. Ich hatte beide Male die Ehre, eingehende Referate darüber zu erstatten. Umfangreiche Erörterungen haben sich an diese Referate geknüpft, und, meine Herren, einstimmig sind wohlbegründete Beschlußanträge angenommen worden des hauptsächlichsten Inhalts, daß nach der Ueberzeugung der im Centralverbande vertretenen Industrien das Gesetz den Hauptzweck, den wirtschaftlichen Frieden zu fördern und zu hegen, nicht erfüllen, daß es im Gegenteil nur zur Verschärfung der Gegensätze beitragen wird. (Sehr richtig!)

Meine Herren, in seiner groß angelegten Rede bei der ersten Lesung des Gesetzes hatte der Herr Staatssekretär das Gelingen in gewissem Grade von dem beiderseits herrschenden guten Willen abhängig gemacht. Dann aber — ich habe am 30. Januar wörtlich darüber berichtet — ist der Hauptführer der sozialdemokratischen Organisation, der Abg. Legien, aufgetreten und hat eindringlichst versichert, daß auf seiner Seite und auf seiten der von ihm Vertretenen auf guten Willen nicht zu rechnen sei. Auf Frieden und auf ein besseres Verhältnis der Sozialdemokratie zu den Arbeitgebern sei erst dann zu rechnen, wenn sämtliche Arbeitsmittel in den Besitz der Arbeiter übergegangen sein werden, also erst nach Errichtung des sozialdemokratischen Zukunftsstaates. Daraus ersehen Sie, meine Herren, daß das Gesetz voraussichtlich nicht die Ziele erreichen wird, die die Regierung ihm gestellt hat. Deswegen hat der Centralverband dieses Gesetz als ganz verfehlt bezeichnet und hat es vom Interesse der Industrie aus entschieden bekämpft.

Aber, meine Herren, das Gesetz wird kommen, es wird unter allen Umständen kommen; die kleinen Differenzen werden fallen gelassen werden, das Gesetz wird man nicht fallen lassen. Denn, meine Herren, man muß sich in die Erinnerung zurückrufen, daß seit 20 Jahren Arbeitskammern oder ähnliche Institutionen vom Reichstage vielfach erörtert und zuletzt einstimmig gefordert worden sind, und daher, meine Herren, wird der Reichstag das Gesetz auch annehmen, wie es von der Regierung vorgelegt worden ist, und die Regierung, die es eingebracht und dringend befürwortet hat, wird natürlich einen Widerspruch dagegen nicht erheben.

Meine Herren, das Gesetz gehört nach meiner Ueberzeugung in das *sozialpolitische System*, das seit Jahrzehnten von unseren gesetzgebenden Körperschaften, d. h. in voller Uebereinstimmung unseres Bundesrats und der Mehrheitsparteien im Reichstage verfolgt worden ist. Ich meine damit nicht das System, welches sich richtet auf die Besserung der Lage der Arbeiter, das sich richtet auf Erhaltung von Leben, Gesundheit und Existenz unserer Arbeiter, mit einem Wort die Arbeiterversicherungsgesetze. Meine Herren, es ist oft genug von hoher Stelle anerkannt, daß die deutsche Industrie sich in dieser Beziehung außerordentlich opferwillig gezeigt hat. Meine Herren, sie bedauert es nicht, wenn heute das Vermögen der drei verschiedenen Versicherungsarten sich auf mehr als zwei Milliarden beläuft, sie murrt nicht, daß heute täglich über 1½ Millionen für diese Zwecke ausgegeben werden. Meine Herren, sie ist damit vollkommen einverstanden, daß am Ende des Jahres 1908 an Renten der Invalidenversicherung 995 810 bestanden und daß in demselben Jahre 1 146 234 Personen Bezüge auf Grund der Unfallversicherung empfingen.

Meine Herren, was ich meine ist etwas ganz anderes. Ich meine das System, das fortgesetzt auf eine Zurückdrängung, eine Verminderung unserer produktiven Tätigkeit hinarbeitet, das System, welches unausgesetzt darauf hinarbeitet, den Arbeitgeber aus seiner berechtigten Stellung mehr und mehr zu verdrängen, welches darauf ausgeht, dieses Ziel zu erreichen durch immer weitere und tiefere Eingriffe in die Betriebe, durch die Einschränkung des Rechtes des Unternehmers, die Betriebe, natürlich in den Grenzen der bestehenden Gesetze, nach seinem Willen und nach seinen Interessen zu ordnen.

Meine Herren, wie dieses Bestreben erfolgreich fortschreitet, fast Jahr für Jahr — wenn auch nicht wörtlich genommen —, das ergibt ein Blick in die wunderbare Paragraphierung unserer Reichsgewerbeordnung. Das ist ein Zeichen, wie nach dieser Seite immer weiter gearbeitet worden ist.

Meine Herren, aber es ist dabei noch etwas anderes zu berücksichtigen. Es ist der hauptsächlichste Umstand der, wie durch diese Maßnahmen fortgesetzt die Autorität des Arbeitgebers untergraben und ausgeschaltet wird. (Lebhafte Zustimmung.) Meine Herren, das ist ungemein zu bedauern, und daß diese Verhältnisse ermutigend auf die Sozialdemokratie wirken und ihr in die Hände arbeiten, das ist selbstverständlich, wenn man weiß, wie die Sozialdemokratie sich gegen alle Autorität im Staate wie in der Gesellschaft auflehnt.

Meine Herren, wie der Zusammenbruch der Autorität oder die Ausschaltung der Autorität wirkt, das ist neuerdings in Frankreich hervorgetreten (sehr richtig!) durch die fast revolutionäre Bewegung in einem Teile der niederen französischen Beamten. In diesem herrlichen, großen, schönen, reichen Lande, das sich mit Recht rühmen konnte, an der Spitze der Zivilisation zu marschieren, ist es dahin gekommen, daß die Regierung nicht mehr die Macht hat, der meuterischen Bewegung unter ihren Beamten entgegenzutreten, sondern einen schmählichen Rückzug vor ihnen angetreten hat. (Sehr wahr!) Und, meine Herren, diese Sache macht Schule. (Zustimmung.) Gestern wurde mir, ich glaube von meinem Stellvertreter, Herrn Regierungsrat Dr. Bartels, mitgeteilt, daß ein Kreis englischer Beamter die französischen Beamten zu ihrem Vorgehen beglückwünscht hätte. Und, meine

Herren, so ganz etwas anderes ist unser Beamtentag in Berlin doch auch nicht gewesen. (Sehr richtig!) Wenn da gesagt werden konnte: wir kommen nicht zu bitten, sondern zu fordern, so ist das doch schon ein Zeichen der Mißachtung der Autorität des Staates. (Zustimmung.)

Nun, meine Herren, ich habe in den Zeitungen gelesen, daß die Regierung ihre eigene Autorität soweit als möglich aufrecht zu erhalten bestrebt ist, und mit Recht, und sie hat auch noch die Macht, einzugreifen. Wie lange sie die Macht haben wird, wenn auf anderen so bedeutenden Gebieten wie in unseren wirtschaftlichen Arbeitsverhältnissen mehr und mehr die Autorität ausgeschaltet wird, meine Herren, das ist eine andere Frage. (Lebhafte Zustimmung und starker Beifall.) Freilich, meine Herren, die Regierung ist vorsichtig genug, ihre eigenen Arbeiter der Wirksamkeit dieses Gesetzes zu entziehen (sehr wahr!), und der einzige Grund, den ich dafür anzuerkennen vermöchte, und den ich für vollständig berechtigt halte, ist der, ihre eigene Autorität als Arbeitgeber aufrecht zu erhalten, die also nach der Ueberzeugung der Regierung durch dieses Gesetz gefährdet werden muß. (Sehr gut!)

Aber, meine Herren, das Gesetz kommt zustande, wie ich mir vorher erlaubt habe auszuführen, und es wird bleiben. Es bleibt, so lange unsere inneren politischen Institutionen bestehen, und, meine Herren, wann diese sich ändern, das wissen die Götter, das weiß ich nicht. (Zuruf: Wenn ein Bismarck kommt!)

Meine Herren, daß es nicht zu lange Zeit währen wird, bis die Regierung es bedauern wird, dieses Gesetz eingebracht und befürwortet zu haben (lebhafte Zustimmung), dessen bin ich sicher. Inzwischen aber, meine Herren, wird die Industrie und das wirtschaftliche Leben den Schaden zu tragen haben. (Lebhafter anhaltender Beifall.)

Vorsitzender: Meine Herren, ich eröffne die Diskussion. Die Resolution, die im Anschluß an die Ausführungen des Herrn Referenten Ihnen zur Annahme empfohlen wird, liegt Ihnen vor. Ich darf annehmen, daß ein Verlesen dieser Resolution sich erübrigt, wenn es nicht ausdrücklich gewünscht wird. (Rufe: Bitte verlesen!)

Regierungsrat Dr. jur. **Bartels**-Berlin (liest):

„Der Centralverband Deutscher Industrieller hat in den von seinen Delegierten in den Versammlungen vom 13. März v. J. und vom 30. Januar d. J. gefaßten Beschlüssen der Ueberzeugung Ausdruck gegeben, daß die paritätischen

Arbeitskammern die Aufgabe, den wirtschaftlichen Frieden und ein gedeihliches Verhältnis zwischen Arbeitgebern und Arbeitnehmern zu pflegen und zu fördern, nicht erfüllen können und werden, sondern daß sie im Gegenteil zu einer Verschlechterung dieses Verhältnisses und der betreffenden Beziehungen Anlaß geben müssen.

Diese Befürchtung ist noch gesteigert worden durch die Beschlüsse der Kommission des Reichstages, besonders mit Bezug auf die Herabsetzung des Alters der zur Wahl Berechtigten und der Wählbaren und durch die Ausdehnung der Wählbarkeit auf solche in den betreffenden Gewerben tätig gewesenen Personen, die als Vorsitzende oder Angestellte der beiderseitigen Organisationen fungieren.

Im Hinblick auf die Tatsache, daß die Errichtung von Arbeitskammern oder ähnlicher Organisationen zuletzt einstimmig vom Reichstage verlangt, und daß der Gesetzentwurf von den Verbündeten Regierungen selbst eingebracht und dringend befürwortet worden ist, erachtet der Centralverband, trotz der bestehenden Differenzen hinsichtlich des letzterwähnten Beschlusses der Kommission, das Zustandekommen des Gesetzes für sicher.

Indem der Centralverband seine durchaus abweisende Stellung diesem Gesetze gegenüber im vollen Umfange aufrecht erhält, gibt er seinem lebhaften Bedauern darüber Ausdruck, daß die Verbündeten Regierungen, der sozialistischen Strömung immer weiter nachgebend, wieder ein Gesetz veranlaßt haben, das zur weiteren Schädigung unserer wirtschaftlichen und sozialen Verhältnisse unzweifelhaft beitragen wird."

Syndikus Dr. **Rocke**-Hannover: Meine Herren, aus den Ausführungen des Herrn Referenten ist hervorgegangen, daß bei zwei Punkten die Reichsregierung ausgesprochen hat, daß hier die Beschlüsse der Kommission für sie unannehmbar seien. Der Hannoversche Fabrikantenverein hat sich mit diesen beiden Punkten besonders beschäftigt und legt Wert darauf, seine Ansichten in weiteren Kreisen zur Kenntnis zu bringen.

Es handelt sich zunächst darum, daß die Regierung nicht wünscht, daß die Arbeiter der Werke des Staates, der Marine, des Militärs usw. in die Kammerorganisation einbezogen werden. Der Herr Referent hat uns berichtet, daß mit einer Stimme Majorität schließlich dieser Standpunkt der Regierung gebilligt worden ist. Wir gehen von der, auf den ersten Anblick etwas eigenartigen Anschauung aus, daß es nur erwünscht sein kann, wenn der Reichstag darauf drängt, die Arbeiter der Staatswerke usw. mit in die Kammerorganisation einzubeziehen. (Heiterkeit.) Nachdem einmal die Autorität der Arbeitgeber durchbrochen, durchlöchert und dadurch der Volkswirtschaft ein empfindlicher Schaden zugefügt werden soll, sind wir der Ansicht, daß die Regierung auch am eigenen Leibe spüren soll, wie die Sache tut (sehr richtig!), damit sie so bald wie möglich entweder das Gesetz wieder abschafft resp. diese ganze Organisation, oder damit sie vielleicht schon jetzt im Reichstag endlich ein Machtwort spricht und den ganzen Gesetzentwurf zurückzieht.

Was die Frage der Wählbarkeit der Organisationsbeamten anbelangt, so kann man auch hier einen etwas anderen Standpunkt einnehmen, als ihn der Referent betont hat. Der Wunsch, die Beamten der Organisationen in die Kammern einzubeziehen, ist zunächst schon vor Jahren in den Kreisen der Wissenschaft aufgetaucht. Die Herren Professoren haben bei verschiedenen Gelegenheiten, noch ehe überhaupt ein greifbarer Gesetzentwurf vorlag, betont, daß die Beamten der Gewerkschafts- und anderer Arbeiterorganisationen in die Kammern hinein müßten, und haben oft betont, welches große volkswirtschaftliche und sozialpolitische Wissen man doch eigentlich in den Gewerkschaftsbeamten konzentriert zu sehen habe. Daher ist es denn gekommen, daß der Gedanke, der sonst in der amtlichen Interessenvertretung abgelehnt wird, daß nämlich berufsmäßige Beamte in die Kammern wählbar sind, auch jetzt in das Gesetz hineinkommen soll. Merkwürdigerweise aber denkt man immer nur an die Beamten der Arbeitnehmer; diese sollen wählbar sein. Man hat sich dagegen erst in allerletzter Zeit, um die Parität gegenüber den Arbeitgebern wenigstens dem Anscheine nach und im Prinzip zu wahren, dafür ausgesprochen, daß auch die Beamten der Arbeitgeberorganisationen wählbar sein sollen. Aber man hat die Sache so verklausuliert, daß die Bestimmung schließlich doch nur zugunsten der Arbeitnehmer Platz greifen kann, indem man nämlich bestimmen will, daß nur diejenigen wählbar sein sollen, die früher in dem Gewerbezweige tätig gewesen sind. Das trifft, wie die Verhältnisse liegen, praktisch zu auf die Mehrzahl der Beamten der Arbeitnehmerorganisationen, es trifft aber, wie nun einmal die Verhältnisse sind, nicht oder nur ganz ausnahmsweise zu auf die Beamten der Arbeitgeberorganisationen (sehr richtig!), die gewöhnlich eine andere Vorbildung und Vorbereitung für ihren Beruf gehabt haben.

Deswegen ist nach wie vor wohl zu wünschen, daß die Beamten überhaupt nicht wählbar sind; man kann allerdings auch den anderen Standpunkt einnehmen und sich wohl mit dem Gedanken befreunden, daß die Beamten wählbar sind, und zwar aus der Erwägung heraus, daß ja doch schließlich die Fäden immer wieder bei den Beamten der Organisationen zusammenlaufen, und in den Kammern nicht mit der Hand, sondern mit dem Kopfe und Wort gearbeitet wird.

Wir beobachten ja oft genug, daß die Arbeiter keine eigene Meinung haben und haben dürfen, daß sie bei jeder Gelegenheit wieder zu dem Arbeitersekretär, Vertrauensmann oder wie der Herr nun heißt, hingehen und sich Instruktionen holen. So wird es auch in den Arbeitskammern kommen. Wir können das auch beobachten, wenn wir aus den Kreisen der Handarbeiter unsere Blicke in andere Kreise von Arbeitnehmern, Techniker, Handlungsgehilfen usw. lenken, in denen eine ganz beträchtliche Zahl von berufsmäßigen Beamten mit maßgeblichem Einfluß tätig ist. Es wird einfach gar nicht möglich sein, diese Leute aus den Kammern auszuschließen. Sie werden immer in irgendwelcher Weise doch wieder Eingang in sie finden. Es wird so sein, daß wahrscheinlich, wie man das heute bei gewissen Organisationen und Verhandlungen schon bemerken kann, im Nebenzimmer der Arbeitskammer doch die Arbeitersekretäre sitzen und von hinten herum arbeiten. Sie werden dann nur den Verhandlungen der Arbeitskammer Knüppel zwischen die Beine werfen, weil formeller Ausschluß unangenehm berührt. Da ist es viel richtiger und man kommt schneller zum Ziele', wenn man sie überhaupt zuläßt. Es kann sich dabei durchaus nicht darum handeln, die Macht dieser Beamten weiter zu stärken, sondern höchstens darum, daß man sie, ich möchte beinahe den Ausdruck gebrauchen: die Hauptschuldigen, auch wirklich bei der Hand hat und ihnen energisch zu Leibe rücken kann. Sonst arbeiten diese Beamten, wie gesagt, doch hinter den Kulissen ebenso einflußreich weiter.

Wenn man sich aber einmal auf diesen Standpunkt stellt, dann ist es unbedingt richtig, daß auf der anderen Seite auch die Beamten der Arbeitgeber in die Kammer gehören. Unsere Arbeitgeberschaft organisiert sich in letzter Zeit mehr und mehr; was auf der einen Seite nutzbringend für die Arbeitnehmer ist, muß auf der anderen Seite nutzbringend für die Arbeitgeber sein.

Ein sachlicherer Grund für diese Forderung als jener „wissenschaftliche" ist in letzter Zeit von den christlichen Gewerkschaften ausgesprochen worden. Man hat auf jener Seite darauf hingewiesen, daß unter Umständen die Arbeiter, die in die Kammer gewählt würden, nicht genügend unabhängig gegen den Arbeitgeber seien und Maßregelungen zu befürchten hätten, weshalb von den Arbeitgebern unabhängige Leute, wie das die Arbeitersekretäre usw. seien, mit in die

Kammern gewählt werden müßten. Nun, meine Herren, wenn dies richtig sein sollte, was ich dahingestellt sein lasse, so würde das auf der anderen Seite in demselben Maße für die Arbeitgeber zutreffen. Wir wissen ganz genau, daß mindestens der kleine Arbeitgeber, der Handwerker, auch der kleine Industrielle bis in die mittleren Schichten hinein auch im höchsten Grade abhängig ist von den Arbeitnehmern und ihren Organisationen, daß also auch er, wenn er etwa freimütig seine Ansicht äußert und gegen Forderungen der Arbeitnehmer als Kammermitglied Stellung nimmt, schwer geschädigt werden kann, daß also von diesem Gesichtspunkte aus mindestens dasselbe Interesse der Arbeitgeber vorliegt, durch Leute in der Arbeitskammer vertreten zu sein, die auf diese Weise unabhängig sind, daß sie nicht infolge ihrer Reden und Abstimmungen in der Arbeitskammer wirtschaftliche Schäden von seiten der Gegenpartei erleiden können.

Ich möchte also nicht verfehlen, meine Herren, diese Ansichten des Hannoverschen Fabrikantenvereins, die allerdings auf den ersten Anblick vielleicht etwas eigenartig anmuten, aber die, wenn man genauer darüber nachdenkt, doch manches für sich haben, hier vorzubringen, und ich meine, wenn der Herr Referent gesagt hat, daß das Gesetz auf alle Fälle kommt, daß wir uns also irgendwie darauf doch einrichten müssen, so unangenehm es uns ist, daß dann auch diese Gesichtspunkte ausgesprochen werden müssen, damit unter Umständen dann bei der späteren praktischen Handhabung des Gesetzes darauf Rücksicht genommen werden kann. (Sehr richtig!)

Vorsitzender: Meine Herren, bevor ich weiter das Wort erteile, möchte ich bitten, bei der Fortsetzung der Diskussion zu beachten, daß nach der gegenwärtigen Lage der Verhandlungen über das Arbeitskammergesetz die Situation in bezug auf die Einbeziehung oder Nichteinbeziehung der staatlichen Betriebe so liegt, daß ausgeschlossen sind die Eisenbahnunternehmungen des Staates und die Betriebe, welche zur Herstellung unseres Bedarfs für Kriegsmaterial, also für das Landheer sowohl als für die Marine, bestimmt sind. Die Eisenbahnunternehmungen des Staates unterliegen nicht der Gewerbeordnung. Die übrigen staatlichen Betriebe, die ich eben nicht genannt habe, die teilweise der Gewerbeordnung, teilweise dem Berggesetz unterliegen, werden von diesem Arbeitskammergesetz, soweit ich weiß, nicht ausgenommen. Ich möchte also bitten, bei der weiteren Diskussion dieses zu beachten.

Generalsekretär **Stumpf**-Osnabrück: Meine Herren, gewiß, wir werden uns darin zu finden haben: das Arbeitskammergesetz wird erlassen werden, und der einzige Trost, der mir augenblicklich in dieser

Beziehung noch bleibt, ist der Umstand — wenigstens habe ich von dem Herrn Berichterstatter nichts gehört, was das abweisen würde —, daß gleich nach einer der ersten Bestimmungen des Gesetzes Arbeitskammern nur dort errichtet werden sollen, wo dafür ein Bedürfnis erkannt wird. Nun denke ich mir den Fall so, daß die Reichsregierung ihrerseits Sorge tragen wird, das Experiment, dem wir gegenüberstehen — denn um etwas anderes handelt es sich nicht —, vielleicht an einer oder an zwei Stellen erst einmal auf seinen Erfolg zu prüfen; und dann habe ich immer noch die Hoffnung, man wird dabei die nämlichen Erfahrungen machen, die man im Auslande mit der Einrichtung gemacht hat. Dann kann man sagen. Nun ja, wir haben den wiederholt an uns gestellten dringenden Forderungen nachgegeben; aber jetzt haben sich wohl alle beteiligten Kreise überzeugt, daß das Ding nicht geht. Wenigstens werden wir uns hüten, ehe das Bedürfnis an anderen Stellen noch etwas stärker klargestellt ist, mit dem Experimentieren nach dieser Richtung hin fortzufahren. So ist meine gute Meinung von der Reichsregierung. (Heiterkeit.) Ob ich mich darin irre, das ist ja eine andere Frage. (Zuruf: Sie irren sich!)

Meine Herren, den Ausführungen des Herrn Vorredners vermag ich dabei jedenfalls nicht zu folgen. Wenn wir sehen, daß die Regierung in bezug auf die Unternehmungen des Staates, die doch offensichtlich auch der Allgemeinheit dienen, die von uns besorgten nachteiligen Wirkungen dieses Gesetzes ausschließen will, können wir doch unmöglich — nun, ich möchte sagen, lediglich aus dem unwilligen Gedanken heraus, daß die Regierung gewissermaßen doch einmal am eigenen Leibe spüren möge, wie das tut, dafür eintreten, daß man auch die Betriebe der Eisenbahnen und sämtliche Staatsbetriebe mit in die Arbeitskammern hineinziehen soll. Ich bin sogar der Meinung, daß der Herr Vorredner bei ernstlicher Betrachtung des Falles es nicht so unberechtigt finden wird, wenn man sich sagt, daß hier seitens des Hannoverschen Fabrikantenvereins doch eine etwas kurzsichtige Auffassung zutage tritt. Das ist wenigstens meine bescheidene Meinung von der Sache. (Große Heiterkeit.)

Weiter könnte ich ihm aber auch nicht zustimmen, wenn er mit den volkswirtschaftlichen Theoretikern, die ja schon so viel zur Weltverbesserung beigetragen haben (?), der Meinung ist, es wäre doch vielleicht ganz nützlich, die Arbeitersekretäre mit in die Organisation hineinzubeziehen, damit man auf solche Weise in die Kammern — denen er anscheinend auch an sich einen größeren Wert beilegt, als ich das tue — wenigstens auf der Arbeitnehmerseite einige redegewandte Kräfte hinein bekäme. Ja, meine Herren, ich bin entgegengesetzter Meinung. Denn, wenn man schon zugeben muß, daß es sich hier um nichts anderes als um eine gesetzliche Organisation der Sozialdemokratie handelt, dann haben wir doch gewiß nicht den Beruf, nun noch dahin zu streben, daß man diese Organisation auch noch mit festeren Stützen und Säulen ausstattet. Also, meine Herren, ich halte es auch heute noch für ausgeschlossen, daß die Regierung ihren Standpunkt gerade in bezug auf diesen wichtigen Fall wird ändern können. Was will man denn? Man braucht doch die Einrichtung nicht, um die aus der gewerkschaftlichen Organisation in ihren Anschauungen und Zielen genügsam bekannten Arbeitersekretäre in den Arbeitskammern zu hören, denen gegenüber die Vertreter aus den Kreisen der wirklichen Arbeitnehmer in der Kammer gar keine Bedeutung haben werden. Denn darauf machen Sie sich gefaßt, meine Herren, wenn die Arbeitskammern errichtet werden und es ergibt sich dabei, daß aus diesen Institutionen dasjenige wird, was nach der Erörterung in unseren bisherigen Verhandlungen davon erwartet wurde, wenn wir der Ueberzeugung, der der Centralverband bisher Ausdruck gegeben hat, als einer greifbaren Tatsache gegenüberstehen, dann wird es nicht lange dauern, daß die Vertreter der Arbeitgeber etwas Besseres zu tun finden, als in den Kammern an nutzlosen; für den gewerblichen Frieden vielmehr sehr bedenklichen Verhandlungen teilzunehmen. (Bravo!)

Aber, meine Herren, ich möchte mich auch nicht ganz auf den Standpunkt des Herrn Referenten stellen, wenigstens nicht in bezug auf den letzten Satz, der Beschlußerklärung, die er uns vorgeschlagen hat. Eine so offene Resignation ist für mich etwas unsympathisch. Ich sollte meinen, meine Herren, wir könnten doch noch etwas tun. Wir könnten doch das Rückgrat der Regierung vielleicht noch stärken, wenn wir anstatt des Satzes, den der Herr Referent uns vorschlägt, eine etwas andere Fassung wählten. Es sollte also heißen — alle anderen Sätze bleiben meinetwegen bestehen —: „Im Hinblick auf die Tatsache, daß die Errichtung von Arbeitskammern usw. verlangt wird, erachtet der Centralverband trotz der bestehenden Differenz hinsichtlich des letzterwähnten Beschlusses der Kommission das Zustandekommen des Gesetzes für sicher.“ — Nun als Schlußsatz: „Gleichwohl gibt der Centralverband, indem er seine durchaus abweisende Stellung diesem Gesetze gegenüber in vollem Umfange aufrecht erhält, die Hoffnung nicht auf, daß die Verbündeten Regierungen der sozialistischen Strömung nicht weiter nachgeben und wenigstens den über die Regierungsvorlage hinausgehenden Beschlüssen der Reichstagskommission, die den allerschwersten Bedenken begegnen müssen, nicht zustimmen werden.“

Ich glaube, meine Herren, dann tun wir wenigstens, was wir tun können, und stehen der Sache mit gutem Gewissen gegenüber. Ich muß sagen: soviel Vertrauen habe ich doch noch zu der Regierung, daß sie wenigstens an denjenigen Grundsätzen und Bedingungen festhalten wird, die sie selbst gewollt hat, und daß sie demgegenüber nicht nachgeben wird, was ihren eigenen Intentionen widerspricht und darin sollten wir sie nach Möglichkeit stärken. (Beifall.)

Landtagsabgeordneter Dr. **Beumer**-Düsseldorf: Meine Herren, was die Beteiligung der Beamten aus den Arbeitgeber- und Arbeiterorganisationen anlangt, so teile ich völlig die Meinung meines Kollegen Stumpf. Ich kann mir auch nicht denken, daß nach den Erklärungen, die von den verschiedenen Korporationen abgegeben worden sind, in denen Arbeitgebersekretäre tätig sind, nach den Erklärungen fast aller deutscher Handelskammern, nach den Erklärungen der Verbände, die dem Centralverbande Deutscher Industrieller angehören, sich Arbeitgebersekretäre finden werden, die eine Neigung verspüren könnten, in den Arbeitskammern mitzuwirken. (Sehr richtig!) Wenn man ein Gesetz für so verfehlt hält, wie es dieses Gesetz nach der Beurteilung dieser nationalökonomisch gebildeten Herren ist, dann kann ich mir nicht denken, daß z. B. der Generalsekretär eines wirtschaftlichen Verbandes eine besondere Neigung verspüren würde, sich in diesen verfehlten Institutionen mit den Gewerkschaftssekretären herumzuschlagen.

Der Herr Abgeordnete Trimborn hatte die Liebenswürdigkeit, in der Reichstagskommission, nach den Zeitungsberichten, darauf hinzuweisen, daß er sich sehr freuen würde, wenn z. B. mein hochverehrter Kollege Bueck und ich in diese Arbeitskammern eintreten würden. (Heiterkeit.) Ich kann hier in unserer beider Namen erklären, daß wir diese Neigung nicht haben und in eine Arbeitskammer aus den von Herrn Stumpf angegebenen Gründen nicht eintreten würden.

Was nun die „stumme Resignation" des Schlußsatzes anbetrifft, so bin ich ganz der gegenteiligen Meinung wie mein Freund Stumpf. Meine Herren, die Erlebnisse, die wir bei Gesetzen auf sozialpolitischem Gebiet in den letzten Jahren zu verzeichnen haben, rechtfertigen vollständig diesen resignierten Standpunkt, der in der Resolution zum Ausdruck kommt (sehr richtig!), und ich lege den allergrößten Wert darauf, es einmal deutlich zum Ausdruck gebracht zu sehen, daß wir gar kein Mittel mehr haben, die berechtigten Interessen der Arbeitgeber den Verbündeten Regierungen gegenüber wirksam zum Ausdruck zu bringen. (Sehr richtig!) Deshalb, meine Herren, möchte ich Sie dringend bitten, es bei dem Beschlußantrag, wie er hier vorliegt, zu belassen. Ich brauche das nicht des Besonderen auszuführen. Sie kennen alle die Stimmung, die in Arbeitgeberkreisen herrscht, und die kommt in diesem Schlußsatz so präzis zum Ausdruck, daß die Verbündeten Regierungen das Notwendige leicht herauslesen werden. (Zustimmung.)

Geheimer Kommerzienrat **Kirdorf**-Rheinelbe bei Gelsenkirchen: Meine Herren, ich möchte auch dringend den Antrag von Herrn Dr. Beumer — wenn ich ihn so nennen soll — unterstützen, dem Beschlußantrage zuzustimmen, wie er Ihnen vom Direktorium und von der Geschäftsführung vorgelegt ist. In der Aenderung, die Herr Stumpf vorschlägt, finde ich immer zwischen den Zeilen doch eine gewisse Zustimmung zu dem Gesetz (sehr richtig!); und, meine Herren, wir müssen bei den großen und schwerwiegenden Folgen, die ein solches Gesetz haben wird, die Verantwortung in vollem Umfange von uns abschütteln, auch nur in irgendeiner Weise eine zustimmende Erklärung dazu gegeben zu haben. (Zustimmung.)

Ich bitte also dringend, den Antrag des Herrn Stumpf abzulehnen. (Beifall.)

Vorsitzender: Meine Herren, es wünscht niemand mehr das Wort. Ich schließe die Diskussion.

Außer dem Antrage des Direktoriums, der gedruckt vor Ihnen liegt, ist noch ein Antrag von Herrn Stumpf gestellt worden. Nach meiner Auffassung geht der Antrag, den das Direktorium gestellt hat, weiter als der des Herrn Stumpf, insofern, als der Antrag des Direktoriums sich auf den rein negierenden Standpunkt stellt, während nach dem Antrage des Herrn Stumpf, wie Herr Geheimrat Kirdorf eben hervorgehoben hat, dieser rein negierende Standpunkt nicht eingenommen wird.

Ich möchte also zunächst die Vorlage des Direktoriums zur Abstimmung bringen, und erst, wenn die Vorlage des Direktoriums nicht die Majorität gefunden hat, über den Abänderungsantrag des Herrn Stumpf abstimmen lassen.

Eine nochmalige Verlesung des Antrages des Direktoriums ist wohl nicht erforderlich. (Rufe: Nein! Zuruf: Den Antrag Stumpf noch einmal verlesen!)

Ich werde eben darauf aufmerksam gemacht, daß es doch wohl zweckmäßiger ist, über den Antrag Stumpf zuerst abstimmen zu lassen, und zwar aus dem Grunde, weil doch vielleicht ein Teil der Herren, die geneigt sind, zunächst den Antrag des Herrn Stumpf anzunehmen, wenn dieser Antrag abgelehnt werden sollte, bereit sind, den Antrag des Direktoriums anzunehmen. Ich glaube, daß das ein berechtigter Einwurf gegen meine vorher kundgegebene Absicht ist, und ich möchte deswegen die Abstimmung umdrehen. Ich würde also bitten, daß wir in Rücksicht darauf, daß lediglich der 4. Absatz durch den Antrag des Herrn Stumpf geändert wird, zunächst über den 4. Absatz in der von Herrn Stumpf beantragten Form abstimmen, und wenn dieser Antrag etwa nicht angenommen werden sollte, dann über den ganzen Antrag des Direktoriums. Sollte der Antrag des Herrn Stumpf angenommen werden, dann würden wir nachher noch über die drei ersten Sätze abstimmen.

Der Antrag des Herrn Stumpf lautet folgendermaßen, nachdem die ersten drei Absätze unverändert geblieben sind:

> „Gleichwohl gibt der Centralverband, indem er seine durchaus abweisende Stellung diesem Gesetze gegenüber in vollem Umfange aufrecht erhält, die Hoffnung nicht auf, daß die Verbündeten Regierungen der sozialistischen Strömung nicht weiter nachgeben und wenigstens den über die Regierungsvorlage hinausgehenden Beschlüssen der Reichstagskommission, die den allerschwersten Bedenken begegnen müßten, nicht zustimmen werden."

Diejenigen Herren, welche für die Annahme dieses Antrages sind, bitte ich, sich zu erheben. (Geschieht.) Der Antrag ist abgelehnt.

Nun, meine Herren, kommen wir zur Abstimmung über den Antrag des Direktoriums. Wird die nochmalige Verlesung gewünscht? (Rufe: Nein!)

Kreß: Ich wollte einen Antrag stellen. Geht das jetzt noch?

Vorsitzender: Die Diskussion ist geschlossen. Wir sind in der Abstimmung. Ich muß bedauern.

Meine Herren, ich bringe den Antrag des Direktoriums zur Abstimmung. Auf die Verlesung ist verzichtet worden. Diejenigen Herren, welche für den Antrag des Direktoriums sind, bitte ich, sich zu erheben. (Geschieht.) Das ist die überwiegende Mehrzahl der Erschienenen. Ich nehme an, daß es einstimmig ist. Ich bitte um die Gegenprobe. (Es erhebt sich niemand.)

Wir kommen zu Nr. 3 der Tagesordnung:

Die von der Kommission des Reichstags zu dem Gesetzentwurf betreffend die Aenderung der Gewerbeordnung bisher gefaßten Beschlüsse.

Ich gebe dem Referenten, Herrn Dr. Bartels, das Wort.

Referent Regierungsrat Dr. jur. **Bartels**-Berlin: Meine hochverehrten Herren! Die Novelle zur Gewerbeordnung, welche von den Verbündeten Regierungen bereits am 16. Dezember 1907 dem Reichstag vorgelegt worden ist, hat auch den Centralverband Deutscher Industrieller schon in zwei Delegiertenversammlungen beschäftigt. In der Delegiertenversammlung vom 23. März 1908 ist in eingehender Weise zu den einzelnen Bestimmungen der Regierungsvorlage Stellung genommen, und sind die Bedenken der Industrie der Regierung und auch dem Reichstag in Eingaben vorgetragen worden.

Inzwischen tagt die Gewerbeordnungskommission des Reichstags eigentlich in Permanenz, und läßt sich zurzeit noch gar nicht absehen, wann sie zu einem Abschluß mit ihren Beratungen gelangen wird, die sich namentlich dadurch ins Uferlose ausdehnen, daß aus dem Schoße der Kommission über die Regierungsvorlage hinaus fortgesetzt Initiativanträge gestellt und entsprechende Beschlüsse oder Resolutionen gefaßt werden.

Es liegt auch meinem Referat kein offizieller Bericht der Kommission zugrunde, sondern nur die Einzelbeschlüsse und Anträge, die in der Kommission gefaßt, bzw. vorgebracht worden sind, und die uns von befreundeter Seite zur Verfügung gestellt wurden.

Meine Herren, ich glaube, daß es diesmal erforderlich sein wird, sich etwas mehr mit den Einzelbestimmungen zu befassen und vor Ihnen ganz kurz zu erörtern, in welcher Beziehung sie durch die Kommission nach der Auffassung der Industrie verschlechtert worden sind, oder inwiefern die Industrie keine Bedenken gegen die Kommissionsbeschlüsse zu erheben hat.

Ich möchte mich sofort ins Detail begeben. Voranschicken will ich, daß ein großer Teil der Beratungen, wie Sie wissen, in einer Sondergewerbenovelle vom Dezember 1908, die die gesetzliche Regelung der Frauenarbeit zum Gegenstande hat, bereits seinen Abschluß gefunden hat, und daß der Centralverband in seiner letzten Delegiertenversammlung vom 30. Januar d. J. schon zu den Beschlüssen über das Fortbildungsschulwesen, die zu den allerschwersten Bedenken Anlaß geben, Stellung genommen hat. Auf diese Materien habe ich in meinem Referat nicht mehr einzugehen.

Ich gehe nun zu den einzelnen Bestimmungen über:

Zu § 113 der Gewerbeordnung, der von der fakultativen Befugnis handelt, Arbeitszeugnisse auszustellen, ist eine Zusatzbestimmung dahin ergangen, daß „bei jedem Austritt aus dem Dienstverhältnis im Falle der Kündigung von dieser an, von dem Arbeitgeber ein schriftliches Zeugnis über die Art und Dauer ihrer

Beschäftigung verlangt werden kann". Diese Fassung begegnet den schwersten Bedenken und ist geeignet, die Autorität des Betriebsleiters zu untergraben. Im übrigen sollen die Arbeitszeugnisse in vermehrtem Umfange in der Industrie Verwendung finden können, wogegen wohl kaum Bedenken geltend zu machen sein werden. Ich möchte bemerken, daß diese Arbeitszeugnisse nicht zu verwechseln sind mit den Lohnzahlungsbüchern, die bereits nach dem Entwurf der Regierung zurückgezogen sind, da sich die an sie geknüpften Erwartungen in keiner Weise erfüllt haben; die Reichstagskommission hat diesen Standpunkt der Regierung gebilligt.

§ 114a der Gewerbeordnungsnovelle beschäftigt sich mit der fakultativen Befugnis zur Ausstellung von Lohnbüchern und Arbeitszetteln, die namentlich in der Konfektionsindustrie durch den Bundesrat eingeführt worden sind. Diese Lohnbücher und Arbeitszettel sollen für die Abrechnung weiter ausgestaltet werden, es entspricht dies dem Wunsche der beteiligten industriellen Kreise.

Weiter sind in § 115 und auch in den §§ 115b und c — letztere sind neu — detaillierte Bestimmungen über die Art der Lohnzahlung und die Art der Währung, in der sie erfolgen soll, enthalten. Es sind wesentlich neue Bestimmungen nicht getroffen worden. Das Verbot des Trucksystems ist unter einzelnen billigen, im Interesse der Arbeiter selbst liegenden Ausnahmen aufrecht erhalten worden. Neu ist die Bestimmung, daß bei Gewährung von Familienwohnungen die Kündigung nur monatlich erfolgen darf.

Es folgen dann im § 120 Absatz 3 die Bestimmungen über die Ausdehnung des Fortbildungsschulunterrichts auf Fabrikarbeiterinnen, die, wie ich bereits erwähnte, von dem Centralverband bereits eingehend kritisiert worden sind.

Zu § 120e der Gewerbeordnung, der von der Befugnis des Bundesrats handelt, Verordnungen zum Schutze der Arbeiter in gesundheitlicher und sittlicher Beziehung für solche Betriebe zu erlassen, in denen Gefahren nach dieser Richtung hin entstehen können, ist — das diene als kleines Charakteristikum für die nationale Gesinnung dieser Kommission — beschlossen worden, daß die Aushänge auch in der Muttersprache erfolgen sollen, also Beförderung des Polonismus unter der Flagge der Arbeiterfreundlichkeit!

Der § 120f handelt von den Befugnissen des Bundesrats und der Polizeibehörden, in besonders gesundheitsgefährlichen Betrieben Bestimmungen über die Dauer der Arbeitszeit zu erlassen. Daß die Unternehmer gegen die Betrauung der örtlichen Polizeibehörden mit solchen Machtvollkommenheiten schwere Bedenken haben, ist schon früher ausgeführt worden. Neu ist, daß die Arbeiterausschüsse vor Erlaß solcher Verfügungen angehört werden sollen.

Meine Herren, wie ein roter Faden geht durch die Beschlüsse der Kommission das Bestreben, möglichst die Arbeitszeit für die Arbeiter zu beschränken. Die Sozialdemokratie ist diesmal mit ihrer bekannten Forderung auf allgemeine Einführung des Achtstundenarbeitstages nicht hervorgetreten. Sie hat sich auf einen Antrag beschränkt, den ich Ihnen wegen seiner Wichtigkeit nicht vorenthalten möchte, wie ich überhaupt zur Charakterisierung der ganzen Tendenz, die diese Kommission bewegt, noch andere Anträge, die aus dem Schoße der Kommission gestellt, aber nicht zum Beschlusse erhoben worden sind, zur Kenntnis bringen will. Die Sozialdemokratie hat beantragt, hinter § 133k folgenden § 133l einzuschalten:

> „In Betrieben mit ununterbrochener Tag- und Nachtarbeit sind die für die Tag- und Nachtarbeit bestimmten Arbeiter in drei Abteilungen einzuteilen. Die regelmäßige Arbeitszeit der einzelnen Abteilungen darf 8 Stunden innerhalb 24 Stunden nicht übersteigen. In Hütten-, Walz- und Hammerwerken, sowie in Metallschleifereien, Glasfabriken und in Betrieben der chemischen Industrie darf die regelmäßige tägliche Arbeitszeit 8 Stunden nicht übersteigen."

Die Regierung hat erklärt, daß sie einem derartigen Antrage nicht zustimmen könne. Bei der Aussichtslosigkeit auf gesetzliche Einführung des achtstündigen Maximalarbeitstages sieht er wie eine Mäßigung aus; der Antrag bedeutet aber einen Schlag gegen den Ihnen bekannten Erlaß betreffend den Betrieb der Anlagen in der Großeisenindustrie vom 19. Dezember 1908, der sowohl der Sozialdemokratie wie auch dem Zentrum bei weitem nicht genügend erscheint. Das Zentrum, welches die meisten Anträge der Sozialdemokratie in der Kommission unterstützt, strebt danach, wenigstens den zehnstündigen Normalarbeitstag zu erreichen. Auch diesen Bestrebungen hat die Regierung dankenswerter Weise ein striktes Veto entgegengesetzt. Sie steht, wie die Industrie, auf dem Standpunkt, daß sich einheitliche Bestimmungen zurzeit nicht durchführen lassen und wohl überhaupt unnötig sind, vielmehr kann dies mit Rücksicht auf die ausländische Gesetzgebung und die Konkurrenz des Auslands überhaupt nicht schematisch und generell geregelt werden.

Noch ein Beispiel will ich Ihnen mitteilen, wie sehr die Sozialdemokratie geneigt ist, auf die Beschränkung der Arbeitszeit hinzuarbeiten; es geht dies aus dem Antrage Molkenbuhr und Genossen hervor, dem § 137 folgendes hinzuzufügen: „Als Beschäftigungszeit in Betrieben gilt auch die Zeit, in der die Auszahlung und Empfangnahme des Lohnes stattfindet.“ (Hört! Hört!)

Es kommen dann weitere Bestimmungen in § 122ff. über die Kündigungsfristen für Gesellen und Gehilfen, die vierzehntägige sind. Dabei ist neu, daß, wenn vereinbart ist, daß das Arbeitsverhältnis ohne Einhaltung einer Kündigungsfrist aufgelöst werden kann, die Kündigung jeden Tag erfolgen kann; das Dienstverhältnis erreicht dann am Ende desjenigen Arbeitstages seine Endschaft, an dem die Kündigung erfolgte. Dagegen werden wohl kaum Bedenken zu erheben sein.

Es schließen sich dann an Beschlüsse, die sich mit den Verhältnissen der Betriebsbeamten, Werkmeister und Techniker befassen. Hier ist zu § 133da ein von der Industrie schon aufs schärfste bekämpfter Zusatz in der Kommission durchgegangen, wonach die Angestellten nicht verpflichtet sind, sich den Betrag auf ihre Gehaltsforderungen anrechnen zu lassen, der ihnen für die Zeit der Verhinderung an der Dienstleistung aus einer Kranken- oder Unfallversicherung zukommt — die bekannte Sache, die auch bei § 63 des Handelsgesetzbuches vom Reichstag durchgedrückt worden ist, die aber erfreulicherweise vom Bundesrat nicht angenommen worden ist. Es steht wohl zu erwarten, daß die Regierung auch in diesem Falle den Beschluß nicht genehmigen wird.

Ich komme nun zu einem sehr schwierigen Thema, nämlich der Frage der Konkurrenzklausel, die auch ihre Regelung in der Kommission gefunden hat. Hierbei sind wohl auch in der Industrie die Meinungen nicht gänzlich ungeteilt. Ich möchte Ihnen zunächst kurz ausführen, wie sich die Kommission die Sache denkt.

Die Kommission unterscheidet vier Kategorien von Angestellten:

1. Angestellte mit einem Arbeitsverdienst bis zu 1500 M. Mit denen können Vereinbarungen über eine Karenzzeit überhaupt nicht abgeschlossen werden.

Ich glaube, dagegen wird nicht viel einzuwenden sein, denn Personen, die ein so geringes Gehalt beziehen, werden wohl kaum in Betriebsgeheimnisse eingeweiht werden.

2. Unterscheidet die Kommission Angestellte, denen vom Gewerbeunternehmer vertragsmäßige Leistungen im Betrage von 1500 bis 3000 M. gewährt werden. Diesen Angestellten soll die Innehaltung einer Karenzzeit nur bis zur Dauer eines Jahres auferlegt werden können. Das ist eine ganz ungeheuere Beschränkung. Denn Sie werden bedenken müssen, daß sich unter dieser Klasse gerade die Werkmeister und mittleren Betriebsbeamten befinden, die ganz zweifellos

in Betriebsverhältnisse hineinsehen können müssen. Dazu kommen noch die gebildeten Techniker in kleineren und mittleren Betrieben, die nicht in der Lage sind, so hohe Gehälter wie z. B. die chemische Großindustrie zu zahlen. Für alle derartige Angestellte die Karenzzeit allgemein auf ein Jahr beschränken zu wollen, ist gänzlich unannehmbar.

3. Als dritte Klasse stellt die Kommission solche Angestellte auf, die vertragsmäßige Leistungen von 3000 bis 8000 M. erhalten. Diesen gegenüber kann die Karenzzeit zeitlich unbegrenzt festgestellt werden, allerdings mit der Einschränkung, daß gegebenenfalls der Richter darüber zu entscheiden hat, ob die Beschränkung nach Zeit, Ort und Gegenstand nicht die Grenzen überschreitet, durch welche eine unbillige Erschwerung des Fortkommens ausgeschlossen wird. (Vgl. § 133f Abs. 1.) Dem Arbeitgeber ist ferner die sehr wichtige Fessel auferlegt, daß die unbegrenzte Karenzzeit nur dann vereinbart werden darf, wenn gleichzeitig ausgemacht wird, daß während der Beschränkung der Angestellte die zuletzt ihm gewährten vertragsmäßigen Leistungen weiter erhält, d. h. also nicht nur das Gehalt, sondern auch die Tantiemen. Es ist in einer sehr interessanten Eingabe, die die chemische Industrie an den Reichstag gerichtet hat, ausgeführt worden, daß es nicht angängig ist, die Tantiemen jedes Jahr neu zu berechnen. Diese Tantiemen schwanken natürlich, welche soll nun dem Angestellten gewährt werden? Soll es die zuletzt gewährte sein oder welche sonst? Bei schlechter Konjunktur kann möglicherweise gar keine Tantieme gezahlt werden! Am besten nähme man eine Durchschnittsberechnung an. Sonst müßte schließlich dem Beamten ein Anrecht zustehen, die Bücher der Firma einsehen zu dürfen zur Feststellung, welche Tantieme ihm zukommt.

4. Endlich unterscheidet die Kommission noch solche Angestellte mit einem Gehalt von mehr als 8000 M.; denen gegenüber sind dem Unternehmer keinerlei Beschränkungen auferlegt, er ist nur an die bereits wiedergegebenen Vorschriften des § 133f Abs. 1 gebunden.

Meine Herren, es sind noch einige Punkte, die ich bei der Konkurrenzklausel hervorheben möchte. Sie soll nämlich nach einem Zusatz, den die Kommission zu § 133f beschlossen hat, überhaupt nur verbindlich sein, wenn die Vereinbarung bezweckt und geeignet ist, den Gewerbeunternehmer vor solchen Schäden zu bewahren, welche durch die Bekanntgabe von Betriebs- oder Geschäftsgeheimnissen entstehen können; d. h., sie soll nur zur Verhütung der Bekanntgabe von Betriebs- und Geschäftsgeheimnissen gelten. Bei dieser Fassung mag vielleicht ein richtiger Gedanke zugrunde liegen, in der Praxis ist aber sehr schwer zu entscheiden, was ein Betriebs- oder Geschäftsgeheimnis ist. Außerdem trifft bei dieser Formulierung den Unternehmer im Prozesse die Beweislast.

Ferner hat nach einem Beschlusse der Kommission zu § 133 g Abs. 3 der Unternehmer bei der Kündigung des Dienstverhältnisses dem Angestellten eine bestimmte Erklärung darüber abzugeben, ob er die zuletzt ihm gewährte vertragsmäßige Leistung weiter erhalten soll. Unterläßt der Gewerbeunternehmer eine solche Erklärung, so ist er nicht befugt, den Angestellten für die Zeit nach der Auflösung des Dienstverhältnisses in seiner gewerblichen Tätigkeit zu beschränken. Also schon am Tage der Kündigung muß sich der Unternehmer erklären, ob er das Gehalt und die übrigen Bezüge weiter geben will oder nicht. Dem ist folgendes Bedenken entgegenzuhalten: Der Betreffende, dem gekündigt ist und dem seine Leistungen sicher sind, wird dadurch direkt verleitet, nichts mehr zu machen, vielleicht sogar den Unternehmer zu schädigen, indem er das Geschäft absichtlich ruiniert und etwa die Kunden schlecht bedient, um sie dadurch für sich oder einen Konkurrenten zu gewinnen.

Es ist weiter noch auf ein Bedenken hinzuweisen, das der Centralverband bereits bei der ersten Delegiertenversammlung, die sich mit diesen Fragen befaßte, erklärt hat, nämlich die Fassung des Absatz 4 des § 133 g, die schon die Regierungsvorlage enthält und die Kommission beibehalten hat, daß der Unternehmer keinen Schadenersatz über die Vertragsstrafe hinaus, wenn eine solche vereinbart ist, verlangen darf. Das widerspricht einmal den allgemeinen Rechtsgrundsätzen, wonach bei jeder Schadenszufügung voller Ersatz zu leisten ist. Für viele bedeutenden Industrien, namentlich die chemische, die nicht in der Lage ist, sich jedes Verfahren patentamtlich schützen zu lassen, würde diese Bestimmung einer Preisgabe ihrer Geschäftsgeheimnisse dem Auslande gegenüber gleichkommen. Einer großen, leistungsfähigen ausländischen Fabrik würde es ein leichtes sein, für einen Angestellten die Konventionalstrafe zu zahlen und sich dadurch ohne Verpflichtung zum Schadenersatz in den Besitz wertvollster Betriebsgeheimnisse zu setzen. Noch auf eine andere Unbilligkeit für den Unternehmer ist hinzuweisen. Es tritt bei der schnellen Entwickelung, die unsere Technik nimmt, sehr leicht der Fall ein, daß Betriebsgeheimnisse keine dauernde Bedeutung behalten, die Technik kann sich derart vervollkommnen und verändern, daß das, was früher Betriebsgeheimnis war, jetzt ruhig preisgegeben werden kann. Soll der Arbeitgeber dann auf ewig verpflichtet sein, dem Angestellten, der das Glück gehabt hat, unter der Geltung eines derartigen Betriebsgeheimnisses bei ihm einzutreten, seine Bezüge bis an sein Lebensende weiter zu zahlen? Darf der Gewerbetreibende nicht zum mindesten auf die Rechte verzichten, die ihm zustehen? Davon steht im Gesetz nichts, gehört aber unzweifelhaft hinein.

Ich habe mich, um die Materie etwas tiefer beleuchten zu können, der Mühe unterzogen, mir die ausländische Gesetzgebung in bezug auf die Konkurrenzklausel anzusehen. Ich habe das französische, das englische, das schweizerische und das italienische Recht daraufhin studiert. Ich möchte Sie mit Einzelheiten nicht belästigen, aber bemerken, daß derartige verklausulierte und detaillierte Bestimmungen, wie sie nunmehr durch die Gewerbeordnungskommission in das Gesetz hineinkommen sollen, keine dieser Gesetzgebungen kennt. Sehr praktisch z. B. ist die englische Gesetzgebung, die einfach nur einen Grundsatz aufgestellt hat, nämlich den, daß ein Vertrag, ein Gewerbe nicht auszuüben, gültig ist, wenn er sich auf das beschränkt, was für den verständig auszulegenden (reasonable) Schutz der Parteien erforderlich ist, und daß, wenn diese Bedingung erfüllt ist, der Vertrag unbegrenzt sowohl in Raum wie in Zeit sein kann. So machen es die Engländer. (Zuruf: Praktisch!) Sehr praktisch und einfach. Aehnlich ist auch die französische Gesetzgebung; sie sagt, die Konkurrenzklausel ist gültig, sobald sie entweder bezüglich der Zeitdauer oder bezüglich der Distanz beschränkt ist; dies entspricht etwa unser gegenwärtigen Judikatur, die man nun wieder in Fesseln legen will. Auf ähnlichen Rechtsgrundsätzen steht die italienische Gesetzgebung, die schweizerische schickt sich an, sich dem anzuschließen.

Meine Herren, Sie gestatten einige kurze Worte über ein Thema, das vielleicht etwas abseits liegt. Es wird immer von der Weltfremdheit der Richter gesprochen werden; das ist auch eins der berühmten Schlagworte, mit denen man in unserem öffentlichen Leben operiert. Ich kann dem nicht, oder wenigstens nur mit großen Einschränkungen zustimmen. Ich möchte Sie dazu auf sehr interessante Artikel verweisen, die jüngst in der „Kölnischen Zeitung“ über „Justizreformen“ gestanden haben, und die unter anderem ein Buch des Oberlandesgerichtsrats Bozi in Hamm kritisieren, betitelt „Die Weltanschauung in der Jurisprudenz“. Wenn Sie dies lesen, werden Sie vermutlich zu ganz anderen Auffassungen gelangen. Meine Herren, glauben Sie mir, daß sehr vielfach die Richter nicht schuld daran sind, wenn die Entscheidungen nicht so ausfallen, wie sie das praktische Leben fordert, sondern daß die Schuld die Gesetzgeber trifft, die die Richter in schematische Bestimmungen einzwängen. Ein praktisches Beispiel dafür, wie unsere Gesetzgebung, die doch im Reichstage angeblich die Männer des praktischen Lebens machen, darauf ausgeht, unserer Rechtsprechung Fesseln anzulegen, sehen Sie an diesen Beschlüssen zur Konkurrenzklausel. (Sehr gut!)

Damit kann ich wohl diese Sache verlassen.

Es kommen dann Bestimmungen (§ 134b u. c), die sich mit der weiteren Ausgestaltung der Arbeitsordnungen befassen; sie geben im wesentlichen wohl zu Bedenken nicht Anlaß, abgesehen von der Bestimmung, daß die Arbeiterausschüsse, auf die ich gleich weiter einzugehen beabsichtige, auch über den Erlaß der Arbeitsordnung anzuhören sind.

Meine Herren, gerade die Beschlüsse der Kommission, die hinsichtlich der Arbeiterausschüsse gefaßt sind, haben zur allergrößten Beunruhigung in der Industrie beigetragen. Nach den vielen dringlichen Vorstellungen in der Presse und in Eingaben aus den verschiedensten Industriebezirken und Gewerbezweigen ist zu schließen, daß in der Tat eine ganz außergewöhnliche Beunruhigung und Mißstimmung in den Unternehmerkreisen durch diese Beschlüsse erzeugt worden ist. Ich möchte sie Ihnen deshalb zunächst einmal in der Fassung, die sie in der Kommission erhalten haben, verlesen.

§ 134ga lautet: „Für jeden Betrieb" — d. h. solche, in denen in der Regel mindestens 20 Arbeiter beschäftigt werden, unter diese Rubrik ist die Bestimmung eingegliedert — „muß ein ständiger Arbeiterausschuß errichtet werden. Dieser hat außer den im § 134b Abs. 3 und § 134d bezeichneten Obliegenheiten" — dazu gehört die Anhörung über die Verwendung und Verwaltung der Strafgelder und den Erlaß der Arbeitsordnung — „insbesondere die Aufgabe, Anträge, Wünsche und Beschwerden der Arbeiter, die sich auf die Betriebs- und Arbeitsverhältnisse, Arbeitsbedingungen und Wohlfahrtseinrichtungen im Betriebe beziehen, zur Kenntnis des Betriebsinhabers zu bringen und sich darüber zu äußern. Durch die Arbeitsordnung oder die Satzungen" — das ist eine sehr schwerwiegende Bestimmung — „können dem ständigen Arbeiterausschusse noch weitere Aufgaben zugewiesen werden". — Also ganz ohne Beschränkung; ferner — und das ist wohl mit das Schwerwiegendste und Härteste, was beschlossen worden ist —: „Anträge auf Gewährung von Ausnahmen bezüglich der Arbeitszeit (§§ 138a, 139) und der Sonntagsruhe (§ 105f) sind dem ständigen Arbeiterausschuß vorher zur gutachtlichen Aeußerung zu unterbreiten und die geäußerten Wünsche und Bedenken den Anträgen jedesmal schriftlich beizufügen."

Meine Herren, also ein Betriebsunternehmer, der z. B. plötzlich einen größeren, alsbald auszuführenden Exportauftrag bekommt und gezwungen ist, sich vielleicht innerhalb weniger Stunden zu entschließen, ob er zu dessen Bewältigung Ueberstunden einführen muß oder nicht, muß nunmehr, neben dem beschwerlichen Apparat der Nachsuchung von Ueberstunden bei den zuständigen Behörden, auch noch seinen Arbeiterausschuß anrufen, ob er ihm die Ueberstunden bewilligen will. Was das für neue Hemmnisse für unsere, bei der Konkurrenz mit dem Auslande unbedingt auf schnellste und exakteste Arbeit angewiesene Industrie bedeutet, das wissen Sie, meine Herren, das brauche ich Ihnen nicht näher zu beleuchten. Welche neue Waffe aber die den Arbeitgebern feindlichen Organisationen dadurch gegen die Unternehmer erlangen, brauche ich vor Ihnen nur anzudeuten. Ich bin heute von sehr schätzenswerter Seite, von Fabrikanten, die Kriegslieferungen haben, auf die besonderen Nachteile für diese Industrien hingewiesen worden. Meine Herren, unsere Industrie wird ja auch vom Auslande, sehr ehrenvoller Weise, mit Kriegslieferungen bedacht, zumeist handelt es sich dabei um sekret zu behandelnde Fragen; soll auch dann der Arbeiterausschuß angehört werden? Und schließlich kann sich doch weder unser Reich noch die Einzelstaaten ganz von der Privatindustrie unabhängig machen. Denken Sie einmal daran, daß die Macht der Arbeiterorganisationen immer mehr wächst, und daß diese bei ihrem Bestreben, den Militarismus zu bekämpfen, etwa systematisch darauf ausgehen, bei Kriegslieferungen den Betriebsleitungen Schwierigkeiten zu bereiten! Die Schlagfertigkeit unserer Armee kann in Frage gestellt und das Vaterland in Gefahr gebracht werden! Diese Bestimmungen sind also ganz unmöglich! — Der Absatz 3 des § 134 g a ist ohne besondere Bedeutung.

Ich wollte mir eigentlich noch ähnliche Ausführungen gestatten, wie sie vorher von dem Herrn Referenten, dem Herrn Generalsekretär Bueck, gemacht worden sind. Der Staat hütet sich ja wohl auch, die Arbeiterausschüsse in seinen Betrieben einzuführen. (Zuruf: Die Eisenbahn hat sie!) (Generalsekretär Bueck: Die Gruben auch!)

Meine Herren, gegen derartige Bestimmungen wie sie von der Kommission für die Arbeiterausschüsse beschlossen sind, muß die Industrie mit aller Schärfe Stellung nehmen, denn sie gehen darauf aus, das sogenannte Prinzip der „konstitutionellen Fabrik" einzuführen. Das ist auch ein Schlagwort, von dessen Tragweite die Verfechter dieser Idee wohl keine Ahnung haben. Herr Erzberger hat sich ja im „Tag" darüber geäußert und auch Herr Naumann erwärmt sich wohl für dieses Sozialtheorem! Ueber Gemeinplätze und allgemeine Redensarten gehen deren Ausführungen aber nicht hinaus. Die Industrie muß im Interesse ihrer Selbsterhaltung derartigen Bestrebungen mit der denkbar stärksten Energie entgegentreten; dabei will ich noch nachholen, was ich eigentlich im Eingang meiner Ausführungen über die Arbeiterausschüsse hätte sagen müssen: Der Centralverband Deutscher Industrieller hat niemals die Arbeiterausschüsse als solche bekämpft. Es ist sehr wohl möglich, daß Arbeiterausschüsse sich bewähren können, je nach der Art des Betriebes und je nach der Lage örtlicher Verhältnisse; es gibt Betriebe, in denen sich Arbeiterausschüsse gut bewähren, andere Gewerbezweige eignen sich dazu nicht. Also auch hier wehrt sich die Industrie nur gegen den Schematismus. Daß aber in jedem Betriebe, der wenigstens 20 Personen beschäftigt, Arbeiterausschüsse eingeführt werden sollen, ist schon deshalb ein Unsinn — ich muß dieses Wort hier gebrauchen —, weil dies bei kleinen Unternehmungen überhaupt völlig unnötig ist. Da, wo der Betriebsleiter den Betrieb völlig übersehen kann, wo er ständige Fühlung mit seinen Arbeitern hat — ob dies bei einer Zahl von 30, 50 oder 100 noch möglich ist, wage ich nicht zu entscheiden, das müssen Sie, meine Herren, entscheiden —, ist ein Arbeiterausschuß jedenfalls überflüssig. Er hat nach meiner Ansicht nur dann überhaupt Zweck und Bedeutung, wenn ein Unternehmen so umfangreich ist, daß es dem Betriebsleiter unmöglich ist, mit den einzelnen Arbeitnehmern zu verhandeln und sich von ihnen ihre Wünsche und Beschwerden, die sie ja naturgemäß haben, vortragen zu lassen. Dort mögen Arbeiterausschüsse zweckentsprechend und nützlich sein. Um Ihnen noch zu zeigen, worauf die Sozialdemokratie hinausgeht, will ich Ihnen verlesen, wie sie sich die weitere Entwicklung nach einem Antrage Molkenbuhr, Stadthagen und Genossen denkt.

Danach sollen die Arbeiterausschüsse nachfolgende Befugnisse haben, sie sollen u. a. mitwirken: bei der Durchführung und Beaufsichtigung der sicherheitspolizeilichen und Unfallverhütungsvorschriften, sie sollen das Recht haben, die Betriebe zu kontrollieren und auf Beseitigung vorgefundener Mißstände zu dringen, falls von Arbeitern gewählte Arbeiterkontrolleure nicht vorhanden sind; der Arbeiterausschuß soll ferner befugt sein, alle Beschwerden über Mißstände bei der Verwaltung des Betriebs vorzubringen; er soll ferner bei Differenzen und Beschwerden über unzureichende Akkord- und Schichtlöhne mitwirken und auf möglichste Verständigung hinarbeiten; — wie die Verständigung dieser Herren aussieht, wissen Sie ja. — Strafen, die 1 M. übersteigen, dürfen ohne Zustimmung des Arbeiterausschusses nicht festgesetzt werden, und dann noch ein Zusatz: „Der Arbeiterausschuß hat nähere Vorschriften über die rechtliche Stellung (insbesondere über die Entlassungsgründe, die Pflichten und die Art der Lohnzahlung durch die Arbeiter) der Arbeiterkontrolleure festzulegen, falls solche durch unmittelbare und geheime Wahl der Arbeiterschaft gewählt sind." Also diese Herren rechnen mit den Arbeiterkontrolleuren schon eigentlich als mit einer für sie feststehenden Einrichtung. (Generalsekretär Bueck: Für alle Gewerbe!)

Meine Herren, ich komme nun noch zu einem Punkt, der zwar nicht in einem direkten Beschluß der Kommission zum Ausdruck gekommen ist, aber in einer Resolution, die bisher anscheinend nicht besonders beachtet worden ist. Die Reichstagskommission hat sich auch noch mit den Gewerbeinspektoren befaßt, die ja das Schoßkind aller Sozialreformer und auch der Sozialdemokratie sind, sie hat folgende Resolution angenommen: „Den Herrn Reichskanzler zu ersuchen, bei den Verbündeten Regierungen dahin zu wirken, daß den Gewerbeaufsichtsbeamten (§ 139b) das Recht des Erlasses polizeilicher Verfügungen auf Grund der §§ 120d und 137a und der Verhängung von polizeilichen Strafen innerhalb ihrer Zuständigkeit nicht durch Anweisung der Landesbehörden verschränkt wird."

Die Rechtslage ist kurz folgende: Die Gewerbeinspektion ist eine vom Reich getroffene Einrichtung; die Einrichtung im einzelnen, Anstellung der Beamten usw. wird landesgesetzlich geregelt. Mit ihren von den gewöhnlichen polizeilichen vielfach abweichenden Befugnissen mußten die Gewerbeinspektoren dem Rahmen der übrigen Verwaltungsorganisationen in irgendeiner Weise angegliedert werden. Beispielsweise in Preußen hat man in einer dazu erlassenen Anweisung die Rechte der Gewerbeinspektoren im einzelnen umschrieben und ihnen aufgegeben, von der Befugnis, die ihnen an sich nach der Gewerordnung zusteht, nämlich polizeiliche Verfügungen und Zwangsstrafen zu erlassen, nur im Notfalle, oder wenn Gefahr im Verzuge vorliegt, Gebrauch zu machen; in anderen Fällen sollen sie die ordentlichen Polizeibehörden darum ersuchen. Dies ist meines Erachtens ein völlig einwandfreier und richtiger Standpunkt, indem die Polizeibehörden, denen ja überhaupt die sämtlichen Befugnisse in polizeilicher Hinsicht obliegen, auch in dieser Beziehung nicht gänzlich umgangen werden dürfen, sondern zur Mitwirkung berufen sind, schon damit auch die ordnungsmäßigen Rechtsmittel gegen die Maßnahmen der Gewerbeinspektoren eröffnet werden. Die Gewerbeordnungskommission aber strebt ein Reichsgesetz an, in dem die Gewerbeinspektion losgelöst von den übrigen Behördenorganisationen selbständig gestaltet werden soll, natürlich um möglichst den verhaßten Unternehmern auf den Leib zu rücken.

Meine Herren! Zu Forderungen, die in der Oeffentlichkeit jetzt vielfach erhoben werden, gehört mit an erster Stelle die Verwaltungsreform, von deren Notwendigkeit für Preußen auch ich überzeugt bin. Von den Herren Abgeordneten wird sonst immer verlangt, es müsse auf eine Vereinfachung des Verfahrens hingearbeitet werden. Wenn diese Herren aber selbst dazu beitragen, daß durch reichsgesetzliche Bestimmungen die ohnehin zersplitterte Zuständigkeit in Verwaltungssachen noch vermehrt wird, was soll man dazu sagen! Durch Schaffung einer besonderen Reichsbehörde für die Gewerbeinspektoren muß die Zuständigkeit immer komplizierter und für die Industrie immer unangenehmer werden. (Sehr richtig!) Ich bemerke, daß die „Soziale Praxis", deren Einfluß auch an maßgeblichen Stellen ja leider ein recht bedeutender sein soll, sofort die Sache aufgegriffen hat und sehr warm in einem Artikel für den Beschluß der Reichstagskommission eintritt.

Es ist weiter von den Beschlüssen der Kommission noch zu erwähnen, daß sie es für erforderlich hält, auch für die kaufmännischen Angestellten besondere Handelsinspektoren einzuführen; einen neuen § 154b hat sie beschlossen. Also eine weitere unnötige Vermehrung der Beamten und Belästigung des Unternehmertums.

Dann ist zu § 139e der Beschluß gefaßt worden, der wohl hauptsächlich in kaufmännischen Kreisen beanstandet werden wird, der aber hier im Zusammenhange mit vorgetragen werden soll, daß der Achtuhrladenschluß, abgesehen von den Sonnabenden, wo um 9 Uhr geschlossen werden soll, allgemein gesetzlich eingeführt werden soll. Das ist auch eine überflüssige und schädliche Reglementierung, denn die Verhältnisse liegen örtlich eben nicht gleich.

Ein weiterer Beschluß, ein neuer § 139e a, ist auch aus Kreisen der Industrie beanstandet worden; es soll nämlich eine neunstündige Maximalarbeitszeit für die Kontore eingeführt werden, nur an 60 Tagen sollen Ueberstunden zulässig sein. (Zuruf: An 40 Tagen!) Nein, es steht in dem Beschluß, der mir vorliegt, 60. Auch das ist für gewisse Industrien, namentlich für Campagne-Industrien, wie die Zuckerindustrie, höchst bedenklich. Denn Unternehmungen, die während des größten Teiles des Jahres ihre Angestellten nicht besonders anstrengen, können dann doch wohl verlangen, daß während der ganzen Zeit der Campagne Mehrarbeit je nach den Bedürfnissen des Betriebes geleistet wird.

Also, meine Herren, überall dieselbe Schematisierung, überall dieselbe Reglementierung!

Gegenwärtig befaßt sich die Kommission mit der Regelung der Verhältnisse der Hausarbeiter. Es sind mir bisher nur die Anfänge dieser Beschlüsse zugänglich gewesen, weiteres Material haben wir nicht erlangen können.

Wenn ich mich resümieren darf, so geht wohl zweifellos aus der ganzen Tendenz der Beschlüsse hervor, daß sie, wie unsere gesamte neuere Gesetzgebung, darauf ausgehen, die Initiative der Arbeitgeber immer mehr einzuschränken, in die Freiheit des privaten Arbeitsvertrages einzugreifen und die Arbeitsbetriebe unter die Aufsicht der Polizeibehörden und besonderen Behörden, wie Gewerbeinspektoren, Handelsinspektoren usw., zu stellen, sowie durch die Arbeiterausschüsse die Bewegungsfreiheit der Betriebsleitungen zu lähmen, so daß der Unternehmer schließlich zwischen Polizei- und allen möglichen anderen Aufsichtsorganen eingeschränkt sitzt und sich kaum noch seiner Haut erwehren kann. Wie unter diesen Umständen die Wettbewerbsfähigkeit unseres Unternehmertums aufrecht erhalten werden soll, wie noch Lust und Liebe und die Möglichkeit bestehen soll, sein Geld in gewerblichen Unternehmungen gewinnbringend anzulegen, ist unerfindlich. Gegenüber dem Bestreben, die Arbeitszeit übermäßig zu beschränken, ist darauf hinzuweisen, daß eine schematische Reglementierung undurchführbar ist, die weit über das Ziel hinausgehende Verkürzung aber ruinös wirken muß. Unsere gewerblichen Unternehmungen sind groß geworden dadurch, daß sie durch Anspannung aller Kräfte, der Betriebsleiter und der Arbeiterschaft, sich den Weltmarkt erobert haben. Es ist unmöglich, daß unser Unternehmertum, welches die Lasten der sozialen Versicherung bereitwillig übernommen hat, noch alle die weiteren Beschränkungen erträgt, die ihm die Gesetzmacherei im Reichstage zumutet; der Bogen ist überspannt, das Unternehmertum ist auf das schwerste dadurch beunruhigt und verstimmt.

In Anlehnung an diese Ausführungen ist die Resolution, die Ihnen hier vorgelegt werden wird, abgefaßt.

Ich möchte damit schließen.

Vorsitzender: Ich bitte den Herrn Referenten, die Resolution zu verlesen.

Regierungsrat Dr. jur. **Bartels**-Berlin (liest):

„I. Die Delegiertenversammlung des Centralverbandes Deutscher Industrieller hat bereits am 23. März 1908 gegen die von den Verbündeten Regierungen vorgelegte Novelle zur Gewerbeordnung verschiedene Bedenken erhoben und weiter in der Delegiertenversammlung vom 30. Januar d. J. gegen die Beschlüsse der mit der Beratung der Gewerbeordnungsnovelle befaßten Reichstagskommission, betreffend die Ausdehnung des Fortbildungsschulunterrichts auf die Fabrikarbeiterinnen Stellung genommen.

Nunmehr wendet sich die Delegiertenversammlung mit Entschiedenheit gegen die die Regierungsvorlage noch verschärfenden Kommissionsbeschlüsse in Sachen der Konkurrenzklausel und gegen die erweiterten Eingriffe in die Freiheit des privaten Arbeitsvertrages. Gänzlich unannehmbar erscheint für die Industrie die obligatorische Einführung ständiger Arbeiterausschüsse für ihre Betriebe, sowie die Uebertragung von Befugnissen an diese zur Mitwirkung beim Erlaß von Ausnahmevorschriften zur Regelung der Arbeitszeit und der Sonntagsruhe. Diese Mitbeteiligung der Arbeiterschaft an der Betriebsleitung ist ein weiterer gesetzgeberischer Schritt zur Auslieferung der Herrschaft über die Betriebe an die Sozialdemokratie und zu deren staatlicher Organisation innerhalb der Fabriken. Derartige Maßnahmen, die die Durchführung des konstitutionellen Fabriksystems zum Ziele haben, sind geeignet, die ordnungsmäßige Leitung der gewerblichen Betriebe zu gefährden und der Initiative unseres Unternehmertums neue Fesseln aufzuerlegen, die dessen Arbeitsfreudigkeit untergraben und den wirtschaftlichen Erfolg der Unternehmungen und ihre Wettbewerbsfähigkeit auf dem Weltmarkte aufs höchste beeinträchtigen müssen.

II. Bei der Ueberlastung des Reichstages mit gesetzgeberischen Aufgaben liegt das Schwergewicht der Entscheidung über die wichtigsten Vorlagen in den Kommissionen, in denen bei der mangelhaften Vertretung der Industrie und bei der Abneigung des Reichstages, mit den gewerblichen Kreisen unmittelbar Fühlung zu nehmen, Beschlüsse gefaßt werden, die zu den schwersten Mißstimmungen und Beunruhigungen des gesamten Unternehmertums führen. Da im Plenum des Reichstages eine Abänderung der Kommissionsbeschlüsse nicht zu erwarten steht, richtet die Delegiertenversammlung die Bitte an die Verbündeten Regierungen, der Gewerbeordnungsnovelle nach Erledigung im Reichstage die verfassungsmäßige Zustimmung im Bundesrat versagen zu wollen."

Vorsitzender: Meine Herren, ich eröffne die Diskussion.

Generalsekretär **Steller**-Köln: Meine Herren, ich kann mich den Ausführungen des Herrn Vorredners durchaus anschließen und möchte mir nur erlauben, einiges davon noch stärker zu unterstreichen.

Ich möchte mich insbesondere zu den Bestimmungen über die Konkurrenzklausel äußern. Ueber diese haben wir vor einem Jahre hier eine Erklärung beschlossen, wonach schon die Bestimmungen des Regierungsentwurfs in verschiedenen Richtungen bedenklich erscheinen. Durch die Beschlüsse der Kommission des Reichstages sind diese Bedenken erheblich verstärkt worden. Vor allen Dingen ist es die Begrenzung der Konkurrenzklausel auf ein Jahr. Meine Herren, wenn Sie bedenken, daß im Handelsgewerbe die Konkurrenzklausel auf drei Jahre begrenzt ist, und wenn Sie bedenken, daß von den Handelskammern, zum Beispiel der Kölner, wiederholt die Erklärung abgegeben worden ist, daß die Industrie die Konkurrenzklausel viel nötiger habe, als der Handel, dann wird man vollends nicht begreifen, wie man nun dazu kommt, für die Industrie die Klausel auf ein Jahr zu beschränken.

Denn, meine Herren, die Fortzahlung des Gehalts, die bei einer längeren Dauer der Konkurrenzklausel den Unternehmern zur Pflicht gemacht werden soll, ist ein sehr zweischneidiges Schwert. Sie kann wohl, wie auch von dem Herrn Berichterstatter angedeutet worden ist, von Betrieben, die außergewöhnlich viel verdienen, die große Summen jährlich für Wohlfahrtszwecke und dergleichen Sachen zurücklegen, angenommen werden, aber nicht von vielen anderen Betrieben, die ebenfalls das dringende Interesse haben, die Konkurrenzklausel zur Bedingung zu machen. Es ist ja auch öffentlich bekanntgemacht worden, daß die Teerfarbenindustrie, die bekanntlich die allerhöchsten Erträgnisse erzielt, solche Bedingungen eingehen kann. Es gibt aber eine große Anzahl von chemischen Industriebetrieben, die ebenfalls der Konkurrenzklausel benötigen, und die nicht in der Lage sind, diese Gehälter weiter zu bezahlen. Und dann kommt hinzu das alte Wort: Müßiggang ist aller Laster Anfang. Was soll daraus werden, wenn vielleicht noch junge Herren ihr Gehalt weiter beziehen und ihr Leben lang nichts weiter zu tun haben? Das ist gewiß kein Zustand, der irgendwie erstrebenswert wäre.

Also, meine Herren, gegen diese Beschränkung der Konkurrenzklausel auf ein Jahr und den eventuellen Ersatz: Verlängerung durch die Fortzahlung des Gehalts muß ich im Interesse der in diesem Falle hier von mir vertretenen Industrie Einspruch erheben. Diesem Einspruch ist ja auch in der Resolution Ausdruck gegeben worden. Vielleicht hätte man nach meinem Gefühl etwas näher hierauf eingehen können. Es ist aber nicht geschehen, und vielleicht läßt es sich in der Diktion nicht gut anders machen. Die Hauptsache ist aber meines Erachtens, daß wir, die wir heute zusammen sind, um gegen die Gewerbeordnung sowohl wie gegen das Arbeitskammergesetz zu protestieren, deutlich zu erkennen geben, wie die Industrie über diese Sachen denkt und was sie von diesen Gesetzen befürchten muß, und deshalb habe ich es für richtig gehalten, zu der Konkurrenzklausel noch diese wenigen Aeußerungen zu machen. (Beifall.)

Geheimer Regierungsrat **Koenig**-Berlin: Der Herr Referent hat auch den Antrag des Zentrums berührt, der von der Kommission angenommen worden ist, auf Beschränkung der Arbeitszeit in den Kontoren. Ich habe nicht gelesen, ob die Verbündeten Regierungen zu diesen Kommissionsbeschlüssen bereits Stellung genommen haben. Ich möchte aber die Anwesenheit der Herren Vertreter der Hohen Regierung benutzen, um zum Ausdruck zu bringen, daß in jedem Falle für die Kampagne-Industrien eine neunstündige Arbeitszeit in Kontoren nicht ausreichen würde (sehr richtig!), wenn nicht eine Vermehrung des Personals eintreten soll. Eine solche Vermehrung empfiehlt sich aber im Interesse der Beamten nicht, weil es zur dauernden Beschäftigung in vielen Fällen an Arbeit fehlen wird und das Mehrengagement nur eine Herabminderung des Einkommens der ständigen Beamten zur Folge haben dürfte. Ich spreche daher die Bitte aus, daß die Verbündeten Regierungen diesem Beschlusse der Kommission die Zustimmung versagen, in jedem Falle aber für die Kampagne-Industrien die Ueberschreitung der Arbeitszeit von 40 oder 60 Tagen auf die Dauer der Kampagne ausdehnen möchten.

Generalsekretär **Bueck**-Berlin: Meine Herren, ich bitte meinen verehrten Herrn Mitarbeiter, es mir nicht zu verübeln, wenn ich einen kleinen Irrtum, der ihm passiert ist, berichtige. Bei der Bearbeitung einer so großen und schwierigen Materie ist ein Irrtum leicht möglich und mir oft genug in meinem Leben passiert. Der Herr Berichterstatter hatte bemerkt, daß in den Staatsbetrieben Arbeiterausschüsse nicht bestehen. Das ist nicht richtig. Sie bestehen in der Staatseisenbahnverwaltung, und sie haben in den staatlichen Bergwerksbetrieben schon lange vorher bestanden, ehe sie in dem Privatbergwerksbetrieb obligatorisch gemacht wurden.

Meine Herren, auf eine andere Sache, die von dem Herrn Berichterstatter freilich ganz richtig erwähnt worden ist, möchte ich doch ganz besonders hier noch hinweisen. Der Centralverband Deutscher Industrieller hat niemals gegen Arbeiterausschüsse Stellung genommen, und zwar aus dem einfachen Grunde, weil eine große Anzahl von Mitgliedern des Centralverbandes, also Industrielle, Arbeiterausschüsse eingerichtet haben und mit der Wirksamkeit derselben in dem Rahmen, in dem sie jetzt gesetzlich operieren können, vollständig einverstanden sind und gute Erfahrungen damit gemacht haben. Ein anderer großer Teil unserer Mitglieder hat keine Arbeiterausschüsse eingerichtet, hält es auch nicht für nützlich und zweckmäßig, sie für die Betriebe einzurichten; deswegen haben wir es unseren Mitgliedern vollständig freigestellt und haben davon abgesehen, uns irgendwie gegen Arbeiterausschüsse zu erklären. Mit aller Entschiedenheit sind wir jedoch immer und für alle Betriebe gegen die obligatorische Einführung aufgetreten, eben weil sich die Arbeiterausschüsse hier gut bewährt, dort sich als überflüssig und an anderen Stellen als schädlich erwiesen haben. (Sehr richtig!) Meine Herren, diesen Standpunkt sollte nach meinem Erachten auch die Staatsregierung einnehmen.

Der Herr Staatssekretär des Innern hat sich in der Rede, auf die ich heute schon ein paarmal aufmerksam gemacht habe, dahin ausgesprochen, daß ein Fehler unserer sozialpolitischen Gesetze in der Schablonisierung, in der Gleichstellung aller Bestimmungen für die verschiedensten Verhältnisse zu erblicken ist. (Sehr wahr!) Er ist auf diesen Fehler namentlich durch eine Besprechung mit englischen Arbeitern aufmerksam gemacht worden, die er empfangen hat. Meine Herren, wir haben aus dem Referat meines Mitarbeiters gehört, daß hier mit den kleinlichsten Bestimmungen immer bezüglich aller Betriebe generalisiert wird, und so soll es auch hier in den Arbeiterausschüssen geschehen. Er hat ja schon darauf hingewiesen, daß in kleinen Betrieben diese Arbeiterausschüsse durchaus überflüssig sind, in den Betrieben, wo unausgesetzt ständig der Arbeitgeber mit seinen Arbeitern in Fühlung steht. Aber ebenso unzweckmäßig kann es in den großen Betrieben sein, weil da eine Körperschaft zusammengesetzt wird, die einem Parlament vielleicht ähnlich ist, wenn alle Verhältnisse der Arbeiter in den vielfach verschieden zusammengesetzten Betrieben gleichmäßig und richtig vertreten sein sollen. Auch da kann sich ein Arbeiterausschuß als unnötig und unzweckmäßig erweisen. Aber, meine Herren, wie hier nach den Bestimmungen, die die Kommission beschlossen hat, ein Arbeiterausschuß ganz im Sinne der Sozialdemokratie störend in den wirtschaftlichen Frieden eingreifen kann, dafür will ich nur eine einzige Bestimmung herausgreifen, die Bestimmung, daß der Arbeiterausschuß berechtigt sein soll, Anträge auf Erweiterung seiner Aufgaben zu stellen. Denken Sie sich diesen Arbeiterausschuß unter Leitung eines richtigen Agitators, wie er entweder im Arbeiterausschuß sein kann oder auf diesen seinen Einfluß ausüben kann, so gibt diese Bestimmung dem Arbeiterausschuß die Handhabe, fortgesetzt neue Anträge auf Erweiterung seiner Befugnisse an den Arbeitgeber zu stellen, auf die der Arbeitgeber nicht eingehen kann, und wenn er dann die

Anträge ablehnt, dann ist das Gebiet geebnet für die Fortführung der Verhetzung der Arbeiter in den Betrieben zur Förderung des Unfriedens. (Sehr richtig!)

Also, meine Herren, das muß man doch alles erwägen, und ich glaube, die Staatsregierung wird sich solchen Erwägungen nicht verschließen können und wird diese Beschlüsse der Kommission und viele andere, die auf demselben Boden stehen und dieselben traurigen Wirkungen haben können, ablehnen; und wenn der Reichstag sie dennoch annehmen würde, dann hoffen wir, daß das eintreten wird, was uns allein von diesen üblen Folgen befreien wird, daß der Bundesrat in besserer Erkenntnis der notwendigen Gestaltung der Verhältnisse, als sie in unserem Parlament vertreten ist, dieser ganzen Vorlage die verfassungsmäßige Zustimmung nicht erteilen wird. (Beifall.)

Kommerzienrat **Weismüller:** Nach dem ausführlichen Vortrage des Herrn Berichterstatters, Regierungsrat Dr. Bartels, sowie den Ausführungen der beiden Herren Vorredner kann ich mich kurz fassen.

Der Mittelrheinische Fabrikanten-Verein in Mainz hat in Gemeinschaft mit der Gruppe Süddeutscher Eisen- und Stahlindustrieller im Laufe des Winters sich mehrfach mit der Angelegenheit befaßt und ist trotz seiner bekannten sozialfreundlichen Gesinnung im Endergebnis zu einer ähnlichen Entschließung gelangt wie die uns vorgelegte Resolution, indem er den Reichstag ersucht, den Beschlüssen der Kommission nicht beizutreten; sollte dies aber doch geschehen, so richtet er an die Verbündeten Regierungen die Bitte, dem Gesetze die Zustimmung zu versagen.

Ich will nun auf die Besprechung der einzelnen Punkte nicht mehr eingehen, sondern gebe den Bericht über unsere Sitzung zu den Akten.

Nur das eine möchte ich noch erwähnen, daß im Laufe der Verhandlungen über die Konkurrenzklausel der Vorschlag gemacht wurde, an Stelle des letzten Gehaltes (einschließlich Tantieme) nicht das Einkommen des letzten Jahres, sondern das durchschnittliche Einkommen der drei letzten Jahre anzunehmen; dann ist Licht und Schatten für beide Teile gleich!

Generalsekretär **Stumpf**-Osnabrück: Meine Herren, ich widerstehe der Versuchung, auf die interessante Materie noch weiter einzugehen. Ich möchte nur einen Punkt hervorheben, der mir doch der Hervorhebung bedürftig erscheint.

Nach den Ausführungen des Herrn Berichterstatters scheint es, als wenn — ich weiß nicht, ob er die Meinung selbst vertritt, er gab sie wenigstens kund — allgemein angenommen würde, die Errichtung von Arbeiterausschüssen sei in großen Betrieben deshalb notwendig, weil es dort nicht möglich sei, daß der Arbeiter mit seinem Arbeitgeber in direkte Beziehungen treten könne, um seinen Wünschen und Klagen an maßgebender Stelle Ausdruck zu geben. Ich halte das für eine Fiktion, meine Herren. (Sehr richtig!) Ich weiß nicht, ob ich die Dinge vielleicht nur einseitig beurteile, aber Sie sind ja alle in der Lage, das zu kontrollieren. Ich bin nämlich der Ansicht, daß in der Großindustrie der betriebsleitende Ingenieur den Arbeitern seiner Abteilung sehr viel näher steht, als in vielen mittleren und kleinen Betrieben der Arbeitgeber als solcher. Wenigstens habe ich bezüglich derjenigen Werke, die ich kenne, die Erfahrung gemacht, daß die Arbeiter sich in ihren Anliegen mit Vorliebe an den betriebsleitenden Ingenieur wenden, und daß dieser betriebsleitende Ingenieur in sehr vielen Fällen ein derartig warmes Interesse für die Arbeiter seiner Abteilung hat, daß er sich sogar um ihre Familienangehörigen kümmert, wenn er ihnen helfen kann. Also diese allgemeine Auffassung, als sei in großen Betrieben ohne Arbeiterausschuß die Möglichkeit ausgeschlossen, daß der Arbeiter mit seinen Klagen, Beschwerden und Bitten an die richtige Stelle kommt, ist eine ganz willkürliche Fiktion, der wir unter keinen Umständen so ohne weiteres einen Freipaß geben dürfen. (Sehr richtig!)

Vorsitzender: Meine Herren, die Rednerliste ist erschöpft. Es meldet sich niemand mehr zum Wort. Ich schließe die Diskussion.

Abänderungsanträge zu dem Ihnen vorliegenden Antrag des Direktoriums sind nicht gestellt; der Antrag des Direktoriums ist verlesen worden. Ich bringe denselben zur Abstimmung. Diejenigen Herren Delegierten, welche gegen die Annahme dieses Antrages sind, bitte ich, sich zu erheben. — Der Antrag ist einstimmig angenommen.

Meine Herren, damit ist unsere Tagesordnung erschöpft. Ich frage die Versammlung, ob noch etwas vorzubringen ist. — Es ist nicht der Fall. Dann schließe ich die Versammlung und hoffe, daß die heutigen Verhandlungen ihre Früchte tragen werden; bei der Teilnahme, welche die Herren Geheimräte Koch und Neumann hier an unserer Sitzung gezeigt haben, dürfen wir annehmen, daß die Bedenken, Sorgen und Klagen, die heute hier wieder so laut und vernehmlich aus der Industrie ertönt sind, zur Kenntnis der Herren von der Regierung gelangen und im Zusammenhang mit den von Ihnen angenommenen Resolutionen nicht ungehört verhallen werden.

Ich danke Ihnen, meine Herren.

Schluß nach $2^{1}/_{2}$ Uhr.

Angenommene Beschlüsse.

Reichsfinanzreform.

„Der Centralverband Deutscher Industrieller hat mit den in seiner Versammlung der Delegierten am 7. November 1908 gefaßten Beschlüssen die von den Verbündeten Regierungen verlangte Finanzreform, unter eingehender Begründung, als für den Bestand und das Gedeihen des Reiches dringend notwendig anerkannt.

Der Centralverband hält nach wie vor für unerläßlich, daß ein Teil des Bedarfes aufgebracht werde durch die Erhöhung der Abgaben von wesentlich dem Genusse dienenden Artikeln des Massenverbrauches und zwar in der Weise, daß die Last nicht von den Herstellern, sondern von den Verbrauchern getragen werden muß.

Der andere Teil des Bedarfes ist dem Besitz derart aufzuerlegen, daß die für die Bundesstaaten zur Erfüllung ihrer eigenen Aufgaben unentbehrlichen Steuerquellen nicht angegriffen werden.

Der Centralverband bedauert lebhaft, daß die Parteien des Reichstags bisher einen Weg zur Lösung der ihnen gestellten Aufgabe nicht gefunden haben; er erwartet, daß die Verbündeten Regierungen an der Finanzreform festhalten werden.

Der Centralverband wird alle von den Verbündeten Regierungen zur schnellen und vollständigen Durchführung der Finanzreform für notwendig erachteten Maßnahmen, soweit erforderlich und tunlich, mit allen ihm zu Gebote stehenden Mitteln zu unterstützen und zu fördern bestrebt sein."

* * *

Arbeitskammergesetz.

„Der Centralverband Deutscher Industrieller hat in den von seinen Delegierten in den Versammlungen vom 13. März v. J. und vom 30. Januar d. J. gefaßten Beschlüssen der Ueberzeugung Ausdruck gegeben, daß die paritätischen Arbeitskammern die Aufgabe, den wirtschaftlichen Frieden und ein gedeihliches Verhältnis zwischen Arbeitgebern und Arbeitnehmern zu pflegen und zu fördern, nicht erfüllen können und werden, sondern daß sie im Gegenteil zu einer Verschlechterung dieses Verhältnisses und der betreffenden Beziehungen Anlaß geben müssen.

Diese Befürchtung ist noch gesteigert worden durch die Beschlüsse der Kommission des Reichstages, besonders mit Bezug auf die Herabsetzung des Alters der zur Wahl Berechtigten und der Wählbaren und durch die Ausdehnung der Wählbarkeit auf solche in den betreffenden Gewerben tätig gewesenen Personen, die als Vorsitzende oder Angestellte der beiderseitigen Organisationen fungieren.

Im Hinblick auf die Tatsache, daß die Errichtung von Arbeitskammern oder ähnlichen Organisationen zuletzt einstimmig vom Reichstage verlangt, und daß der Gesetzentwurf von den Verbündeten Regierungen selbst eingebracht und dringend befürwortet worden ist, erachtet der Centralverband, trotz der bestehenden Differenzen hinsichtlich des letzterwähnten Beschlusses der Kommission, das Zustandekommen des Gesetzes für sicher.

Indem der Centralverband seine durchaus abweisende Stellung diesem Gesetze gegenüber im vollen Umfange aufrecht erhält, gibt er seinem lebhaften Bedauern darüber Ausdruck, daß die Verbündeten Regierungen, der sozialistischen Strömung immer weiter nachgebend, wieder ein Gesetz veranlaßt haben, das zur weiteren Schädigung unserer wirtschaftlichen und sozialen Verhältnisse unzweifelhaft beitragen wird."

* *
*

Gewerbeordnungsnovelle.

„I. Die Delegiertenversammlung des Centralverbandes Deutscher Industrieller hat bereits am 23. März 1908 gegen die von den Verbündeten Regierungen vorgelegte Novelle zur Gewerbeordnung verschiedene Bedenken erhoben und sich weiter in der Delegiertenversammlung vom 30. Januar d. J. gegen die Beschlüsse der mit der

Beratung der Gewerbeordnungsnovelle befaßten Reichstagskommission, betreffend die Ausdehnung des Fortbildungsschulunterrichts auf die Fabrikarbeiterinnen Stellung genommen.

Nunmehr wendet sich die Delegiertenversammlung mit Entschiedenheit gegen die die Regierungsvorlage noch verschärfenden Kommissionsbeschlüsse in Sachen der Konkurrenzklausel und gegen die erweiterten Eingriffe in die Freiheit des privaten Arbeitsvertrages. Gänzlich unannehmbar erscheint für die Industrie die obligatorische Einführung ständiger Arbeiterausschüsse für ihre Betriebe, sowie die Uebertragung von Befugnissen an diese zur Mitwirkung beim Erlaß von Ausnahmevorschriften zur Regelung der Arbeitszeit und der Sonntagsruhe. Diese Mitbeteiligung der Arbeiterschaft an der Betriebsleitung ist ein weiterer gesetzgeberischer Schritt zur Auslieferung der Herrschaft über die Betriebe an die Sozialdemokratie und zu deren staatlicher Organisation innerhalb der Fabriken. Derartige Maßnahmen, die die Durchführung des konstitutionellen Fabriksystems zum Ziele haben, sind geeignet, die ordnungsmäßige Leitung der gewerblichen Betriebe zu gefährden und der Initiative unseres Unternehmertums neue Fesseln aufzuerlegen, die dessen Arbeitsfreudigkeit untergraben und den wirtschaftlichen Erfolg der Unternehmungen und ihre Wettbewerbsfähigkeit auf dem Weltmarkte aufs höchste beeinträchtigen müssen.

II. Bei der Ueberlastung des Reichstages mit gesetzgeberischen Aufgaben liegt das Schwergewicht der Entscheidung über die wichtigsten Vorlagen in den Kommissionen, in denen bei der mangelhaften Vertretung der Industrie und bei der Abneigung des Reichstages, mit den gewerblichen Kreisen unmittelbar Fühlung zu nehmen, Beschlüsse gefaßt werden, die zu den schwersten Mißstimmungen und Beunruhigungen des gesamten Unternehmertums führen. Da im Plenum des Reichstages eine Abänderung der Kommissionsbeschlüsse nicht zu erwarten steht, richtet die Delegiertenversammlung die Bitte an die Verbündeten Regierungen, der Gewerbeordnungsnovelle nach Erledigung im Reichstage die verfassungsmäßige Zustimmung im Bundesrat versagen zu wollen."

Eingaben und Rundschreiben.

1.

Anlage von Privatanschlußgleisen.

Eingabe an den Herrn **Minister der öffentlichen Arbeiten,** Exzellenz.

Berlin, den 14. Oktober 1908.

Unter Bezugnahme auf unseren Bericht vom 6. März 1907 gestatten wir uns, Euer Exzellenz folgendes weitere Material zur hochgeneigten Kenntnisnahme zu unterbreiten:

Die Klagen in der Industrie sind allgemein, daß bei der Verlegung von Privatanschlußgleisen seitens der Eisenbahnverwaltungen mit wenig Rücksichtnahme auf die Interessen der Inhaber vorgegangen wird. Dazu trägt namentlich der Umstand bei, daß die Gleisanschlüsse sämtlich nur auf jederzeitigen Widerruf bewilligt werden. Die Inhaber solcher Anschlüsse sind dadurch der Eisenbahnverwaltung auf Gnade und Ungnade in die Hände gegeben. Es ereignet sich nicht selten, daß Fabriken Privatanschlüsse, für die sie große Aufwendungen haben machen müssen, ohne weiteres gekündigt, und daß ohne zwingenden Grund kostspielige Veränderungen ganz plötzlich gefordert werden.

So wurde uns beispielsweise berichtet, daß ein Mitglied des Fabrikantenvereins für Hannover, Linden und Umgebung, das seit 21 Jahren einen Gleisanschluß besitzt, kürzlich ohne ersichtlichen Grund genötigt worden sei, seine Anschlußgleise zu verändern. Dies erforderte einen Abbruch bestehender Gebäude und neue Bauten, die einen Aufwand von ungefähr 12 000 M. verursachten, ohne daß ein nennenswerter Vorteil aus dieser Verlegung zu erkennen war. Trotz mehrfachen Ersuchens, den Anschluß in der bestehenden Weise zu belassen, gab die Eisenbahnverwaltung dem Gesuche keine Folge, vielmehr wurde der Gesuchsstellerin bedeutet, daß, falls die Umänderung nicht innerhalb einer bestimmten Frist erfolgt sei, weder Wagen gestellt noch abgeholt werden würden.

Von einer anderen Seite wird uns folgendes berichtet:

Als vor einer Reihe von Jahren sämtlichen Anschlußgleisinhabern an dem Güterbahnhofe Möhringsberg und an der Nordstraße in Hannover die Benutzung der Gleise ganz plötzlich, ohne eine ausreichende Frist zu gewähren, gekündigt wurde, unterließ man es, gegen dieses harte Verfahren vorzugehen und Einspruch zu erheben. Gegenwärtig sind die Grundstückseigentümer, die mit ihrem Grund und Boden an den Bahnhof Möhringsberg heranreichen und mit diesem durch Gleise verbunden sind, von einer gleichen Maßregel betroffen. Die Eisenbahndirektion verlangt, daß die Gleisinhaber sich bereit erklären, die Kosten zu übernehmen für eine, nach Ansicht der Behörde nötig werdende, größere Umänderung bzw. praktischere Anordnung der Zufuhrgleise. Die Summen, zu deren Tragung sich die betreffenden Firmen verpflichten sollen, gehen in die Tausende. Es wurde seitens der Eisenbahndirektion gleich darauf hingewiesen, daß im Weigerungsfalle die Benutzung der bestehenden Anschlußgleise für die Zukunft verboten werden würde.

Bei dem letzten Bahnumbau auf demselben Bahnhof wurde einer Firma ihr Gleis einfach über das benachbarte Grundstück gezeichnet und auf ihren Einspruch geantwortet, die Firma müßte den Grund und Boden eben zukaufen. Da sich die betreffende Firma hierauf aber nicht einlassen wollte, mußte sie einen Teil ihrer Gießerei fortnehmen und von der Eisenbahn ein sonst ganz wertloses Stückchen Land pachten, wofür sie jetzt für das Jahr etwa 600 M. Miete zu zahlen hat. Aehnlich ist es zwei weiteren Firmen in Hainholz ergangen, denen die neuen Gleisanlagen quer durch bestehende Gebäude gelegt wurden. Einer Holzhandlung wurde ein großer Teil des Lagerplatzes durch die neue Gleisanlage unbrauchbar gemacht. Die ganze, außerordentlich teuere Aenderung wurde offensichtlich verlangt, damit die Eisenbahnverwaltung ihre Lagerplätze an der Hüttenstraße besser verwerten konnte.

Eine andere Firma innerhalb desselben Direktionsbezirks teilt uns mit, daß sie für ihren Eisenbahnanschluß am Bahnhof Linden-Fischerhof an Pacht für fiskalisches Gebäude für 24 a 50 qm 1470 M. zu zahlen hat, dies entspricht einem Pachtpreise von 1572 M. für den hannoverschen Morgen.

Wir können nicht glauben, daß dieses alle anderen Rücksichten beiseite setzende einseitige Hervorkehren des fiskalischen Interesses durch eine örtliche Behörde die Billigung Euer Exzellenz findet; ein solches Verfahren ist geeignet, der zurzeit unter der zurückgehenden Konjunktur schwer notleidenden Industrie unnötige neue Opfer aufzuerlegen.

Wir bitten daher Euer Exzellenz ganz gehorsamst, nicht nur die Königliche Eisenbahndirektion in Hannover anzuweisen, bei ihren Maßnahmen auf die berechtigten Interessen der Inhaber von Privatanschlußgleisen größere Rücksicht zu nehmen, sondern auch allgemein dahin Anordnung zu treffen, daß die Verlegung von Gleisanschlüssen nur dann gefordert wird, wenn die Interessen der Königl. Staats-Eisenbahnverwaltung sowie die Ordnung und Sicherheit des öffentlichen Verkehrs dies unbedingt erfordern.

2.

Eingabe an den Herrn **Minister der öffentlichen Arbeiten,** Exzellenz.

Berlin, den 2. Dezember 1908.

Unter Bezugnahme auf unseren Bericht vom 14. Oktober 1908 gestatten wir uns, Euer Exzellenz das Nachstehende weiter auszuführen:

Zur Frage der Beseitigung der sogenannten Anschlußfrachten ist noch folgendes nachzutragen. Die Erhebung dieser sogenannten Zustellungsgebühren, welche ursprünglich wohl die Selbstkosten der Eisenbahn mit einem angemessenen Zuschlag für Verwaltung usw. dargestellt haben mögen, rechtfertigt sich heute weder der Höhe, noch der Sache nach. Bei ihrer Einführung dürfte es sich in der Regel nur um die Zustellung weniger, wenn nicht nur eines einzigen Wagens bei jeder Zustellung gehandelt haben; seitdem aber hat der Verkehr der Betriebe, die eigenen Bahnanschluß haben, sich vervielfacht, so daß z. B. bei einer großen Aktiengesellschaft in Mülheim a. Rhein Zustellungen von 40 und mehr Waggons die Regel bilden. Eine wesentliche Mehrarbeit entsteht für die Eisenbahnverwaltung aus dieser Verkehrszunahme nicht, es macht offensichtlich keine erheblichen Mehrkosten, 40 statt zwei oder drei Waggons in den Privatanschluß zu schieben. Andererseits sind durch die im Laufe der Zeit den Anschlußinhabern von der Eisenbahn aufgebürdeten Leistungen, als Bekleben, Kuppeln usw. der Waggons die Selbstkosten der Bahn tatsächlich geringer geworden.

Ursprünglich mag die Anlage von Privatanschlüssen vorwiegend im Interesse der Anschlußbegehrenden gelegen haben, indem die bahnseitigen Entladeplätze hinreichten, um auf ihnen den gesamten Verkehr abzuwickeln. Der ungeahnte Verkehrsaufschwung der letzten 20 Jahre aber hat die Verhältnisse gänzlich verschoben. Was vorher vielleicht ein „beneficium“ für die Anschlußinhaber war, kommt heute mehr als jenen der Eisenbahnverwaltung zugute. Es muß behauptet werden, daß ein großer Teil der bestehenden Güterbahnhöfe nicht so eingerichtet ist, daß sie den Umschlag, der sich heute in den Anschlüssen vollzieht, aufnehmen könnten. Die Verwaltung müßte, um dies zu ermöglichen, vielfach zur Erweiterung der Güterbahnhöfe ungeheure Summen aufwenden. Diese Beträge müssen jetzt von den Anschlußinhabern aufgebracht werden, welche durch die Hergabe wertvollen Geländes und Beschaffung des Anschlußmaterials für eigene Rechnung gewaltige Kapitalien festlegen müssen. Die Verzinsung dieser Beträge allein stellt schon eine hohe Gebühr für den Anschluß dar.

Die Einrichtung der Privatanschlüsse verschafft in den meisten Fällen den Inhabern keinerlei unentgeltliche Vorteile, sicherlich nicht auf Kosten der Bahnverwaltung, während andererseits letztere nur Nutzen daraus zieht. Unter solchen Umständen erscheint die Erhebung einer Gebühr, mangels jeglicher Gegenleistung oder Sonderaufwendung, nicht mehr am Platze.

Eine ungerechtfertigte Härte ist ferner in der Bestimmung des § 17 zu erblicken, daß der Anschlußinhaber für jede Beschädigung des Wagenmaterials, welche nicht bei Zustellung des Waggons bereits vorhanden war und festgestellt worden ist, aufzukommen hat. Richtig ist, daß sich der Verkehr auf dem Anschluß ohne Mitwirkung der Eisenbahnverwaltung vollzieht, letztere muß daher gegen fahrlässige Beschädigung ihres Eigentums sichergestellt werden. Es ereignen sich indessen Fälle, wo Beschädigungen der Wagen ohne Verschulden des Anschlußinhabers herbeigeführt werden. Es entspräche der Billigkeit, unter solchen Umständen den Inhaber wenigstens dann aus seiner Haftpflicht für Schäden zu befreien, wenn er ein Verschulden der Bahnverwaltung nachweisen kann. So ereignete sich auf dem Anschlußgleise der erwähnten Aktiengesellschaft erst in diesem Jahre der Fall, daß ein Waggon trotz vorschriftsmäßigen Rangierens entgleiste und beschädigt wurde, weil der Inhalt, ein schwerer Holzhaspel, nicht befestigt war und schleuderte. Die Bestimmungen des § 17 gestatten der Verwaltung selbst in diesem Falle, sich wegen der Instandsetzungskosten an den gänzlich schuldlosen Anschlußinhaber zu halten.

Schließlich möchten wir kurz auch noch auf die Gestellung des angeforderten Leermaterials eingehen. Von den verschiedensten Seiten wird darüber geklagt, daß bei dem zu gewissen Jahreszeiten chronisch auftretenden Wagenmangel die Ablader im Ladestrang vor den Anschlußinhabern bevorzugt werden, ganz zu schweigen davon, daß die Güterabfertigungen sich für den Stückgutverkehr stets zuerst selbst genügend vorsehen. Abgesehen davon, daß eine solche Bevorzugung anderer Versender eine ungerechtfertigte Benachteiligung der Anschlußinhaber darstellt, liegt ein solches Vorgehen auch nicht im Interesse der Gesamtheit, denn dadurch wird der Wagenmangel nur noch verlängert, während die reichlichere Zuweisung an die Anschlußinhaber zur Beschleunigung des Wagenumlaufs beitragen würde.

Wir bringen dieses weitere Material zur Kenntnis Ew. Exzellenz mit der Bitte,

eine Aufhebung bzw. Erleichterung der sogenannten Anschlußfrachten für die Anschlußgleisinhaber erneut in hochgeneigte Erwägung zu ziehen, sowie den geschilderten Mißständen nach Möglichkeit im Verwaltungswege abhelfen zu wollen.

3.

Abänderung der Gewerbeordnung — Regelung der Frauenarbeit.

Eingabe an Se. Durchlaucht den Herrn Reichskanzler **Fürst von Bülow**.

Berlin, den 2. Dezember 1908.

Im Anschluß an unsere an den Hohen Bundesrat zu Händen Euer Durchlaucht gerichteten gehorsamsten Eingabe vom 30. v. M. gestatten wir uns, im Hinblick auf das Ergebnis der die Abänderung der Gewerbeordnung betreffenden jüngsten Verhandlungen des Reichstages, noch nachstehende Vorstellung sehr ergebenst an Euer Durchlaucht zu richten.

Der zu § 137 Abs. 2 des Entwurfs eines Gesetzes betreffend die Abänderung der Gewerbeordnung (Artikel 1, 2, Ziffer 12, des Sondergesetzentwurfs) von der XXVI. Kommission des Reichstages auch in zweiter Lesung beschlossene Zusatz: „Arbeiterinnen, die ein Hauswesen zu besorgen haben, dürfen am Sonnabend höchstens sechs Stunden beschäftigt werden", ist im Reichstag mit 135 gegen 127 Stimmen abgelehnt worden. Wir erkennen an, daß die Ablehnung dieser Bestimmung, die, zum Gesetz erhoben, die betroffenen Industrien sowie die Arbeiterinnen schwer geschädigt haben würde, hauptsächlich durch das höchst dankenswerte, entschiedene und durchaus sachverständige Eingreifen des Herrn Staatssekretärs des Innern bewirkt worden ist.

Leider ist in dem stark besetzten Hause die Ablehnung nur mit der äußerst geringen Mehrheit von acht Stimmen erfolgt; das möglicherweise von einer zufälligen, wenn auch nur geringen anderen Zusammensetzung des Hauses abhängige Ergebnis der Abstimmung in dritter Lesung ist daher durchaus unsicher.

Wir richten daher, unserer Eingabe vom 30. v. M. entsprechend, an Euer Durchlaucht die dringende Bitte, für den Fall der Annahme des hier in Rede stehenden Beschlusses der Kommission in der dritten Lesung des Sondergesetzes im Bundesrat geneigtest dahin zu wirken, daß solchem Beschlusse des Reichstages die verfassungsmäßige Zustimmung nicht erteilt werde.

Zu unserem lebhaften Bedauern hat der Reichstag die weiteren Beschlüsse der Kommission, durch welche, nach unserem Dafürhalten, die Vorlage des Hohen Bundesrats in mehreren wesentlichen Punkten zuungunsten der Industrie verschlechtert worden ist, unverändert angenommen.

Gemäß § 137 Abs. 2 der Vorlage hatte der Hohe Bundesrat die Absicht, die Beschäftigung der Arbeiterinnen an den Vorabenden der Sonn- und Festtage gegen die regelmäßige Arbeitszeit in den Wochentagen um eine Stunde zu kürzen. Der Reichstag hat in Uebereinstimmung mit der Kommission die Kürzung um zwei Stunden beschlossen.

In unserer Eingabe vom 30. v. M. haben wir nachgewiesen, daß der Austritt der Arbeiterinnen den Schluß der Betriebe zur unbedingten Folge haben würde. Die Herabsetzung der wöchentlichen Arbeitszeit um sechs Stunden durch die Einführung des Zehnstundenarbeitstages für Arbeiterinnen würde um weitere zwei Stunden verschärft werden, daher würde nicht mehr 60 bzw. der Vorlage gemäß 59 Stunden, sondern nur 58 Stunden in der Woche gearbeitet werden können. Das würde ein Abschlag von acht Stunden gegen die jetzigen Verhältnisse sein.

In unserer mehrerwähnten Eingabe haben wir die überaus schwierige Lage der deutschen Baumwollenindustrie und deren Ursachen eingehend dargelegt. Die Ursachen vermögen wir leider nicht als in absehbarer Zeit vorübergehend zu erachten. In Anbetracht der schweren Folgen, die der Niedergang unserer so groß entwickelten Baumwollenindustrie für unser Wirtschaftsleben haben würde, erachten wir es für eine unerläßliche Pflicht der Hohen Verbündeten Regierungen diesem Beschlusse des Reichstages die Zustimmung zu versagen; dies um so mehr, da wir die für die weitere Kürzung der Arbeitszeit aller Arbeiterinnen an den Vorabenden der Sonn- und Festtage angeführten Gründe nicht als stichhaltig erachten können, vielmehr als einzigen wahren Grund der Mehrheit in der Kommission wie im Reichstag nur das Streben anzuerkennen vermögen, der Masse der Wähler, das heißt den Arbeitern, bei jeder Gelegenheit, unter Zurückstellung aller sonstigen schwerwiegenden Rücksichten, Entgegenkommen in allen sozialpolitischen Fragen zu erweisen.

Der von der Kommission eingeschobene neue § 137 verbietet dem Arbeitgeber, den Arbeiterinnen und jugendlichen Arbeitern für die Tage, an welchen sie in dem Betriebe die gesetzlich zulässige Arbeitszeit hindurch beschäftigt waren, Arbeiten zur Verrichtung außerhalb des Betriebes zu übertragen. Für Tage, in denen die bezeichneten Personen in dem Betriebe kürzere Zeit beschäftigt waren, soll die Uebertragung in gewissem Umfange zulässig sein.

Bei den Verhandlungen im Reichstag ist bereits hervorgehoben worden, daß für gewisse Industrien Ausnahmen unbedingt erforderlich seien, da das Verbot der Hausarbeit sich nicht durchführen lasse. Auch wurde darauf hingewiesen, daß diese Vorschrift leicht umgangen werden könne, und daß sie zum Schaden der Arbeiter gereichen würde. Wir möchten fragen, wie ein Gesetz praktisch gehandhabt werden soll, in dem so unbestimmte, dehnbare Ausdrücke vorkommen, wie in dem Satze:

> „. . . ist diese Uebertragung oder Ueberweisung (von Arbeiten) nur in dem Umfange zulässig, in welchem Durchschnittsarbeiter ihrer Art die Arbeit voraussichtlich in dem Betriebe während des Restes der zulässigen Arbeitszeit würden herstellen können."

Wir halten die Zustimmung des Hohen Bundesrates zu einer derartigen gesetzlichen Bestimmung für ausgeschlossen.

In § 138a der Vorlage hatte der Hohe Bundesrat die sicher wohl erwogene Absicht bekundet, den Industrien, die erfahrungsgemäß nicht regelmäßig beschäftigt sind, in denen vielmehr zu gewissen Zeiten eine Häufung der Arbeit eintritt, Erleichterungen zu gewähren. Dieser Fall kann bei allen Industrien, beispielsweise infolge einer sehr schnell aufsteigenden Konjunktur vorkommen; er tritt regelmäßig ein bei den sogenannten Saisonindustrien. Zum Zwecke der Erleichterung sollte für die Dauer von zwei Wochen, jedoch in einem Kalenderjahre für nicht mehr als 60 Tage die Beschäftigung von Arbeiterinnen über 16 Jahre bis 10 Uhr abends an den Wochentagen außer Sonnabend unter der Voraussetzung gestattet sein, daß die tägliche Arbeitszeit 13 Stunden nicht überschreitet und die zu gewährende Ruhezeit nicht weniger als 10 Stunden beträgt. Vom 1. Januar 1910, also mit Einführung des gesetzlichen Zehnstundenarbeitstages, sollte in diesen Ausnahmefällen die tägliche Arbeitszeit 12 Stunden nicht übersteigen.

Die Kommission hat die zulässige tägliche Arbeitszeit unter Begrenzung bis 9 Uhr um eine Stunde gekürzt und die zulässigen 60 Ausnahmetage auf 40 herabgesetzt.

Auch für diese, die Betriebe sehr bedeutender Industrien erschwerende und schädigende Bestimmung kann ein anderer als der vorangeführte Grund nicht erkannt werden. Das gleiche ist von den erschwerenden zu Absatz 5 dieses Paragraphen gefaßten Beschlüssen der Kommission zu sagen.

Wir gestatten uns auch in diesem Falle die dringende Bitte an Euer Durchlaucht zu richten, im Hohen Bundesrat dafür einzutreten,

daß er hinsichtlich der hier erwähnten erleichternden Bestimmungen an seiner Vorlage festhalte.

Der Centralverband hatte in seiner Delegiertenversammlung am 13. März d. J bei Beratung des Gesetzentwurfes, betreffend die Abänderung der Gewerbeordnung, im Hinblick auf die eventuelle gesetzliche Einführung des zehnstündigen Arbeitstages für Arbeiterinnen beschlossen, eine Verlängerung der Uebergangszeit bis zum 1. Januar 1912 zu erstreben. Dieser Wunsch ist weder von dem Hohen Bundesrat in der Vorlage, noch in der Kommission berücksichtigt worden, und demgemäß hat auch der Reichstag beschlossen, daß die zehnstündige Arbeitszeit bereits am 1. Januar 1910 gesetzlich eingeführt werden soll.

Wir möchten uns gestatten, darauf hinzuweisen, daß, als der Hohe Bundesrat am 15. Dezember 1907 die Vorlage im Reichstage einbrachte, die Textilindustrie, und ganz besonders die große Baumwollenindustrie, zu lohnenden Preisen sehr gut beschäftigt war; die gute Geschäftslage hätte die verhältnismäßig kurze Uebergangszeit einigermaßen rechtfertigen können. Das Blatt hat sich jedoch gänzlich gewendet. Wir müssen hier immer wieder auf die außerordentlich bedenkliche Lage hinweisen, in der sich die Textilindustrie im allgemeinen, insbesondere aber die Baumwollenindustrie befindet. In den guten Zeiten, in denen von England für den überseeischen Markt nicht Ware genug erzeugt werden konnte, machte sich bei uns die Herabsetzung der Garnzölle in unserem neuen Zolltarif weniger fühlbar. Nach dem Wechsel der Konjunktur aber ergibt die Einfuhrstatistik den deutlichen Beweis, daß England in der Lage ist, die Erzeugnisse der deutschen Baumwollspinnerei selbst auf dem heimischen Markte in erschreckender Weise immer mehr zurückzudrängen. Die Ursachen der Ueberlegenheit der Industrie Englands haben wir in unserer Eingabe vom 30. v. M. eingehend geschildert. Bei einer derart bedrängten Lage unserer Industrie ist unseres Erachtens der Beschluß, die Arbeitszeit der allermeisten Betriebe durch Gesetz täglich um eine Stunde zu kürzen, recht bedenklich. In jedem Falle würde aber die schwierige Lage, in der sich unsere Baumwollenindustrie gegenwärtig befindet, deren Besserung aber für absehbare Zeit nicht zu erwarten ist, die Verlängerung der Uebergangsfrist bis zum 1. Januar 1912 vollauf rechtfertigen.

Wir gestatten uns, an Euer Durchlaucht die dringende Bitte zu richten, für eine derartige Verlängerung der Uebergangszeit geneigtest einzutreten.

Der wenn auch nicht formale, so doch tatsächliche Ausfall einer zweiten Lesung der Beschlüsse in der Kommission, das Herausgreifen einzelner Artikel der ursprünglichen Vorlage, deren Zusammenfassung in einem Sondergesetzentwurf und die unerwartet schnelle Beratung dieses Gesetzentwurfes im Plenum des Reichstages, alle diese Vorgänge haben den Eindruck einer außergewöhnlichen Ueberstürzung hervorgerufen. Die betroffenen Industrien sind dadurch im höchsten Grade überrascht und mit Unwillen erfüllt worden; denn man hatte es nicht für erforderlich erachtet, sie zu hören, auch nicht, ihr Zeit zu lassen, ihre so schwer bedrohten Interessen zu vertreten. Nach den ungenauen, teilweise sich widersprechenden Mitteilungen in der Presse über die Ergebnisse der Verhandlungen in der Kommission war es der Industrie nicht möglich, Stellung zu nehmen. Der Kommissionsbericht, der allein authentische Auskunft über die Beschlüsse und Absichten der Kommission geben konnte, war erst am Abend des 28. v. M. und auch dann erst nach Ueberwindung großer Schwierigkeiten zu erhalten. Daher war es nicht möglich gewesen, in geordneter Weise die Bedenken und Wünsche der Industrie an den maßgebenden Stellen zu vertreten. Unsererseits konnte erst am 30. v. M., als die Verhandlungen im Reichstage bereits im Gange waren, eine Eingabe an den Hohen Bundesrat abgefertigt werden. Einige wenige opferwillige, von einem Mitgliede des Reichstages rechtzeitig unterrichtete Industrielle haben sich das große Verdienst erworben, nach Berlin geeilt zu sein und durch Darstellung der tatsächlichen Verhältnisse und der voraussichtlichen Wirkungen der Kommissionsbeschlüsse in den Kreisen der Abgeordneten noch im letzten Augenblick aufklärend gewirkt zu haben.

Wir haben den Eindruck gewonnen, daß diese ganze Ueberhastung mit Rücksicht auf die bis zum 1. Januar 1909 zu ratifizierende Berner Konvention für notwendig erachtet worden ist. Wir vermögen jedoch den Grund dafür nicht zu erkennen. Die Berner Konvention erfordert unseres Erachtens nur eine gesetzliche und demgemäß auch vom Reichstag zu beschließende Bestimmung, daß den Arbeiterinnen nach Beendigung der täglichen Arbeitszeit eine ununterbrochene Ruhezeit von mindestens 11 Stunden zu gewähren sei. Alle in dem Sondergesetzentwurf mit Bezug auf die Regelung der Arbeitszeit der

Arbeiterinnen aufgenommenen und vom Reichstag beschlossenen Bestimmungen würden nur Beziehungen zu der Berner Konvention haben, wenn sie störend in die durch diese Konvention festgestellte ununterbrochene elfstündige Ruhezeit eingreifen. Das ist aber bezüglich keiner jener Bestimmungen der Fall.

Wir würden es für dringend erwünscht erachten, wenn die dritte Lesung des Sondergesetzentwurfes im Reichstag bis nach den Weihnachtsferien hinausgeschoben würde. Dadurch würde den in ihren Interessen schwer bedrohten Industriellen Gelegenheit gegeben werden, den Abgeordneten ihrer Wahlkreise bessere Aufklärung über die tatsächlichen Verhältnisse in der Industrie zu geben, als es bei der Ueberhastung der Sache bisher geschehen konnte. Es würde daher Hoffnung vorhanden sein, daß die drohenden Schädigungen der Industrie noch abgewendet werden könnten. Sollte ein, die einzige Bestimmung der Berner Konvention betreffender Beschluß allein vom Reichstag nicht zu erlangen sein, so gestatten wir uns, Euer Durchlaucht geneigter Erwägung anheimzugeben, die Ratifikation der Berner Konvention noch um die erforderliche Zeit hinauszuschieben, wie ja auch seinerzeit die Ratifikation der Brüsseler Zucker-Konvention wegen innerer Verhältnisse hat hinausgeschoben werden müssen.

Wir gestatten uns, demgemäß zuletzt noch einmal die dringende Bitte an Euer Durchlaucht zu richten, geneigtest dahin wirken zu wollen, daß die dritte Lesung des Gesetzentwurfes bis nach den Weihnachtsferien des Reichstages hinausgeschoben werde.

4.

Abänderung der Gewerbeordnung — Fortbildungsschulen.

Berlin, den 11. Februar 1909.

Der hohen Kommission des Reichstages gestatten wir uns anliegend Heft 114 unserer Verhandlungen, Mitteilungen und Berichte zu überreichen, in dem sich der stenographische Bericht über die Delegierten-Versammlung des Centralverbandes Deutscher Industrieller vom 30. Januar d. J. befindet. In diesem Verhandlungsbericht sind die Bedenken niedergelegt, welche weite Kreise der Industrie und namentlich die gesamte deutsche Textilindustrie gegen die Beschlüsse der hohen Kommission erfüllen, welche zu § 120 Absatz 3 der Gewerbeordnung hinsichtlich der Ausdehnung des Fortbildungsschulunterrichts auf weibliche Arbeiter gefaßt sind. Danach kann durch statutarische

Bestimmung einer Gemeinde oder eines weiteren Kommunalverbandes für Arbeiterinnen unter 18 Jahren die Verpflichtung zum Besuche einer Fortbildungsschule, soweit diese Verpflichtung nicht landesgesetzlich besteht, und zwar auch während der Zeit eintretender Arbeitslosigkeit begründet werden.

Schon im verflossenen Jahre, kurz nach Einbringung der Gewerbeordnungsnovelle, hat der Centralverband gegen verschiedene Bestimmungen dieses Gesetzentwurfs Stellung genommen, schon damals wurde bezweifelt, ob für Arbeiterinnen überhaupt ein Bedürfnis zu einer gesetzlichen Regelung des Fortbildungsschulunterrichts vorliege, wolle man aber ein solches anerkennen, so genüge die Zulassung dieses Unterrichts bis zum Beginn des 16. Lebensjahres. Die Bedenken der Industrie gegen die von der hohen Kommission beschlossene Regelung des Fortbildungsschulunterrichts sind verstärkt, nachdem durch die Novelle zur Gewerbeordnung vom 28. Dezember 1908 (RGBl. S. 667 ff.) eine weitgehende Kürzung der Frauenarbeit eingeführt ist. Werden die neuesten Kommissionsbeschlüsse Gesetz, und wird dadurch die Möglichkeit geschaffen, Arbeiterinnen bis zum 18. Lebensjahre während der Arbeitszeit zum Besuche der Fortbildungsschule herauszunehmen und sie dadurch der Arbeit zu entziehen, so würde eine weitere Einschränkung der Arbeitsdauer für den gesamten Betrieb der Textilindustrie eintreten. Dies geschieht dadurch, weil wohl kaum in einer anderen Industrie in dem Maße wie gerade in der Spinnerei und auch in der Weberei ein Hand-in-Hand-Arbeiten der verschiedenen Arbeiterkategorien stattfindet.

Die Beschäftigung der Arbeiterinnen in der Textilindustrie ist je nach dem verschiedenen Alter folgende: Die Arbeiterinnen vom 14. bis 16. Lebensjahre werden namentlich in der Spinnerei zu leichteren Hilfstätigkeiten herangezogen. Insbesondere werden sie z. B. zum Abnehmen der vollen und Aufstecken der leeren Spulen verwendet, einer Arbeit, die in gewissen Perioden bei jedem Spinnstuhl nötig ist und von der eigentlichen Spinnerin allein nur mit einem größeren Zeitaufwand verrichtet werden könnte. Hierbei werden die Mädchen allmählich derart ausgebildet, daß sie meist mit 16 Jahren eine Maschine zur selbständigen Bedienung übernehmen. Die Arbeiterinnen zwischen 16 und 18 Jahren bilden fast überall einen wichtigen Teil nicht nur des Nachwuchses, sondern der Kerntruppe. Nun arbeitet aber namentlich in der Spinnerei keine Maschine als abgeschlossenes Ganzes für sich, sondern die Arbeiten greifen systematisch ineinander über, so daß jede Maschine einen Teil des ganzen Betriebes bildet, daher ist es undurchführbar, von einzelnen Maschinen einen Teil der Leute zeitweise zu entlassen, ohne den ganzen Betrieb zu gefährden. Der gesamte Arbeitsprozeß, von der Karderie über die Feinspinnerei bis zur Packerei ist ein derart geschlossener, daß er nicht willkürlich auseinander gerissen werden kann. Muß z. B. eine Feinspinnseite ausgeschaltet werden, so staut sich das hierfür bestimmte Produkt der im Arbeitsgang vorhergehenden Maschinen bis zum Vorgespinnst an, während die Tätigkeit der nachfolgenden Maschinen mit der sie bedienenden Arbeiterschaft gelähmt ist. Die zeitweise Ausschaltung einer Arbeitskraft hat daher eine unerträgliche Störung des ganzen Betriebes zur notwendigen Folge — nicht etwa nur eine Einbuße an Arbeitsprodukt entsprechend dem Arbeitsausfall dieser einen Arbeiterin. Demzufolge muß besonders bei der Spinnerei auf gleichbleibenden Umfang der Tätigkeit aller im Betriebe Beschäftigten gesehen und jede Störung durch zeitweilige Ausschaltung einzelner Arbeitskräfte sorgfältig vermieden werden. Deshalb wurden schon jetzt jugendliche Arbeiterinnen bis zum 16. Jahre, deren Arbeitszeit gesetzlich eine kürzere ist wie die der erwachsenen Arbeiter, zu dem eigentlichen Spinnen usw. nur selten herangezogen. Wenn nun aber infolge Zulassung des Fortbildungsschulunterrichts während der ordentlichen Arbeitszeit auch die Arbeiterinnen im Alter von 16 bis 18 Jahren nicht mehr in demselben Umfange beschäftigt werden dürfen wie die übrigen, so wird die notwendige Folge sein, daß sie in diesem Lebensalter gleichfalls von der eigentlichen Spinntätigkeit werden ausgeschlossen werden müssen. Da Arbeiterinnen in diesem Alter nun andererseits für die geringer gelohnten Hilfstätigkeiten wenig in Betracht kommen können, so werden sich die Unternehmer bei ausreichendem Angebot genötigt sehen, sie tunlichst ganz aus den Fabriken zu entfernen. Dies wird aber auf der einen Seite eine schwere Schädigung der Arbeiterinnen selbst, andererseits aber auch eine Beeinträchtigung der deutschen Textilindustrie bedeuten; denn es ist gerade das Lebensalter bis zum 18. Jahre, in welchem sich die zum Spinnen erforderliche Handgeschicklichkeit am besten entwickelt und ausbildet. Ohnedies wird in Deutschland darüber geklagt, daß sich der Mangel an Handfertigkeit der Arbeiterinnen besonders in der Spinnerei sehr fühlbar macht. Es darf bei allen Bedenken, die der Kinderarbeit in Fabriken entgegenstehen, doch keinesfalls verkannt werden, welchen Vorteil sich Italien, Frankreich, Belgien, ja sogar das angeblich sozial soweit fortgeschrittene England dadurch verschafft haben, daß sich die Länder durch Zulassung der Beschäftigung von Kindern vom 12. Jahre an genügend vorgebildete, geschickte Arbeiter sichern, an denen die deutschen Spinnereien notorisch Mangel leiden, weil sich die nötige Fingerfertigkeit nur in jungen Jahren erwerben läßt. Wenn nun durch Ausschaltung der für die Uebung des Spinnens günstigsten Jahre die Beschaffenheit der Arbeiterinnen in den deutschen Spinnereien noch weiter herabgesetzt wird, oder die Betriebe gezwungen sind, sich in der oben dargelegten Weise den Störungen im ordnungsmäßigen Arbeitsgange auszusetzen, so muß dies die Stellung der deutschen Spinnerei, deren Wettbewerbsfähigkeit schon durch eine Reihe anderer Bestimmungen der Gewerbeordnung wesentlich eingeschränkt worden ist, auf dem Weltmarkte, namentlich in Zeiten der Tiefkonjunktur, stark beeinträchtigen und auch auf die Lage der Arbeiterschaft von nachteiligem Einfluß sein.

Wir möchten ferner bitten, der Erwägung Raum zu geben, daß es sich hier nicht um eine Fortbildung handelt, die der Arbeiterin in ihrem Beruf von Nutzen sein könnte. Es ist nicht anzuerkennen, daß für die Fabrikarbeiterinnen der Fortbildungsschulunterricht eine Erhöhung ihrer beruflichen Leistungsfähigkeit oder auch nur eine Erweiterung ihrer Erwerbsmöglichkeiten bewirken kann; ganz ausgeschlossen ist z. B., daß bei diesem Unterricht eine Unterweisung im Spinnen erfolgen könnte. Hier besteht ein wesentlicher Unterschied gegenüber den Angestellten im Handwerk und Handelsgewerbe. Für das Handwerk, auch für männliche jugendliche Arbeiter in gewissen Fabriken (z. B. Maschinenfabriken), bedeutet der Fortbildungsschulunterricht eine unerläßliche Ergänzung der Werkstattausbildung. Darum geht überall das Streben dahin, diesen Fortbildungsschulunterricht der Handwerkslehrlinge und jugendlichen männlichen Arbeiter beruflich zu gliedern, ihn zu einem elementaren Fachschulunterricht zu gestalten, und deshalb ist auch für solche Fortbildungsschüler ein vierjähriger Kursus nützlich und erwünscht. Von ebensolchem Vorteil ist eine Weiterbildung für die kaufmännischen Angestellten, auch für die Handlungsgehilfinnen; es kann diesen nur dienen, wenn sie über den Rahmen des eigentlichen Volksschulunterrichts hinaus in den Realien weiter praktisch und theoretisch unterwiesen werden. Für die Fabrikarbeiterinnen entfallen aber die letzteren Voraussetzungen, für sie genügt lediglich eine Ausbildung in der Hauswirtschaft, Handarbeitskunde usw., denn für kaum aus der Schule Entlassene kann wohl eine weitere Unterweisung in den eigentlichen Volksschulfächern nicht in Frage stehen, dies wäre ein „testimonium paupertatis“ für unsere Volksschule. Den Segen der Vorbildung der jugendlichen Arbeiterinnen für den Hausfrauenberuf verkennen am letzten die Industriellen, von denen vielfach freiwillig mustergültige Einrichtungen auf diesem Gebiete getroffen sind. Sie wehren sich nur dagegen, daß ein Zwang hierzu, wenn auch nur ortsstatutarisch, ihnen auferlegt werden soll. Wenn von gegnerischer Seite darauf hingewiesen wird, daß eine obligatorische Verpflichtung nicht eingeführt werden soll, so ist dem entgegenzuhalten, daß gerade die Möglichkeit einer differentiellen Behandlung, die durch die ortsstatutarische Einrichtung geschaffen wird, zu schweren Ungerechtigkeiten führen kann. Die leistungsfähigen Gemeinden, also namentlich größere Städte, werden davon Gebrauch machen, u. a. benachbarte Landgemeinden, die naturgemäß über geringere Einkünfte verfügen, gegebenenfalls nicht. Hierdurch wird die Wettbewerbsfähigkeit eines städtischen Unternehmens, das sowieso mit höheren Löhnen, Steuern und anderen Selbstkosten zu rechnen hat, weiter beeinträchtigt zugunsten eines Konkurrenten in der Nachbarschaft, der sowieso schon geringere Steuern und niedrigere Löhne zahlt und auch sonst billiger produziert. Man sollte die Notwendigkeit und Zweckmäßigkeit solcher Einrichtungen überhaupt lediglich dem Ermessen der Unternehmer überlassen und sich höchstens auf Anregungen im Verwaltungswege beschränken und nicht immer reglementieren und schematisieren wollen.

Glaubt jedoch die hohe Kommission von ihren Beschlüssen nicht abgehen zu können, so bitten wir wenigstens für die Fabrikarbeiterinnen den Fortbildungsschulunterricht nicht über den Beginn des 16. Lebensjahres ausdehnen zu wollen und dessen Erteilung außerhalb der gewöhnlichen Arbeitszeit zuzulassen. Es muß als genügend angesehen werden, wenn ein Mädchen zwei Jahre lang in rein hauswirtschaftlichen Dingen unterrichtet wird. Auch die früheren Novellen zur Gewerbeordnung, namentlich diejenige von 1891, stehen auf dem Standpunkt, daß nur eine Unterweisung in weiblicher Hand- und Hausarbeit, also in Haushaltungsschulen für Arbeiterinnen in Frage kommt, einer vierjährigen Ausbildungszeit bedarf es hierzu nicht. Bei einer Beschränkung bis zum 16. Lebensjahr wird aber die Gefahr vermieden, daß die Mädchen in dem wichtigsten Alter dem Betriebe entzogen werden. Dieser hauswirtschaftliche Unterricht kann auch sehr wohl nach der ordentlichen Arbeitszeit an den späteren Nachmittags- oder Abendstunden, auch an Sonn- und Feiertagen stattfinden. Die Regierung selbst hat schon in der Begründung zur Novelle von 1878 diesen Standpunkt vertreten und bisher nicht widerrufen. Es ist auch nicht anzuerkennen, daß ein derartiger Unterricht die Lernenden in zu hohem Maße geistig anstrengen könnte, es liegt das ganz anders wie bei einer mehr theoretischen Unterweisung für Lehrlinge oder kaufmännische Angestellte.

Im allgemeinen möchten wir uns gestatten, unserer Ansicht noch dahin Ausdruck zu geben, daß es nicht zulässig erscheint, für die

Entscheidung dieser und ähnlicher Fragen allein als maßgebend die höheren ethischen und sozialen Bestrebungen und Ziele gelten zu lassen. Das Streben, den Arbeiterstand und auch die Arbeiterinnen geistig zu heben, erkennen wir als hoch beachtenswert und gerechtfertigt an. Wir sind auch davon überzeugt, daß der Besuch einer Fortbildungsschule ein Mittel ist, die Arbeiterschaft dem vorerwähnten Ziele näherzuführen. Die gesamte Wohlfahrt der arbeitenden Klassen hängt aber doch in höherem Maße, als von einer weiter geführten Schulbildung, von einer befriedigenden materiellen Lage ab. Diese aber erscheint nur gesichert auf der Grundlage reichlich vorhandener, ununterbrochener lohnender Arbeit. Diese Grundlage ist aber nur gegeben, wenn die Gewerbe und die Industrien gedeihen. Die hohe Kommission bitten wir in geneigte Erwägung zu ziehen, wie die größte Industrie in unserem Vaterlande, die Textilindustrie und insbesondere die Spinnerei und Weberei, schon bisher durch gesetzliche Eingriffe sozialpolitischer Art in ihren Betrieben Erschwernisse und Behinderungen erfahren haben. Daß durch derartige Maßnahmen besonders im Hinblick auf die Einwirkungen des internationalen Wettbewerbes, die Erträge gekürzt, die Neigung, Geld in derartigen Unternehmungen anzulegen, geschmälert, der Fortbestand bestehender Betriebe in Frage gestellt werden kann und wird, das ist unschwer auch für den sonst in geschäftlichen und industriellen Angelegenheiten nur wenig bewanderten Beurteiler zu erkennen. Ebensowenig ist aber die Erwägung von der Hand zu weisen, daß die hier in Rede stehenden Maßregeln und deren Folgen einen nachteiligen Einfluß auf die Arbeiterschaft in ihrer Gesamtheit ausüben müssen. Daher möchten wir anheimgeben, geneigtest zu erwägen, ob es im allgemeinen Interesse der Arbeiterschaft nicht wichtiger ist, unter vorläufiger Aufgabe der weiter gestellten idealen Ziele, von Bestimmungen Abstand zu nehmen, die unzweifelhaft zur weiteren Einschränkung und Einengung der Betriebe führen würden.

Wir bitten daher die hohe Kommission dringend, in einer erneuten Beschlußfassung dem § 120 Absatz 3 der Gewerbeordnung folgende Fassung zu geben:

> „Durch statutarische Bestimmung einer Gemeinde oder eines weiteren Kommunalverbandes (§ 142) kann für männliche Arbeiter unter 18 Jahren und für weibliche Handlungsgehilfen und Lehrlinge unter 18 Jahren sowie für weibliche Arbeiterinnen unter 16 Jahren die Verpflichtung zum Besuche einer Fortbildungsschule, soweit diese Verpflichtung nicht landesgesetzlich besteht, und zwar auch während der Zeit eintretender Arbeits-

losigkeit begründet werden. Der Fortbildungsschulunterricht weiblicher Arbeiterinnen ist außerhalb der ortsüblichen Arbeitszeit anzusetzen."

5.

Obligatorischer hauswirtschaftlicher Unterricht an allen Mädchenschulen einschließlich der höheren Töchterschulen.

Eingabe an das **Herrenhaus** und das **Abgeordnetenhaus** zu Berlin.

Berlin, den 6. April 1909.

Die Vorsitzende des Vereins „Frauenerwerb" hat das Direktorium des Centralverbandes Deutscher Industrieller um Unterstützung der Petition gebeten, die der Verein an das Hohe Haus gerichtet hat, und die dahin geht, daß der bisher an etwa 300 deutschen Gemeindeschulen meist fakultativ eingeführte hauswirtschaftliche Unterricht für alle Mädchenschulen einschließlich der höheren Töchterschulen obligatorisch gemacht werde.

Wir können diese Bestrebungen nur aufs wärmste unterstützen, da auch wir davon überzeugt sind, daß der hauswirtschaftliche Unterricht der weiblichen Jugend für die Erhaltung und Stärkung des Familienlebens, auf dem die Zukunft des ganzen deutschen Volkes beruht, von größter Bedeutung ist. Ganz besonders wichtig aber ist die Unterweisung in hauswirtschaftlichen Dingen für die heranwachsenden Fabrikarbeiterinnen, denen in ihren eigenen Familien nur noch selten die Gelegenheit geboten wird, sich auch nur die elementarsten Kenntnisse zur Führung eines Arbeiterhaushalts anzueignen. Dieses mangelnde Verständnis, ein Heim auch mit geringen Mitteln wohnlich und reinlich zu halten, für eine, wenn auch einfache, so doch nahr- und schmackhafte Kost Sorge zu tragen und in ökonomischer Weise mit den vorhandenen Mitteln wirtschaften zu können, treibt viele Arbeiter in die Kneipen und trägt trotz hoher Löhne zur Zerrüttung des Familienlebens bei.

Die Erkenntnis dieser Mißstände hat schon viele Unternehmer dazu geführt, aus eigenen Mitteln Einrichtungen zu treffen, durch welche den jugendlichen Arbeiterinnen Gelegenheit gegeben wird, sich in weiblichen Haus- und Handarbeiten auszubilden. Es kann deshalb nur mit Freude begrüßt werden, wenn der Verein „Frauenerwerb" sich die Aufgabe gestellt hat, darauf hinzuwirken, daß die Grundlagen für die Erlangung solcher Kenntnisse schon in der Schulzeit erworben werden.

Die Bestrebungen des genannten Vereins sind auch ein weiterer Beweis dafür, daß der Standpunkt, den der Centralverband Deutscher Industrieller, gegenüber den Bestrebungen des Reichstages auf schematische Ausdehnung des Fortbildungsschulunterrichts auf alle Arbeiterinnen einnimmt, richtig ist. Wir gestatten uns zur Kennzeichnung unserer Stellungnahme in dieser Frage die Eingabe vom 11. Februar d. J. als Anlage beizufügen, die wir an die Kommission des Reichstages zur Beratung des Entwurfs eines Gesetzes betreffend die Abänderung der Gewerbeordnung gerichtet haben. Dort ist ausgeführt, daß ein elementarer Fachschulunterricht in der Regel nur für männliche Arbeiter in Betracht kommt. Für die heranwachsenden Handwerker und für jugendliche Arbeiter in gewissen Betrieben, z. B. Maschinenfabriken, bedeutet der Fortbildungsschulunterricht eine unerläßliche Ergänzung der Werkstattausbildung. Frauen finden in solchen Betrieben aber überhaupt keine Beschäftigung. In der Textilindustrie, dem einzigen Großbetrieb, in welchem weibliche Arbeiter in größerem Maßstabe beschäftigt sind, weil Männer sich für diese Beschäftigung nicht eignen, findet eine systematische Anlernung der jugendlichen Arbeiterinnen statt; eine weitere fachliche Ausbildung erübrigt sich daher völlig, wäre auch gar nicht durchführbar. Abgesehen von den Handlungsgehilfinnen, bei denen die Verhältnisse anders liegen und für welche schon nach dem jetzt geltenden Absatz 3 des § 120 GO. die statutarische Einführung der Verpflichtung zum Besuche von Fortbildungsschulen vorgeschrieben ist, besteht für Frauen überhaupt kein Bedürfnis, eine fachliche Unterweisung allgemein und schematisch zu fordern. Nötig und wünschenswert ist für die heranwachsenden weiblichen Arbeiter nur ihre Vorbildung für den Hausfrauenberuf. Wird eine derartige Anlernung durch Bestrebungen, wie sie der Verein „Frauenerwerb" verfolgt, gefördert, so ist dies von der Industrie nur zu unterstützen. Wenn die Regierung aber dem Rechnung trägt, so wird es um so weniger nötig sein, den Fortbildungsschulunterricht noch weitergehend schematisch zu regeln oder gar obligatorisch zu machen; es wird genügen, wenn in Haushaltungsschulen die Kenntnisse, welche die Mädchen in hauswirtschaftlichen Angelegenheiten bereits in der Schule erworben haben, außerhalb der Arbeitszeit in geeigneter Weise befestigt werden. Ein störender Eingriff in die Betriebszeit, wie wir sie in der anliegenden Eingabe geschildert haben, würde sich damit um so mehr erübrigen.

Wir bitten daher das Hohe Haus,

den Anträgen des Vereins „Frauenerwerb" auf obligatorische Ausgestaltung des hauswirtschaftlichen Unterrichts in den Schulen eine geneigte Förderung angedeihen lassen zu wollen.

6.

Handelssachverständige bei den Konsularämtern.

Eingabe an den **Deutschen Reichstag.**

Berlin, den 1. März 1909.

Wie wir aus der Presse ersehen und auch sonst zuverlässig erfahren haben, hat die Budgetkommission des Reichstages anläßlich der Beratung des Etats des Auswärtigen Amtes bei der Diskussion über Titel 3 und 4, betreffend die Entsendung land- und forstwirtschaftlicher Sachverständiger, sowie betreffend Sachverständige für Handelsangelegenheiten an den Kaiserlichen Konsularämtern den Beschluß gefaßt, daß künftig 100 000 M. von den ausgeworfenen Beträgen in Wegfall kommen sollen.

Bei folgenden Konsularbehörden sind zurzeit Handelssachverständige tätig: in Rio de Janeiro, Schanghai, Kalkutta, Johannesburg, Sydney, Yokohama, St. Petersburg, Valparaiso, Konstantinopel, New York, Chikago und Mexiko, während die Stelle in Buenos Aires gegenwärtig unbesetzt ist.

Der Beschluß der Kommission, für den namentlich die beiden Vertreter von Hamburg eingetreten sind, ist um so überraschender, als der Reichstag selbst früher die Anregung dazu gegeben hat, daß Handelssachverständige neben den amtlich bestellten Konsuln ins Ausland geschickt werden.

Wir verweisen u. a. auf die stenographischen Berichte über die Verhandlungen des Reichstages vom 19. April 1904, 70. Sitzung (S. 2204 ff.), nach welchen der Abgeordnete Münch-Ferber bei der Begründung einer Resolution, im Auslande den deutschen Konsuln zur Unterstützung in wirtschaftlichen Angelegenheiten einen aus deutschen Kaufleuten gebildeten Sachverständigenbeirat zur Seite zu stellen, folgendes ausgeführt hat: „Nun ist es aber ganz selbstverständlich und begreiflich, daß ein Konsul allein nicht in der Lage ist, das gewaltige Gebiet unseres deutschen Wirtschaftslebens und unserer deutschen Interessen im Auslande richtig zu bearbeiten und den Anforderungen, die nach dieser Richtung an einen Konsul gestellt werden, nach jeder Richtung hin zu genügen. Denn, meine Herren, unsere Konsuln, so ausgezeichnet sie im Reichsdienst sein mögen, sind doch in der überwiegenden Mehrzahl juristisch gebildet und in den wenigsten Fällen kaufmännisch erzogen. Sie haben infolgedessen naturgemäß, möchte ich sagen, kein so intensives Interesse, wie es wünschenswert wäre, für Handel und Industrie."

Der Abgeordnete Dr. Dove bemerkte in derselben Sitzung des Reichstages (S. 2208 ff.): „Was die Handels-Attachés betrifft, so merkt man ja allerdings bisher von ihrer Tätigkeit vielleicht noch nicht sehr viel. Ich möchte aber darauf hinweisen, daß die im Reichsamt des Innern zusammengestellten „Nachrichten für Handel und Industrie" ein außerordentlich reichhaltiges und gutes Material über die wirtschaftlichen Verhältnisse im Auslande geben, ein Material, das dann durch die Presse seine Verbreitung findet, und ich gehe wohl nicht fehl, wenn ich einen Teil dieser Information auf die Tätigkeit der Handels-Attachés zurückführe."

In derselben Sitzung führte der Abgeordnete Blell (S. 2228 ff.) aus: „Meine Herren, dieser Titel handelt von den „Sachverständigen für Handelsangelegenheiten", die heute schon besprochen worden sind, und zwar in demselben Sinne, in dem sie von der ganzen Geschäftswelt beurteilt werden, daß man mit ihrer Tätigkeit durchaus einverstanden ist; und ich freue mich, daß in diesem Jahre wiederum bei zwei Konsulaten in Sydney und Pretoria solche angestellt worden sind, und daß in Zukunft eine weitere Anstellung solcher Sachverständiger geplant ist. Ich möchte wünschen, daß namentlich alle Generalkonsulate mit ihnen besetzt werden."

Dieser Stellungnahme des Reichstages gegenüber muß es wunderbar berühren, wenn Abgeordnete gleichfalls der liberalen Parteien, denen die vorgenannten Redner auch angehören, bzw. angehört haben, nunmehr in der Budgetkommission ausführen, daß die Entsendung besonderer Sachverständiger nicht notwendig sei, vielmehr die Konsuln selbst sachverständig vorgebildet sein müßten, und ein anderer Abgeordneter derselben Parteien die Meinung vertritt, daß die Funktionen der Handelssachverständigen eigentlich von den Berufskonsuln wahrgenommen werden müßten.

Wir können nicht annehmen, daß die Ausführungen dieser Abgeordneten in der Budgetkommission sich decken mit den Anschauungen ihrer Parteien oder zum mindesten nicht mit denen des überwiegenden Teiles ihrer Parteien. Denn wir haben nachgewiesen, daß Vertreter derselben Parteien im Reichstage sich ganz besonders nicht nur für die Beibehaltung der vorhandenen, sondern sogar für die Schaffung neuer Handelssachverständiger ausgesprochen haben. Der Standpunkt der Kommissionsredner läßt sich aber auch nicht damit rechtfertigen, daß die Handelssachverständigen etwa nichts oder nur wenig geleistet hätten. Wenn auch der Abgeordnete Dr. Dove im Jahre 1904 noch ausführen konnte, daß von der Tätigkeit der Handels-Attachés noch nicht sehr viel zu spüren sei, so mag dies vielleicht damals begründet gewesen sein, weil die ganze Einrichtung noch eine junge und im Entstehen begriffene war. Heute liegen die Verhältnisse anders, wir können feststellen, wie die im Reichsamt des Innern zusammengestellten „Berichte über Handel und Industrie" ergeben, daß die Handelssachverständigen doch recht wertvolle Auskünfte und Gutachten erteilen. Von diesen wollen wir u. a. folgende hervorheben:

In Band XII, Heft 1, Jahrgang 1908 dieser Berichte einen eingehenden Bericht des Handelssachverständigen bei dem Kaiserlichen Generalkonsulat in Schanghai über den Handel mit China.

In Heft 2 einen Bericht des Handelssachverständigen bei dem Kaiserlichen Generalkonsulat in St. Petersburg über die Goldgewinnung in Sibirien; sowie ebenda einen Bericht des Handelssachverständigen bei dem Kaiserlichen Generalkonsulat in Valparaiso über die Kupferindustrie in Chile.

In Heft 3 einen Bericht des Handelssachverständigen bei demselben Generalkonsulat über den Weinbau in Chile; und ebenda einen Bericht des Handelssachverständigen bei dem Kaiserlichen Generalkonsulat in Sydney über den Wollhandel Australiens in den Jahren 1907 und 1908.

In Heft 5 einen Bericht des Handelssachverständigen bei dem Kaiserlichen Generalkonsulat in Kalkutta über die allgemeinen wirtschaftlichen Verhältnisse Britisch-Indiens.

In Heft 6 einen Bericht des Handelssachverständigen bei dem Kaiserlichen Generalkonsulat in Rio de Janeiro über das brasilianische Wirtschaftsjahr 1907.

In Heft 7 einen Bericht des Handelssachverständigen bei dem Kaiserlichen Generalkonsulat in New York über die Tabakindustrie und den Tabakbau in den Vereinigten Staaten.

In Heft 8 einen Bericht desselben Sachverständigen über die Einfuhr von Waren aus Pflanzenfasern nach den Vereinigten Staaten.

In Heft 11 einen Bericht des Handelssachverständigen bei dem Kaiserlichen Generalkonsulat in Yokohama über die Fabrikation und Marktlage für Perlmutterknöpfe in Japan.

Diese Beispiele allein dürften zeigen, daß die Handelssachverständigen sich bestreben, auf den verschiedensten Gebieten Auskünfte und Berichte über die wirtschaftliche Lage einzelner oder gesamter Industrien in denjenigen Ländern, in denen sie bestellt sind, zu geben.

Daneben gelangen durch Vermittelung des Reichsamts des Innern an die Handelskammern und wirtschaftlichen Vereinigungen auch sonst fortlaufend vertrauliche Berichte über Handels- und industrielle Verhältnisse im Auslande, von denen wir wohl annehmen können, daß sie zum großen Teile gleichfalls von den Handelssachverständigen herrühren.

Unter diesen Umständen vermögen wir es nicht zu billigen, daß die Budgetkommission, geleitet von dem an sich berechtigten Streben, bei der gegenwärtigen ungünstigen Finanzlage des Reiches möglichst auf Sparsamkeit zu dringen, gerade solche Positionen beschneidet, die dazu dienen sollen, unserem sowieso daniederliegenden Erwerbsleben wertvolle Winke für den Export zu geben, dessen unsere heimische Industrie schlechterdings nicht entraten kann. Im Gegenteil würde es sich unserer Auffassung nach empfehlen, statt die Gelder für diese Sachverständigen zu kürzen, die Beträge für solche zu verstärken, um den Export möglichst zu fördern. Wenn in der Budgetkommission darauf hingewiesen worden ist, die Einrichtung der Handelssachverständigen sei deshalb eine fragwürdige, weil es schwierig sei, geeignete Persönlichkeiten hierfür zu gewinnen, so kann dieser Einwand nicht dazu dienen, die ganze Institution für überflüssig zu erklären. Die Bestellung dieser Sachverständigen ist doch veranlaßt durch den sicher richtigen Grundgedanken, unserem naturgemäß in erster Linie bureaukratisch gebildeten Beamtenpersonal Persönlichkeiten an die Seite zu stellen, die befähigt sind, von praktischen Gesichtspunkten aus die kommerziellen und industriellen Verhältnisse des betreffenden Auslandsstaates, in dem sie zu wirken haben, zu beurteilen. Wir müssen es aber auch entschieden in Abrede stellen, daß geeignete Persönlichkeiten nicht zu haben wären: an solchen Personen ist in Deutschland sicher kein Mangel, sie sind wohl zu finden, wenn sie nur ausreichend bezahlt werden. Beschneidet der Reichstag im Anschluß an die Beschlüsse der Kommission die betreffenden Fonds für die Zukunft, so gefährdet er die Institution als solche; denn es werden sich taugliche Männer in Anbetracht der Unsicherheit ihrer Existenz für die Zukunft kaum noch dazu verstehen, solche Befugnisse zu übernehmen; die bereits gewonnenen Persönlichkeiten müssen aber in ihrer Arbeitsfreudigkeit erheblich beeinträchtigt werden, wenn sie der

Gefahr ausgesetzt sind, nach Ablauf ihrer Verträge mit der Regierung ins ungewisse zu sinken.

Unter diesen Voraussetzungen können wir nicht annehmen, daß das Plenum des Reichstages die Beschlüsse der Budgetkommission billigen wird. Es ist vielmehr die Annahme begründet, daß die beiden Vertreter Hamburgs, welche hauptsächlich die Institution der Handelssachverständigen bekämpft haben, hierzu veranlaßt wurden, indem sie nur die Interessen ihrer engeren Heimat im Auge halten, die in dieser Beziehung mit denen weitester Kreise des Handels und der Industrie unseres gesamten Vaterlandes aber nicht übereinstimmen. Der Exporthandel in den Handelsstädten wird dank seiner eigenen überseeischen Beziehungen in vielen Fällen Informationen, wie sie die Handelssachverständigen geben, entbehren können. Die Industrie selbst aber legt zu sehr großem Teile auf die Nachrichten dieser Sachverständigen großen Wert, die sehr häufig gute Anregungen und wichtige Winke für die Erweiterung ihrer geschäftlichen Beziehungen geben. In den Kreisen der vom Centralverband vertretenen Industrien wird die Institution der Handelssachverständigen daher als notwendig und nützlich betrachtet.

Aus allen diesen Gründen richten wir an den Hohen Reichstag die ergebene Bitte, dem Beschlusse der Budgetkommission, daß bei Titel 3 (Zur Entsendung von land- und forstwirtschaftlichen Sachverständigen im Ausland) und Titel 4 (Zur Entsendung von Sachverständigen für Handelsangelegenheiten an Kaiserliche Konsularämter) in Zukunft 100 000 M. in Wegfall kommen, nicht zustimmen zu wollen.

7.

Markenschutz in Argentinien.

Eingabe an den Herrn **Reichskanzler (Auswärtiges Amt).**

Berlin, den 27. Februar 1909.

Ew. Durchlaucht

gestatten wir uns zufolge einer Anregung aus Kreisen unserer Mitglieder, die zu Argentinien in Geschäftsbeziehungen stehen, zu bitten, daß die im § 23 Abs. 1 des Gesetzes zum Schutze der Warenzeichen erforderliche Bekanntmachung im Reichsgesetzblatt durch die zuständige Stelle auch für Argentinien erfolgt.

Der angegebene § 23 lautet:

„Wer im Inlande eine Niederlassung nicht besitzt, hat auf den Schutz dieses Gesetzes nur Anspruch, wenn in dem Staate, in welchem seine Niederlassung sich befindet, nach einer im Reichsgesetzblatt enthaltenen Bekanntmachung deutsche Warenbezeichnungen in gleichem Umfange wie inländische Warenbezeichnungen zum gesetzlichen Schutz zugelassen werden.

Der Anspruch auf Schutz eines Warenzeichens und das durch die Eintragung begründete Recht können nur durch einen im Inlande bestellten Vertreter geltend gemacht werden. Der letztere ist zur Vertretung in dem nach Maßgabe dieses Gesetzes vor dem Patentamt stattfindenden Verfahren, sowie in den das Zeichen betreffenden bürgerlichen Rechtsstreitigkeiten und zur Stellung von Strafanträgen befugt. Für die das Zeichen betreffenden Klagen gegen den eingetragenen Inhaber ist das Gericht zuständig, in dessen Bezirk der Vertreter seinen Wohnsitz hat, in dessen Ermangelung das Gericht, in dessen Bezirk das Patentamt seinen Wohnsitz hat.

Wer ein ausländisches Warenzeichen zur Anmeldung bringt, hat damit den Nachweis zu verbinden, daß er in dem Staate, in welchem seine Niederlassung sich befindet, für dieses Zeichen den Markenschutz nachgesucht und erhalten hat.

Die Eintragung ist, soweit nicht Staatsverträge ein anderes bestimmen, nur dann zulässig, wenn das Zeichen den Anforderungen dieses Gesetzes entspricht."

Diese Prüfung der Gegenseitigkeit ist dem Registeramt und den Gerichten entzogen und erfolgt durch den Reichskanzler. Auf Grund einer von diesem erlassenen Bekanntmachung im Reichsgesetzblatt ist die Gegenseitigkeit als vorhanden anzunehmen.

Diese Gegenseitigkeit besteht gegenwärtig gegenüber: Belgien, Brasilien, Bulgarien, Dänemark, Frankreich, Griechenland, Großbritannien und dessen Kolonien außer Kanada, Italien, Luxemburg, den Niederlanden und deren Kolonien, Oesterreich-Ungarn, Rumänien, Rußland, Schweden, Norwegen, der Schweiz, Serbien, Venezuela und den Vereinigten Staaten von Amerika, Japan, Mexiko, Guatemala, Costarica, Ecuador, Spanien, Portugal, Tunis, Algier und den französischen Kolonien, Niederländisch-Indien, Surinam und Curaçao, den Farören, den Azoren, Madeira und Kuba.

Argentinien gegenüber ist diese Publikation der Gegenseitigkeit bisher noch nicht erfolgt.

Besondere Gründe dafür, der argentinischen Republik diese Vergünstigung nicht zuzugestehen, welche seitens des Deutschen Reiches anderen Staaten, die nicht annähernd auf der wirtschaftlichen und kulturellen Entwickelungsstufe Argentiniens stehen, und die daher dem deutschen Handel durchaus nicht unbedingt denselben rechtlichen und prozessualen Schutz angedeihen lassen, wie das auf hoher Entwickelungsstufe stehende Argentinien es tut, bestehen unseres Wissens nicht.

Allerdings bringt das argentinische Markengesetz auch gewisse Unzuträglichkeiten für die deutsche Industrie mit sich, insofern, als es auf dem Grundsatz der absoluten Priorität beruht; die Rechtslage in Argentinien ist aber dieselbe wie der Markenschutz in Brasilien und den übrigen südamerikanischen Staaten. Hiernach ist derjenige zur Eintragung berechtigt, welcher zuerst eine Anmeldung vornimmt, ohne daß dem Markenamt die Befugnis zustünde, die Rechtmäßigkeit zu prüfen: hierfür ist nur der prozessuale Weg des Einspruches seitens des Verletzten eröffnet. Es kann deshalb der Fall eintreten, daß allbekannte Weltmarken von an sich Unberechtigten in Argentinien zur Eintragung angemeldet und auch eingetragen werden. Sache der ausländischen Eigentümer von Patenten oder Marken ist es, durch rechtzeitige Anmeldung solcher sich gegen Mißbräuche zu schützen. Ist aber die Eintragung erfolgt, so ist der Rechtsschutz in Argentinien ein vollkommener.

Nach unseren Informationen trägt auch das Argentinische Markenamt in anerkannt liberaler und entgegenkommender Weise alle Marken ein, welche dort zur Anmeldung gelangen, so weit nicht gesetzliche Gründe dem entgegenstehen, oder so weit nicht von anderer gesetzlich befugter Seite Einspruch gegen die Eintragung erhoben wird. Es ist in Deutschland nur wenig bekannt, in wie ausgiebigem Maße Erfindungen und Marken deutschen Ursprungs in Argentinien Rechtsschutz genießen. Welche Bedeutung die Registrierung der Marken in Argentinien einnimmt, ist aus den offiziellen statistischen Daten des Registeramtes ersichtlich.

Hiernach wurden registriert:

Im Jahre 1904	. . . .	1583 Marken
„ „ 1906	. . . .	2107 „
„ „ 1907	. . . .	2508 „

Umgekehrt liegen für den argentinischen Inhaber einer Marke die Verhältnisse so, daß die argentinischen Firmen in Deutschland keinen Rechtsschutz genießen. Hinzuzufügen ist dabei, daß an einer Eintragung in Deutschland besonders die deutsch-argentinischen Firmen interessiert sind, d. h. diejenigen, die in Argentinien mit deutschem Kapital arbeiten, oder deren Gesellschafter deutscher Abstammung sind, die deutsche Staatsangehörigkeit aber verloren haben.

Eine argentinische Firma ist augenblicklich darauf angewiesen, falls sie von Deutschland aus Waren mit ihrer Marke einführen will, ihre Marke in Deutschland durch eine andere Firma schützen zu lassen, die in Deutschland eine Niederlassung hat, oder aber durch eine andere befreundete Firma in irgendeinem Auslandsstaat, mit dem Deutschland in Gegenseitigkeitsverhältnis steht. Hierbei läuft die argentinische Firma Gefahr, daß eine solche ausländische Firma sich ihrerseits die argentinische Marke schützen läßt, um die Firma zu zwingen, die betreffenden Waren bei ihr zu beziehen. Derartige Fälle sind bereits zahlreich eingetreten.

Bei der großen wirtschaftlichen Bedeutung der Handelsbeziehungen zwischen Deutschland und Argentinien und der großen Zukunft, welcher Argentinien voraussichtlich entgegengeht, erscheint der Erlaß der erbetenen Bekanntmachung somit gerechtfertigt.

Bemerkt soll noch werden, daß fast in allen anderen europäischen Staaten die argentinischen Marken Rechtsschutz genießen; gerade Deutschland, welches in der argentinischen Handelsbilanz als Importeur und Exporteur nächst England die bedeutendste Stellung einnimmt, hat bisher Argentinien diese Vergünstigung versagt.

Wir gestatten uns noch darauf hinzuweisen, daß die führenden argentinischen Zeitungen sich der Angelegenheit bemächtigt haben und die Forderung aufstellen, daß auch deutsche Marken in Argentinien nicht mehr registriert werden sollen. Es besteht daher die Gefahr, daß die argentinische Regierung, die sich bisher Deutschland gegenüber entgegenkommend gezeigt hat, unter dem Druck der öffentlichen Meinung zu einer Schlechterstellung Deutschlands auf dem Gebiete des gewerblichen Rechtsschutzes schreitet.

Unter diesen Umständen liegt für die deutschen Firmen eine Gefahr vor, welche durch die bisher unterlassene Bekanntmachung gemäß § 23 des angeführten Gesetzes abgewendet werden kann, um deren Erlaß wir daher Euer Durchlaucht dringend bitten.

8.

Revision des amerikanischen Zolltarifs.

Eingabe an den Herrn **Staatssekretär des Innern,** Exzellenz.

Berlin, den 31. März 1909.

Euer Exzellenz

gestatten wir uns, folgendes zu den Ausführungen amerikanischer Sachverständiger über die Erzeugungs- und Verfrachtungsverhältnisse der deutschen Eisen- und Stahlindustrie zu berichten. Diese Verhandlungen sollen der amerikanischen Regierung etwas Aehnliches bieten, wie der Reichsregierung die Verhandlungen des Wirtschaftlichen Ausschusses, sind aber ernstlich nicht mit ihnen zu vergleichen. Während sich die deutschen Verhandlungen durch großen Ernst und die Beibringung eines überwältigenden Einzelmaterials auszeichneten, so beschränkten sich die amerikanischen, obwohl dort die Aussagen unter Eid gemacht sind, meist auf Allgemeinheiten und enthalten eine solche Fülle falscher, sich widersprechender und selbst offensichtlich unmöglicher Angaben, daß man nur seine Verwunderung darüber aussprechen kann, daß solche Angaben von Sachverständigen der Eisenindustrie einer Regierung gemacht werden konnten.

Diesen eidlichen Aussagen und schriftlichen Gutachten kommt tatsächlich für die deutsche Eisenindustrie insofern keinerlei Bedeutung zu, als sie schwerlich in sachlicher Hinsicht einem deutschen Eisenindustriellen etwas Neues bieten werden. Sie sind auch nicht der Art, daß sie imstande sein könnten, die amtliche Zollpolitik der Vereinigten Staaten irgendwie zu beeinflussen. Aus diesem Grunde dürfte sich kaum eine amtliche deutsche oder eine öffentliche Widerlegung der in dieser Enquete gemachten mündlichen und schriftlichen Angaben lohnen. Es handelt sich in ihnen weit mehr um allgemeine Behauptungen, oft der unbestimmtesten Art, als um bestimmte Angaben tatsächlicher Natur. Dabei laufen die groteskesten Aufstellungen unter. Wenn man die Ilsederhütte in das Minettegebiet verlegt, wenn man angibt, im Minettegebiet lägen Erz und Koks dicht beieinander, wenn man die Roheisenselbstkosten des deutschen Südwestens auf die Hälfte ihres wirklichen Betrages veranschlagt, so läßt das nicht eben darauf schließen, daß die amerikanische Eisenindustrie der deutschen eine besondere Aufmerksamkeit gewidmet habe.

In gewisser Hinsicht aber sind diese Angaben über die Verhältnisse der deutschen Eisenindustrie doch sehr bemerkenswert. Einmal geben sie ein Bild davon, welche Vorstellungen man in Amerika von der deutschen Eisenindustrie hat oder einer amerikanischen Kongreßkommission für gut befindet, vorzuführen; sodann zeigen sie, daß man sich dort in eine Reihe falscher Vorstellungen verrannt hat. Daß die Angaben über eine angebliche Unterstützung der deutschen Eisenindustrie durch Ausfuhrvergütungen und Frachtnachlässe durch die deutsche Regierung falsch sind, brauchen wir Euer Exzellenz gegenüber nicht weiter auszuführen. Er handelt sich vielmehr bei den Exportvergütungen an die Syndikate um eine Anpassung der Preise an den ausländischen Wettbewerb, die im übrigen schon lange vor Bestehen der Syndikate und Verkaufsvereinigungen gang und gäbe waren. Was die Frachtnachlässe betrifft, so sind solche in dieser Form nicht vorhanden. Bei der Festsetzung der deutschen Tarife zur Ausfuhr handelt es sich vielmehr um eine geringere Bemessung der Sätze für weite Entfernungen nach den deutschen Seehäfen, welche in der autonomen Tarifpolitik aller Staatsbahnen begründet liegen, und welche ausschließlich den Zweck haben, die Frachten über deutsche Häfen zu lenken.

Die deutsche Regierung ist, indem sie den Ausnahmetarifen über die ausländischen Seehäfen beitrat, nur dem Vorgehen der belgischen und niederländischen Bahnen gefolgt, die durch Ermäßigung der Binnentarife die eigenen Interessen und die ihrer Häfen tunlichst zu fördern suchten. Durch die Exporttarife über die belgischen und niederländischen Häfen gerieten die deutschen Bahnen in eine Zwangslage insofern, als eine weitgehende Tarifermäßigung für die deutschen Nordseehäfen notgedrungen eintreten mußte, wenn nicht der weitaus größte Teil des deutschen Exports den ausländischen Bahnen und Häfen überlassen werden sollte. Die Lage der deutschen Bahnen war eine um so zwingendere, als für die exportierende Eisenindustrie die niederländischen und belgischen Seehäfen günstiger liegen wie die deutschen.

Ferner ist zu bemerken, daß die deutschen Staatsbahnen von den Regierungen in ganz hervorragender Weise als Einnahmequelle angesehen und von diesem Standpunkte aus die Frachten im Inlandsverkehr verhältnismäßig hoch gehalten werden.

Wenn in gewissen Verkehrsbeziehungen die Tarife für den Export herabgesetzt werden, so ist dies durchaus nicht als eine Ermäßigung normaler Tarife aufzufassen, sondern nur als eine Regulierung der Inlandstarife, um sie auf einen solchen Standpunkt zu bringen, daß sie den dem ausländischen Markte zur Verfügung stehenden Frachten näher kommen.

Auch muß hingewiesen werden auf die billigen Frachten, die auf amerikanischen Bahnen für die Rohstoffe der Eisenindustrie im Gebrauch sind, Frachten, deren Sätze unter die niedrigsten Sätze der deutschen

Ausfuhrtarife heruntergehen und daher außerordentlich geeignet sind, die Lage der amerikanischen Eisenindustrie gegenüber der deutschen zu verbessern.

Exporttarife bestehen in allen Kulturländern. Eine besondere Begünstigung der Ausfuhr kann in den deutschen Exporttarifen nach ihrer ganzen Entwickelung und Begründung durchweg nicht gefunden werden. Auch ist nicht außer acht zu lassen, daß Deutschland die im Ausland vielfach zur Anwendung kommenden besonderen Vertragstarife (Refaktientarife) gar nicht kennt und dadurch der Großindustrie die Vorteile, die sie in anderen Ländern hat, nicht bietet.

Ein weiterer Irrtum, in dem sich die amerikanischen Sachverständigen befinden, ist der Glaube an die angeblich geringen Löhne, welche in Deutschland gezahlt werden sollen. Niemand hat daran gedacht, auch die Lasten der Reichszwangsversicherung der Lohnarbeiter mit auf den Lohn zu schlagen, niemand hat auch nur den Versuch gemacht, die tatsächlich gezahlten Löhne der letzten drei Jahre den Aufstellungen zugrunde zu legen. Die häufig wiederkehrenden Angaben über die angeblich absolute Niedrigkeit der deutschen Löhne werden bei den weiteren Auslassungen derselben Sachverständigen durch zahlreiche Angaben widerlegt, welche auf die Bedeutung der relativen Lohnhöhe, des Lohnsatzes im Verhältnis zur Arbeitsleistung, hinweisen. In dieser Hinsicht ist vor allem folgende Darstellung bemerkenswert, die darum hier wiedergegeben sei: „Die Leistungsfähigkeit der amerikanischen Lohnarbeiter". Heft 31, Seite 4489. Vernehmung von H. E. Miles.

Miles: Es kommt auf die Tagesarbeitsleistung des Arbeiters an, nicht auf den Tagelohn. Vielmehr auf die Lohnkosten auf das erzeugte Stück Ware.

Vorsitzender Gaines: Ich verstehe. Es hat keinen Zweck, das vorzutragen. Die Lohnhöhe bestimmt nicht unbedingt die Arbeitskosten. Ich sehe, worauf es ankommt.

Miles: Europäische Arbeiter sind in meinen Betrieb gekommen, und haben es auf dem amerikanischen Arbeitsfuße nicht aushalten können. Denn meine amerikanischen Arbeiter sind so viel leistungsfähiger. Eine Bande europäischer Arbeiter sind hungrig zu mir gebracht worden und haben nachgefragt, ob ich sie nicht beschäftigen wolle. Ich habe sie beschäftigt, aber zu einem so niedrigen Lohnsatze, daß ich sie damit nicht halten konnte. Die Leistungsfähigkeit des amerikanischen Arbeiters wird manchmal nicht voll geschätzt. Der verstorbene Mr. Sargent, der der Chef der J. B. Sargent Hardwars Company war, sagte, er brauche nur ins Ausland zu gehen, um leicht diejenigen Erzeugnisse zu bekommen, welche den hohen Lohnprozentsatz amerikanischer Arbeit enthielten. Das ist meine Erfahrung in meinem Betriebe.

Gaines: Was Sie über die Beschäftigung europäischer Arbeiter sagten, in Verbindung damit, daß Sie keinen so niedrigen Lohnsatz hätten finden können, den Sie ihnen hätten zahlen können, ist wichtig in Hinsicht auf die Frage der Arbeitskosten. Wollen Sie mir nun sagen, wozu Sie diese Leute verwandt haben?

Miles: Ich wurde aufgefordert, sie über meinen Betrieb zu verteilen, wo es nur möglich war.

Gaines: In dieser selben Art Beschäftigung, welche sie erhielten und in der sie so viel weniger leistungsfähig waren als die gleichen amerikanischen Arbeiter, welche Sie bezahlten, kostet Sie ihre Arbeit mehr?

Miles: Sie arbeiteten in meiner Maschinenwerkstatt. Wenn sie in diese amerikanischen Maschinenwerkstätten kommen, dann ist es mit ihnen nicht durchzuführen und ich konnte dem Amerikaner das Doppelte und Dreifache ihres Lohnsatzes zahlen.

Gaines: Ist es nicht eine Tatsache, daß Leute, welche nicht an die Maschinen gewöhnt sind und sie nicht bedienen, sie auch nicht so gut bedienen können wie ein Mann, der es gewöhnt ist?

Miles: Jawohl!

Gaines: Gerade wie ein Mann, der ein Automobil nicht lenken kann, bis er es eben kennt?

Miles: Jawohl.

Cockran: So ist es eben Leistungsunfähigkeit aus Mangel an Vertrautheit, oder war es eine Unfähigkeit, welche Sie für in ihnen liegend halten?

Miles: Es war teils Mangel an Vertrautheit und teils in ihnen liegende ererbte Unfähigkeit. Ihre Bewegungen sind langsamer. Wir haben Leute in unseren Betrieben, die gerade so leistungsfähig sind wie die Leute hinter den Kanonen in Manila. Sie würden gern einen Schuß auf den fremden Handel abgeben, wo die Amerikaner nur an den Feind herankönnten. Ich glaube, wir schätzen die wunderbare Leistungsfähigkeit des amerikanischen Arbeiters noch gar nicht voll ein, und ich spreche für ihn, wenn ich sage, ich möchte Ausfuhrhandel und bessere Aussicht, ihn zu bekommen."

Soweit die amerikanischen Angaben.

Ein besonderer Zug der ganzen Vernehmungen ist, daß die gesamte Schutzzollpolitik der Vereinigten Staaten in ihnen fast ausschließlich nur noch damit begründet wird, daß sie das einzige Mittel sei, die absolut genommen hohen amerikanischen Arbeitslöhne aufrecht zu erhalten. Es gibt keine andere Schutzzollschrift neben dieser amerikanischen Enquete, welche so ausschließlich auf diesen Gesichtspunkt den Nachdruck legte.

Als Anlage gestatten wir uns beizufügen eine getreue Uebersetzung der Stellen der amerikanischen Enquete, welche sich auf die deutsche Eisen- und Stahlindustrie beziehen, unter Angabe der Stellen, an der die Sache in der amerikanischen Zollenquete steht, aber systematisch nach den Einzelerzeugnissen der Eisen- und Stahlindustrie geordnet.

Bei der außerordentlichen Unkenntnis deutscher Verhältnisse, von solcher die amerikanischen Verhandlungen zeugen, halten wir es nicht für richtig, den Amerikanern etwa in der Form einer Berichtigung ihrer falschen Angaben, authentisches Material über deutsche Selbstkosten, Löhne usw. zur Verfügung zu stellen. Sollten Euer Exzellenz jedoch wünschen, über irgendwelche in der anliegenden Zusammenstellung enthaltenen Punkte noch nähere Auskunft zu erhalten, so stellt sich der Verein dazu bereitwilligst zur Verfügung.

Schließlich bitten wir zu entschuldigen, daß sich unsere Berichterstattung so lange hinausgezogen hat, die Uebersetzung und Zusammenstellung des sehr reichhaltigen Materials konnte aber nicht früher bewältigt werden.

9.

Ermäßigung der Abfertigungsgebühren.

Eingabe an den Herrn **Minister der öffentlichen Arbeiten,** Exzellenz.

Berlin, den 17. Mai 1909.

Bei der Beratung des Eisenbahnetats für das Jahr 1909 im Landtage ist jüngst wieder eingehend die Frage der Gütertarife erörtert worden. Der auch bei dieser Gelegenheit vorwiegend geltend gemachten Ansicht, daß in einer Zeit der stark gesunkenen Eisenbahnüberschüsse, bei wesentlich gesteigerten Kosten und verringerten Einnahmen der Staatseisenbahnverwaltung, vom staatsfinanziellen Standpunkt aus Tarifermäßigungen nur mit besonderer Vorsicht vorgenommen werden dürfen, schließen wir uns an. Aber es bleibt die stets im Grundsatz anerkannte erste Aufgabe der Staatsbahnen, dem Verkehr und dem Wirtschaftsleben entsprechend zu dienen. Deshalb darf ein zeitweilig schlechteres finanzielles Ergebnis nicht den Grund abgeben, um dringliche und mögliche Verkehrserleichterungen hintanzuhalten. Man kommt sonst zu einer unendlichen Verschiebung, wenn Erleichterungen in schlechten Zeiten nicht für ausführbar und in guten Zeiten nicht als nötig erachtet werden. Gerade unter ungünstigen Wirtschaftsverhältnissen liegt es im Interesse des Staats und der Staatseisenbahnen selbst, so weit immer tunlich dem Erwerbsleben aufzuhelfen. Ein solcher Aufschwung kommt ja mittelbar wieder dem Verkehr und den Einnahmen der Eisenbahnen zugute. Andererseits ist zu berücksichtigen, daß der Staat der Industrie, der besten Kundin seiner Eisenbahnen, gerade im Laufe der letzten Zeit mit Steuern und sozialen Gesetzen die Lasten und Herstellungskosten schwer drückend vermehrt hat, und daß er deshalb um so eher die in seiner Hand liegende, fast einzige Möglichkeit der Erleichterung, die in einer Herabsetzung der Frachtkosten besteht, verwirklichen sollte.

Diese Leitsätze sind bei den jüngsten parlamentarischen Debatten wiederum von verschiedenen Seiten treffend vorgeführt worden. Doch scheinen uns einige wesentliche Punkte noch der Ergänzung und Aufklärung zu bedürfen. Um solche nach Tunlichkeit herbeizuführen, und um Eurer Exzellenz nochmals direkt aus der Industrie heraus deren dringlich empfundenes Bedürfnis nach bescheidenen Verkehrserleichterungen an das Herz zu legen, deren Durchführung auch mit Rücksicht auf die Verhältnisse in anderen, konkurrierenden Staaten billig und unschwer zu erreichen ist — bitten wir ganz ergebenst, die nachstehenden Ausführungen geneigter Erwägung unterbreiten zu dürfen.

Euer Exzellenz haben nach dem Bericht der Budgetkommission über die Einnahme des Etats der Eisenbahnverwaltung für das Jahr 1909 in dieser Kommission erklärt: Nachdem vor zehn und acht Jahren bedeutende Tarifermäßigungen für Brennstoffe und Eisenerze gewährt worden seien, wären von erheblicheren Frachtermäßigungen der letzten Jahre nur die dem Siegerland und anderen Bezirken zur Beseitigung von Notständen gewährten, sowie die für rohe Steine, Eisenerze von den Wasserumschlagsplätzen zu erwähnen. Andererseits sei aber zu berücksichtigen, daß die Tätigkeit der Ständigen Tarifkommission in Verbindung mit dem Verkehrsausschuß und der Generalkonferenz der deutschen Eisenbahnen fortgesetzt zu einer planmäßigen Herabsetzung der Gütertarife geführt habe, was ohne weiteres daraus erkennbar sei, daß die Güterarten in den niederen Tarifklassen außerordentlich vermehrt worden seien. In der jetzigen Zeit sei in der Frage der Tarifermäßigung eine ganz besondere Vorsicht geboten; die

Nichterhöhung der Tarife komme angesichts der ungeheueren Steigerung der Selbstkosten tatsächlich einer Tarifermäßigung gleich. Andere Länder trügen den veränderten Verhältnissen Rechnung, wie angestellte Erhebungen bezüglich der Tarifgestaltung in Oesterreich, Ungarn, Schweiz, Rußland, Belgien, Vereinigte Staaten und England ergäben. Das was Eure Exzellenz — so erklärten Sie in der Kommission nach deren Bericht — heute noch planten, eine Ermäßigung der Abfertigungsgebühr bei Verwendung von Wagen größerer Tragfähigkeit und eine anderweite Ausgestaltung des Rohstofftarifs im Sinne einer stärkeren Abstaffelung, das würde im Laufe der Jahre die Einnahme nicht ungünstig beeinflussen. Aber es gäbe einen längeren Zeitraum, in dem solche Tarifermäßigungen zu Ausfällen führten, und da sei der jetzige Zeitpunkt für solche Tarifmaßnahmen doch der ungünstigste; dazu müsse man bessere Zeiten abwarten.

In der Sitzung des Abgeordnetenhauses vom 20. März d. J. betonten Euer Exzellenz nochmals die Unmöglichkeit, in heutiger Zeit in Erwägungen darüber einzutreten, ob und in welchem Umfange die Gütertarife der Staatseisenbahnen eine Ermäßigung erfahren können, und sagten: „Zum Teil ist man der Meinung, daß man sogar zu Tariferhöhungen übergehen müßte, was ich von meiner Seite ablehne." Nach dem stenographischen Protokoll fanden diese letzteren Worte „Zustimmung auf allen Seiten". Die Industrie weiß sicherlich für diese bestimmte Erklärung Eurer Exzellenz allen Dank, der ja auch alsbald im Parlamente ausgesprochen wurde.

Aber wir glauben doch über diesen negativen Trost hinaus zu den vorstehenden Ausführungen einige Einwendungen machen zu müssen.

Laut dem vom Herrn Minister der öffentlichen Arbeiten dem Hause der Abgeordneten am 26. Dezember 1908 übersandten Bericht über die Ergebnisse des Betriebes der vereinigten preußischen und hessischen Staatseisenbahnen im Rechnungsjahr 1907 (Seite 63) betrug in der Güterbeförderung die Einnahme für ein Tonnenkilometer im Berichtsjahr 3,54 Pf. gegen 3,55 Pf. im Vorjahr. Wir haben schon in unserer Eingabe vom 15. Oktober 1906 mit Zahlenvorführung auf die Entwickelung der Gütertarife hingewiesen. Im Jahre 1848 betrug auf den deutschen Eisenbahnen die durchschnittliche Frachtgebühr für den Tonnenkilometer 13,3 Pf.; sie sank dann in einem dreißigjährigen Zeitraum auf 4,52 Pf. im Jahre 1879, also um fast 9 Pf.; in den letzten 30 Jahren dagegen ist sie kaum um einen einzigen Pfennig ermäßigt worden, und seit einem Jahrzehnt hat ein völliger Stillstand, zeitweise sogar eine Erhöhung des Durchschnittssatzes der Frachtgebühr stattgefunden. Er betrug 1889: 3,81 Pf., 1894/95: 3,76 Pf., 1899: 3,55 Pf., 1904: 3,57 Pf., 1906: 3,55 Pf., 1907: 3,54 Pf. In unserer Eingabe vom Herbst 1906 konnten wir für das damals vergangene Jahrzehnt noch eine Ermäßigung um 0,19 Pf. = 5 pCt. bemerken; jetzt ist aber fast seit einem Jahrzehnt die durchschnittliche Frachtrate gar nicht niedriger, diese Verhältnisse sind also für das Erwerbsleben noch unbefriedigender geworden!

Die vorstehenden amtlichen Zahlen ergeben wohl unwiderleglich, daß von der angeführten „fortgesetzten planmäßigen Herabsetzung der Tarife" im ganzen tatsächlich nichts oder nichts Nennenswertes zu spüren gewesen ist, wenn schon mit Dank anzuerkennen ist, daß einzelne Verbilligungen stattgefunden haben.

Die erfolgte Berufung auf das Ausland muß unseres Erachtens vielmehr zu einer Herabsetzung unserer Gütertarife als zur Erwägung des Gegenteils führen. Es war sehr bezeichnend, wie im Laufe der letztjährigen Rückkaufsdebatten in Frankreich die Gegner der Verstaatlichung u. a. gegen das Staatsbahnsystem anführen konnten, daß im letzten Dezennium die Durchschnitts-Frachtrate in Frankreich, Amerika, England erheblich ermäßigt worden ist, während sie bei den deutschen Staatsbahnen stabil blieb. Der bekannte französische Eisenbahnfachmann Staatsrat Colson bemerkte in einer vergleichenden Statistik der Ergebnisse des Eisenbahnbetriebs in Frankreich, England und Deutschland, daß in dem Jahrzehnt von 1896 bis 1905 die Verkehrseinnahmen auf den französischen Eisenbahnen um 298 Millionen Franken oder um 23 pCt., auf den deutschen Eisenbahnen um 1060 Millionen oder um 53 pCt. gewachsen seien. Dagegen sei im gleichen Zeitraum der durchschnittliche Tarif für die beförderte Gütertonne in Frankreich um 12 pCt., in Deutschland nur um 7 pCt. (tatsächlich sogar nur um 5 pCt.!) heruntergegangen. Diese Ermäßigung setze sich in Frankreich von Jahr zu Jahr fort, während in Deutschland der durchschnittliche Tarif für Frachtgut seit 1899 stationär sei. In Poors Manual wird besonders gerühmt, wie die amerikanischen Privatbahnen freiwillig die Durchschnittsfracht herabsetzten, z. B. von 0,784 auf 0,766 Cents für die Gütermeile im Jahre 1905/06. (S. „Deutsche Industrie-Zeitung" Nr. 40 vom 4. Oktober 1907, Seite 474.)

Bei all diesen und anderen Vergleichen muß noch dazu in erster Linie berücksichtigt werden, daß die preußisch-hessischen Staatsbahnen, trotz des derzeitigen Rückgangs der reinen Ueberschüsse von etwa 220 auf etwa 80 Millionen, sich immer noch sehr gut und viel besser rentieren als die anderer Staaten, und ihr Anlagekapital z. B. mehr wie doppelt so hoch verzinsen als die österreichischen Staatsbahnen und fast doppelt so hoch wie durchschnittlich die englischen Eisenbahnen. Nach der amtlichen deutschen Statistik ergab sich für das gesamte Anlagekapital der Eisenbahnen im Jahre 1906 folgende Verzinsung: Vereinigte Staaten von Nordamerika 2,3 pCt., England 3,4 pCt., Oesterreich-Ungarn 3,1 pCt., Frankreich 4,3 pCt., Schweiz 4,3 pCt., Belgien 4 pCt., Deutschland 5,8 pCt.; und im Deutschen Reiche 1905: Württemberg 3,3 pCt., Bayern 3,6 pCt., Baden 3,6 pCt., Elsaß-Lothringen 4,1 pCt., Sachsen 4,7 pCt., Privatbahnen 4,1 pCt., preußisch-hessische Staatsbahnen 7,3 pCt.

An dem allgemein gültigen volkswirtschaftlichen Grundsatze, wonach die Eisenbahnen vor allem dem Verkehr, nicht in erster Linie dem Gelderwerb von Privatleuten oder des Staates, zu dienen haben, vermag auch die Tatsache nichts zu ändern, daß die preußischen Staatsbahnen zu einer höchst ergiebigen Geldquelle für den Fiskus geworden sind, und wir die Gelder, welche von unseren Eisenbahnüberschüssen zu anderweitigen Staatszwecken verwendet werden, nicht mehr in vollem Umfange entbehren können. Aber wie es unbillig und irrationell ist, wenn der Staat als Inhaber der Eisenbahnen dem nationalen Wirtschaftsleben die Verkehrsmittel übermäßig verteuert, um aus diesem Staatsbetriebe bzw. von den Verkehrsinteressenten, aus Industrie, Handel und Landwirtschaft übermäßig Geld zum Nutzen der Steuerzahler herauszuholen, so kann man schließlich auch nicht verlangen, daß der Staat vom Gelde der Steuerzahler dauernd enorme Fehlbeträge in seinem Eisenbahnbetriebe decke, oder daß private Eisenbahnunternehmungen und Privatkapitalisten bei einem nicht rentierenden Eisenbahnbetrieb dauernd ihr Geld verlieren. So aber stehen die Dinge in Rußland und Oesterreich-Ungarn, wo eben Tariferhöhungen eingeführt bzw. im Werke sind. Es ist notorisch, daß die russischen Staatsbahnen an einem großen, wenn auch ziffernmäßig nicht einfach festzustellenden Defizit leiden, und daß die russischen überaus angespannten Staatsfinanzen mit den preußischen in gar keiner Weise zu vergleichen sind; ist doch der preußische Staat — als solcher — mit seinem riesigen Besitz von Eisenbahnen, Bergwerken, Forsten und Domänen weitaus der reichste Staat der Erde. Der Betriebskoeffizient der russischen Staatsbahnen wird mit rund 82 pCt. berechnet (vergl. Zeitung des Vereins Deutscher Eisenbahnverwaltungen Nr. 29 vom 10. April 1909), während der Betriebskoeffizient der preußisch-hessischen Staatsbahnen doch erst auf 70 pCt. angekommen ist. Selbst in Rußland ist man jedoch wohlweislich nur sehr vorsichtig an eine Verteuerung der Verkehrsmittel gegangen. Wir dürfen in dieser Beziehung auf die Berichte des Kaiserlichen Deutschen Generalkonsulats in Petersburg hinweisen, die abgedruckt sind in den im Reichsamt des Innern zusammengestellten Nachrichten für Handel und Industrie vom 15. Februar und 8. März 1909. Es heißt da: „Das Tarifkomitee des Finanzministeriums hat das Gesuch der Privatbahnen um eine generelle Erhöhung sämtlicher Gütertarife abgelehnt. Es fand, daß ein derartiger Modus der Tariferhöhung den Grundsätzen einer rationellen Tarifpolitik widerspräche, daß aber im übrigen, angesichts der zunehmenden Unrentabilität des Eisenbahnbetriebs, eine Erhöhung gewisser Gütertarife durchaus wünschenswert wäre. Nur müßte für jedes einzelne Gut bzw. für jeden einzelnen Tarif die Zulässigkeit der Erhöhung besonders geprüft werden." Darüber berät, so wird weiter ausgeführt, eine besondere Konferenz unter Beteiligung von Vertretern der Industrie. Unabhängig hiervon hatte die Regierung auch schon von sich aus, zum Teil noch vor der Einbringung des vorerwähnten Gesuchs der Privatbahnen, die Erhöhung verschiedener Tarife ins Auge gefaßt, um die Rentabilität der Eisenbahnen zu erhöhen. Dazu gehört die 1908 durchgeführte Erhöhung der Personentarife, ferner die Revision und Erhöhung der Steinkohlentarife, die am 1./14. März 1909 in Kraft trat. In dieser Beziehung gibt das Deutsche Generalkonsulat im einzelnen Vergleiche zwischen dem alten und neuen Schema und bemerkt: Es tritt somit eine allerdings nur ganz geringfügige Erhöhung der Transportkosten ein. So z. B. waren bisher für einen Transport auf 1800 Werst 14,4 Kopeken pro Pud zu bezahlen, während nach dem neuen Tarif 15 Kopeken erhoben werden. Außerdem bestehen 12 Ausnahmetarife. Hier ist nur für die kurzen Entfernungen bis 121 Werst eine geringfügige Erhöhung eingetreten, die wohl mehr eine gerechtere Gestaltung der Transportkosten für die einzelnen Gruben als eine Steigerung der Eisenbahneinnahmen bezweckt. Für mittlere Entfernungen tritt nicht nur keine Erhöhung, sondern eine Ermäßigung der Transportkosten ein. Soweit der Konsulatsbericht.

Auch für andere Produkte sucht Rußland durch Ausnahmetarife den Bedürfnissen von Handel, Industrie und Landwirtschaft gerecht zu werden. So wurde im Frühjahr 1907 für die Ausfuhr von Eisen und Eisenfabrikaten folgende Tarifermäßigung bewilligt: I. Für Sorteneisen, Roheisen und Schienen: 1. bei Entfernungen unter 400 Werst werden die Tarifsätze um $^{1}/_{75}$ Kopeken pro Pud und Werst, 2. bei Entfernungen über 400 Werst um 50 pCt. ermäßigt, jedoch mit der Maßgabe, daß der Satz nicht unter $^{1}/_{100}$ Kopeken pro Pud und Werst sinkt.

Diese im wohl verstandenem Interesse der südrussischen Eisenindustrie aufgeführten Tarifermäßigungen haben ihr die Absatzfähigkeit im Auslande wesentlich erhöht und der deutschen Eisenindustrie auf umstrittenen Absatzgebieten im Auslande schweren Wettbewerb und vielfache Niederlagen bereitet.

In diesem Zusammenhang und mit Hinweis auf die nachstehenden, Oesterreich betreffenden Ausführungen dürfen wir wohl daran erinnern, wie Belgien und Frankreich die seitens der preußisch-hessischen Staatsbahnen erfolgte Aufhebung von ermäßigten Kohlen-Ausfuhrtarifen alsbald mit der Schaffung solcher zum Nutzen ihrer Landesprodukte und ihrer Eisenbahnen, und zur Verdrängung der deutschen Produktion auf hartumstrittenem Auslandsmarkt beantworteten.

In Oesterreich weisen die Staatsbahnen für das vergangene Jahr ein Defizit auf, welches verschieden mit 70 oder 90 Millionen Kronen angegeben wird. Jetzt ist eine Revision und Erhöhung der Tarife im Werke aus Anlaß der Verstaatlichung der Staatsbahngesellschaft, der Nordwestbahn und der südnorddeutschen Verbindungsbahn, womit in Oesterreich das Staatssystem fast vollständig durchgeführt ist. Von Anfang an waren die österreichischen Staatsbahnen mit Tarifermäßigungen zu schnell vorgegangen, so daß schließlich eine Reaktion kommen mußte. In früheren Fällen des Rückkaufs wurden die bestehenden Staatsbahntarife auf die neu angegliederte Bahn übertragen, woraus sich für diese regelmäßig eine Herabsetzung der Tarife ergab, da die österreichischen Staatsbahnen stets niedrigere Frachtsätze als die Privatbahnen hatten. Wenn die derzeitigen Staatsbahntarife nun auch auf die vorgenannten neuverstaatlichten Bahnen angewendet würden, so ergäbe sich daraus, wie man berechnet, für den Staat ein Einnahmeausfall von etwa 40 Millionen Kronen jährlich, welcher bei der schon ganz ungenügenden Rentabilität der österreichischen Staatsbahnen unmöglich zu tragen wäre. Es wird sonach eine gründliche Reform der Tarife zugleich mit einer Reorganisation der Staatsbahnverwaltung unter aller gebotenen Vorsicht und unter Anhörung der Verkehrsinteressenten vorbereitet. Die österreichische Industrie muß sich wohl oder übel in die Notwendigkeit schicken, daß die österreichischen Staatsbahnen „saniert" werden, welchen Ausdruck jüngst in einem Vortrag vor der Wiener Handelskammer der Kaiserliche Rat Freud brauchte. Aber Handel und Industrie erfahren, wie er weiter ausführte, neben der Belastung durch die Tariferhöhung zugleich wesentliche Erleichterungen; die Vorteile der Reform liegen in der Beseitigung des unerträglichen Zustandes der derzeitigen verschiedenen Tarife, in ihrer Vereinfachung und Stabilität, im Wegfall der Stationsgebühren, in der Verkehrsleitung über die kürzesten Routen, in der besseren Ausnutzung des Wagenparks usw. Herr Freud kam zu dem Schluß, daß die österreichischen Gütertarife nach der Erhöhung den deutschen ziemlich gleichgestellt, vielleicht etwas höher sein würden. Als Beispiele, welche Ermäßigungen sich aus der Durchrechnung der Tarife, eine der wichtigsten Fragen der österreichischen Tarifreform, ergeben, mögen folgende dienen: Formeisen d. Spez.-T. II Mähr.-Ostrau—Budweis 10 t 410 km, jetzt 232, künftig 212, niedriger 20 Kr.; Holz d. Spez.-T. II Stanislau—Prag 10 t 980 km, jetzt 280, künftig 257, niedriger 23 Kr.; Dünger d. Spez.-T. III Kolin (Oest. N.-W.-B.)—Böhm.-Leipa 10 t 110 km, jetzt 64, künftig 50, niedriger 14 Kr. Und was die Personentarife anlangt, so bemerkte im Staatseisenbahnrat der Regierungsvertreter, daß die heutigen Fahrpreise der österreichischen Staatsbahnen erheblich niedriger seien als auf den meisten in- und ausländischen Bahnen, und die Gebühren der österreichischen III. Wagenklasse nahezu denjenigen der IV. Klasse anderwärts gleichkämen. Jedenfalls erscheint auch eine Berufung auf die nicht zu vergleichenden österreichischen Verhältnisse nicht geeignet, darzutun, daß in Deutschland eher eine Erhöhung als eine Ermäßigung der Gütertarife in Frage kommen könnte. Besondere Rücksicht wird übrigens bei der österreichischen Tarifrevision noch auf den Export genommen. Die Regierung erklärt in der betreffenden Vorlage, daß die Exporttarife bezüglich der dermaligen Staatsbahnlinien, soweit als nur irgend möglich, nicht erhöht werden sollen, und daß bei der Neuregelung der Exporttarifierung auf die im Inlandverkehr eintretenden Tarifänderungen, welche indirekt auch den Exportverkehr belasten, entsprechend Rücksicht zu nehmen sei.

Während in Oesterreich wie auch in Rußland und anderen Ländern die Förderung von Handel und Industrie vornehmlich für die Gestaltung der Exporttarife maßgebend war, war dafür in Deutschland und besonders in Preußen in erster Linie bestimmend der Wettbewerb der Wasserstraßen im Innern und der der belgischen und holländischen Häfen. Es soll indes keineswegs verkannt werden, daß in einzelnen Fällen dabei eine besondere Rücksichtnahme auf die Ausfuhr-Interessen der heimischen Industrie bestimmend gewesen sein mag.

In der erwähnten Sitzung der Wiener Handels- und Gewerbekammer wurde noch zur Begründung bzw. als Trost für die österreichischen Tariferhöhungen angeführt, daß sowohl „Deutschland als auch Ungarn eine Erhöhung der Tarife plane". Auch anderwärts hat man Deutschland solche Absicht zugeschrieben; mit Unrecht! Denn Eure Exzellenz haben ja unzweideutig erklärt, eine Erhöhung der Gütertarife abzulehnen. Wir erwähnen jene Hinweise nur als charakteristisch für die Tatsache, wie die Berufungen auf das Ausland nicht immer zutreffen und nicht immer bange zu machen brauchen.

Von einer Erhöhung der Gütertarife war jüngst noch in mehreren anderen Staaten die Rede, dahingehende Vorschläge und Wünsche sind aber abgewiesen worden. In der Schweiz hat sich die Verstaatlichung der Hauptbahnen unter schwierigen Umständen vollzogen, an die neuen Bundesbahnen traten nach mannigfacher Richtung übermäßige Ansprüche heran, so daß sie trotz möglichst vorsichtiger Verwaltung vor einem Defizit und in einer finanziell recht kritischen Lage stehen. Diese Tatsache sowie die Notwendigkeit einer durchgreifenden Abhilfe wurde von der Bundesregierung und vom Bundesparlament allseitig in sehr ernster Weise anerkannt, und verschiedentlich schlug man deshalb eine Erhöhung der Gütertarife vor. Ein solcher Gedanke wurde aber von Regierung und Parlament zurückgewiesen, da die Verteuerung des Güterverkehrs das heimische Erwerbsleben bedenklich belasten würde. Man beschloß, Ersparnisse zunächst durch Einschränkung in den Zugsleistungen, also wesentlich auf dem Gebiete des Personenverkehrs zu erzielen. In dem soeben veröffentlichten Geschäftsbericht des Verwaltungsrats der Bundesbahnen für 1908 heißt es: Der Verwaltungsrat teilt mit der Direktion die Ansicht, daß an eine allgemeine Tarifreform nur mit äußerster Vorsicht herangetreten werden soll und daß eine Erhöhung der Gütertarife nicht angeht. Tariferhöhungen im Güterverkehr seien geeignet, das wirtschaftliche Gleichgewicht zu stören und damit zu großen Schädigungen einzelner Industrie- und Gewerbekreise zu führen.

In Frankreich war der Gedanke einer Erhöhung der Gütertarife seitens des Verwaltungsrats des bestrentierenden und im industriereichsten Gebiet des Landes belegenen Eisenbahnnetzes, der Nordbahngesellschaft, erörtert worden. Aber der Minister der öffentlichen Arbeiten erklärte aus Anlaß der Parlamentsverhandlungen über den Rückkauf der französischen Westbahn im Sommer vorigen Jahres: Es liege nicht in der Absicht der französischen Regierung, solchen Vorschlägen Folge zu geben, wenn sie gestellt würden. Minister Barthou berief sich u. a. darauf, daß selbst der Staatsrat Colson, eine anerkannte Autorität im Eisenbahnwesen und ein grundsätzlicher Gegner des Staatsbahnsystems, anerkannt habe, daß die deutschen Personentarife niedriger seien als die französischen, und daß die Gütertarife ungefähr gleich seien. Der französische Verkehrsminister bemerkte weiter, die

Tarife der belgischen Staatsbahnen seien die niedrigsten in Europa. Trotzdem und obwohl der vorjährige Finanzabschluß der belgischen Staatsbahnen mit einem so starken Defizit endigte, daß der Berichterstatter in der Kammer vorschlug, die Staatsbahnen an eine Privatgesellschaft zu verpachten, verwerfen auch in Belgien die maßgebenden Kreise den Gedanken an eine Erhöhung der Gütertarife. Wir brauchen kaum besonders zu betonen, wie gerade die billigeren Eisenbahnfrachten in Belgien den Wettbewerb der belgischen Industrie zum Schaden der deutschen sehr gefördert haben. In Frankreich werden übrigens Handel und Industrie demnächst durch die zu Beginn dieses Jahres erfolgte Verstaatlichung der Westbahn nicht unbedeutende Verkehrserleichterungen erfahren, indem ähnlich wie derzeit in Oesterreich, die Tarife vereinheitlicht und vereinfacht werden. Bei Verstaatlichungskämpfen pflegen gewöhnlich Uebertreibungen nach der einen und der anderen Seite vorzukommen. So legen wir keinen besonderen Wert darauf, möchten aber doch gegenüber der deutschen Berufung auf das Ausland wegen eventueller Tariferhöhungen noch erwähnen, daß bei den Debatten im französischen Parlament von der Opposition Behauptungen aufgestellt wurden wie die folgenden: Der deutsche Eisenbahndirektor sei nur noch ein Agent der Fiskalität; bei dem fiskalischen Betrieb in Deutschland bediene sich der Staat der Tarife als Schraube, um aus Handel und Industrie den größtmöglichen Vorteil herauszuziehen; die Transportindustrie diene also dazu, das Publikum zu schröpfen, statt ihm zu nützen usw.

In England, wo noch durchweg das Privatbahnsystem herrscht und wo die Eisenbahnen sich nur ungefähr halb so hoch verzinsen wie die preußischen Staatsbahnen, haben aus Anlaß der im Werk befindlichen Fusion von drei großen Eisenbahngesellschaften: der Great Northern, Great Central und Great Eastern, Regierung und Parlament ausdrücklich in die von diesen Gesellschaften eingebrachte Bill den Grundsatz eingefügt: daß bei solchen Eisenbahnvereinigungen, die ja hauptsächlich zur Beseitigung des gegenseitigen Wettbewerbs erfolgen, die allgemeinen Verkehrsinteressen gebührend gewahrt werden müssen, daß in ihrer Folge Industrie und Landwirtschaft nicht schlechter gestellt werden dürfen als bisher. Handelsminister Churchill erklärte sehr energisch, daß die in England allgemein im Gange befindliche Bewegung des Zusammenschlusses der Eisenbahnen nicht zu einer Erhöhung der Gütertarife führen dürfe. Wir verweisen u. a. auf die Verhandlungen des Unterhauses vom 23. März und 6. April d. J.

Schließlich zogen die drei englischen Eisenbahngesellschaften ihren Gesetzesantrag ganz zurück, weil nach ihrer Ansicht Regierung und

Parlament zu viel Garantien für die Interessen des Publikums bei der Verschmelzung verlangten. Handelsminister Churchill aber versprach trotzdem, auf eine Anregung in der Unterhaussitzung vom 27. April d. J., allgemein eine parlamentarische Untersuchung zwecks Sicherung der Verkehrsinteressen bei Eisenbahnfusionen in Erwägung ziehen zu wollen.

In Holland wird eben sogar eine Herabsetzung der Personentarife vorgenommen. Ueber den neuen, von den beiden großen niederländischen Eisenbahngesellschaften der Regierung zur Genehmigung vorgelegten Personentarif schreibt die „Zeitung des Vereins Deutscher Eisenbahnverwaltungen" nach ziffermäßigen Darlegungen: „Die Einführung der vorgeschlagenen Tarife wird gegenüber einzelnen geringfügigen Fahrpreiserhöhungen sehr bedeutende Fahrpreisermäßigungen im Gefolge haben; sie wird ferner eine nicht zu unterschätzende Vereinfachung durch die Aufhebung zahlreicher Ausnahmetarife und die Annahme gleicher oder gemeinschaftlicher Tarife durch beide Gesellschaften herbeiführen."

Zum Vergleich der Gütertarife verschiedener Länder möchten wir noch auf den Vortrag hinweisen, welchen Herr Dr.-Ing. E. Schrödter in der Hauptversammlung des Vereins Deutscher Eisenhüttenleute am 3. Dezember 1905 über die Rohstoff-Gütertarife der Eisenindustrie gehalten hat. (S. „Stahl und Eisen", Zeitschrift für das deutsche Eisenhüttenwesen Nr. 24 vom 15. Dezember 1905.) Dort wurde mit eingehenden Zahlen, auf Grund aller in Betracht kommenden Tarife, u. a. der Beweis geführt, daß Eisenerze bei 50 km bis zu 15 pCt., bei 100 km bis zu 4,2 pCt., bei 200 km bis zu 15,4 pCt. und bei 350 km bis zu 23,5 pCt. billiger in Belgien als in Deutschland verfrachtet wurden; ferner Eisenerze in Frankreich bei 50 km bis zu 24,6 pCt., bei 100 km bis zu 21,6 pCt., bei 200 km bis zu 14,8 pCt. billiger als in Deutschland. Für Kalkstein waren in Belgien die Frachten bei 50 km bis zu 46 pCt., bei 100 km bis zu 34,7 pCt., bei 200 km bis zu 46 pCt., bei 350 km bis zu 52,4 pCt. billiger als in Deutschland; in Frankreich 41—48 pCt. billiger. Kohlen wurden in Belgien zwar bei 50 km bis zu 24,6 pCt. und bei 100 km bis zu 1 pCt. teurer, aber bei 200 km bis zu 5,3 pCt. und bei 350 km bis zu 15,9 pCt. billiger als in Deutschland gefahren; Koks bei 50 km bis zu 9,2 pCt., bei 100 km bis zu 1 pCt. teurer, aber bei 200 km bis zu 17 pCt. und bei 350 km bis zu 26,7 pCt. billiger. Die Kohlen- und Koksfrachten in Frankreich waren bei 200 km bis zu 11,8 pCt., bei 350 km bis zu 8 pCt. teurer als in Deutschland. Dieses Resultat ergibt sich aber nur, weil als billigster deutscher Tarif der Notstandstarif für das Siegerland eingesetzt ist, nach dem doch nur ein geringer Prozentsatz des gesamten Kohlen- und Koksbedarfs der deutschen Industrie verfrachtet wird und der auch nur zeitweilig zugestanden ist. Seither haben, wie schon bemerkt, die französischen und belgischen Eisenbahnen die Aufhebung deutscher billiger Ausfuhrtarife für Kohlen damit beantwortet, daß sie ihrerseits zur Gewinnung des betreffenden, bisher der deutschen Kohle gehörenden Marktgebietes die entsprechenden billigeren Ausfuhrtarife schufen. Dr.-Ing. Schrödter konstatierte ferner in dem zitierten Vortrag: Während in unseren Nachbarländern Frankreich und Belgien bei den neuerlichen Ausnahmeverfrachtungssätzen die Abfertigungsgebühren fast verschwinden, hält man in Deutschland noch unweigerlich an den alten Sätzen fest, die in früheren Zeiten wohl ihre Berechtigung gehabt haben mögen, heute aber nicht mehr besitzen.

Was die Vereinigten Staaten von Nordamerika anlangt, deren Industrieerzeugnisse immer mehr den deutschen Konkurrenz auf dem Weltmarkte und sogar bei uns im Lande selbst machen, so wird zwar seitens unserer Regierung und Staatsbahnverwaltung die Vergleichbarkeit der deutschen und amerikanischen Frachtsätze bestritten. Daß ein Vergleich in dieser Beziehung besonders schwierig ist, geben auch wir zu. Aber die Tatsache, daß im ganzen die amerikanischen Gütertarife niedriger sind als die deutschen, wird sich nicht abweisen lassen.

In der jetzt am 2. Mai abgehaltenen Hauptversammlung des Vereins Deutscher Eisenhüttenleute hielt der Direktor der Königlich Preußischen Geologischen Landesanstalt in Berlin, Herr Geheimer Bergrat Professor Dr. Beyschlag, einen Vortrag über die Eisenerzvorräte des Königreichs Preußen. Er betonte dabei, laut dem Bericht der „Köln. Volkszeitung" Nr. 372 vom 3. Mai, die große Wichtigkeit der Frachtenfrage. Bei mehr als 6 M. Fracht für die Tonne könne die Bauwürdigkeit eines mittleren Eisenerzlagers zweifelhaft sein; sie sei aber selbst bei einem reichen Lager keineswegs vorhanden, wenn die Fracht mehr als 10 M. betrage. Zwei Hilfsarbeiter von der Geologischen Landesanstalt gaben eine Darlegung des gesamten Vorkommens von Eisenerzen in Preußen und der Aussichten betreffs der Ausbeutung. Zum Schluß erklärte der Vorsitzende, Herr Kommerzienrat Springorum, aus den Vorträgen der Herren von der Geologischen Landesanstalt gehe hervor, daß die Frachten für Erze immer weiter herabzumindern seien, um die noch vorhandenen heimischen Lager eher ausbeuten zu können.

Diese Anführung möchten wir nur als ein Beispiel für die eminente nationale Wichtigkeit angemessener Frachtkosten überhaupt empfehlen. Der weitere Nachweis, wie solche nicht bloß für unsere Eisenindustrie, besonders auch für die Maschinenindustrie, sondern für alle Industriezweige, zumal betreffs der Rohstoffe und Massengüter, von hoher Bedeutung, vielfach geradezu eine Lebensfrage ist, mag sich hier erübrigen. Auch die soeben im Verlage von Julius Springer erschienene Schrift über Massengüterbahnen von Rathenau und Cauer hat im Grunde genommen dasselbe zum Zweck, was mit unseren Anträgen erstrebt wird, nämlich die Verbilligung der Gütertarife für Massengüter zum Zweck der Ermäßigung der Produktionskosten.

Wir dürfen wohl noch kurz daran erinnern, daß, als Preußen mit der großen Eisenbahn-Verstaatlichung vorging, in der Begründung des Verstaatlichungs-Gesetzentwurfs die allmähliche, dem wirtschaftlichen Bedürfnis des Landes entsprechende Reduktion der Tarife als notwendige Voraussetzung der gedeihlichen Entwickelung des Verkehrs hervorgehoben und ihre Fortführung als die Aufgabe der Staatseisenbahnverwaltung bezeichnet wurde. An derselben Stelle wurde klar zum Ausdruck gebracht, daß nur eine angemessene Verzinsung und Amortisation des in den Eisenbahnen angelegten Kapitals von den Tarifen beansprucht werden könne, und diese seinerzeitige Ueberzeugung der Königlichen Staatsregierung hat damals auch der Preußische Landtag durchaus geteilt und sanktioniert. Die Staatsbahnen sollten keine fiskalische Ausbeutungsquelle werden.

In der Verfassung des Deutschen Reichs vom 16. April 1871 bestimmt Art. 45, das Reich werde namentlich dahin wirken: daß die möglichste Gleichmäßigkeit und Herabsetzung der Tarife erzielt, insbesondere, daß bei größeren Entfernungen für den Transport von Kohlen, Koks, Holz, Erzen, Steinen, Salz, Roheisen, Düngungsmitteln und ähnlichen Gegenständen ein dem Bedürfnis der Landwirtschaft und Industrie entsprechender ermäßigter Tarif, und zwar zunächst tunlichst der Einpfennigtarif, eingeführt werde.

Die vorstehenden Ausführungen, namentlich betreffs des Auslands, glauben wir geltend machen zu dürfen zu dem Passus des Kommissionsberichts, wonach Eure Exzellenz gesagt haben sollen, Sie hätten bereits im vorigen Jahr darauf hingewiesen, daß die Nichterhöhung der Tarife angesichts der ungeheuren Steigerung der Selbstkosten tatsächlich einer Tarifermäßigung gleichkomme. Andere Länder trügen den veränderten Verhältnissen Rechnung. Bezüglich der Tarifgestaltung in Oesterreich, Ungarn, Schweiz, Rußland, Belgien, Vereinigten Staaten und England seien Erhebungen angestellt, aus denen sich das ergebe.

Die große Steigerung der Ausgaben und des Betriebskoeffizienten sind allerdings Erscheinungen, die sich in den letzten Jahren allgemein bei den Eisenbahnen, nicht bloß in Deutschland gezeigt haben. Erhöhungen der Gütertarife sind aber nur in einzelnen Ländern, in Rußland und in Oesterreich-Ungarn im Werke, deren Eisenbahnen so schlecht rentieren, wie es für einen ordentlichen kaufmännischen Geschäftsbetrieb auf die Dauer unmöglich ist, während die preußisch-hessischen Staatsbahnen ungefähr das Doppelte der landesüblichen Verzinsung ihres Anlagekapitals ergaben. Auf den österreichischen und russischen Staatsbahnen sind die Gütertarife bisher niedriger als bei uns, also eine mäßige Steigerung ist dort auch deshalb gerechtfertigt. Aber selbst in diesen Ländern gibt sich das ernste Bestreben kund, bei etwaigen Tariferhöhungen die Interessen der heimischen Industrie besonders gegenüber dem Auslande zu wahren. Anderwärts sind die Vorschläge auf Tariferhöhung abgewiesen.

Ueberaus schwer fällt ins Gewicht, daß bei uns, wie wir gesehen, seit einem Jahrzehnt die Frachtkosten auf etwa 3,54 Pf. stabil geblieben sind, während in den Konkurrenzstaaten England, Frankreich, Oesterreich, Amerika usw. dem heimischen Wirtschaftsleben durch ansehnliche Herabsetzung der Frachtkosten wachsende Erleichterung und Förderung zuteil ward. Andererseits sind der deutschen Industrie, die ohnedies schon durch teuereren Bezug von Roh- und Hilfsstoffen verschiedentlich ungünstiger gestellt ist als ausländische Konkurrenten, weit mehr soziale Lasten aufgebürdet worden. Wir wiederholen nach alldem unsere Ansicht dahin, daß ein Vergleich mit dem Ausland eher geeignet ist, Erleichterungen unserer Gütertarife als Erhöhungen hervorzurufen.

Tatsächlich ist die deutsche Industrie, den Verhältnissen Rechnung tragend, mit ihren Wünschen sehr bescheiden geworden. Noch im Jahre 1905 hat das Preußische Abgeordnetenhaus unter Zustimmung aller Parteien allgemein die Kgl. Staatsregierung ersucht, „planmäßiger als bisher auf die Ermäßigung der Tarife, insbesondere für solche Güter Bedacht zu nehmen, welche als Produktionsmittel oder Produkte der heimischen Gütererzeugung für deren Ertragsfähigkeit, insbesondere für die Ertragsfähigkeit von Handel und Industrie, von großer Bedeutung sind". Der Centralverband Deutscher Industrieller hat sich in seiner Eingabe vom 15. Oktober 1906 darauf beschränkt, um eine Herabsetzung der Abfertigungsgebühren bei der Verfrachtung in erster Reihe von Massengütern zu bitten. Ein gangbarer Weg würde es dabei vielleicht sein, die Ermäßigung der Abfertigungsgebühr abhängig zu machen von der gleichzeitigen Auflieferung von etwa 30 bis 50 t mit einem Frachtbrief oder an einen Empfänger unter der Bedingung der Wagenausnutzung. Hiermit würde sich auch der Begriff „Massengüter“ charakterisieren lassen. Es kann ja zugegeben werden, daß die Ermäßigung der Abfertigungsgebühr für alle Güter so bedeutende Ausfälle herbeiführen würde, daß diese Maßregel augenblicklich noch undurchführbar erscheint; anders aber ist es mit deren Anwendung auf Massengüter.

Wir dürfen uns zunächst darauf berufen, daß Eure Exzellenz selber eine solche Maßregel als im Grunde gerechtfertigt erklärt haben, in der Sitzung des Abgeordnetenhauses vom 19. März, mit folgenden Worten:

„Die jetzige Situation ist eine vorübergehende. Die Hoffnung, daß sich die finanzielle Lage der Staatseisenbahnen heben wird, ist zweifelsohne nicht unberechtigt. Andererseits stehe ich auf dem Standpunkte, daß die Verschlechterung des Verhältnisses der Ausgaben zu den Einnahmen zu allergrößter Vorsicht mahnt, weil wir heute noch nicht mit Zuverlässigkeit übersehen können, in welchem Umfange wir wirklich mit Konstanten zu rechnen haben, die uns dauernd belasten werden. Ich habe, als ich das Ministerium übernahm, meinerseits erwogen — ohne daß hierüber ein Beschluß des Staatsministeriums bisher herbeigeführt worden ist —, die Abfertigungsgebühren zu ermäßigen, aber nicht im allgemeinen. Die Ermäßigung der Abfertigungsgebühren für alle Güter würde eine verfehlte Maßregel sein und die gesamte Staatsverwaltung mit Ausfällen belasten, die in keinem Verhältnis zu den Vorteilen für den Verkehr stehen. Ich habe nur an eine Ermäßigung der Abfertigungsgebühren denken wollen in Verbindung mit der Einführung von Wagen großer Tragfähigkeit, weil ich davon ausgehe, daß die Ermäßigung der Abfertigungsgebühr für Beförderung in solchen Wagen — soweit nicht schon jetzt Ausnahmetarife unter der Bedingung der Ausnutzung der Tragfähigkeit gewährt werden — einen starken Anreiz für die Benutzung dieser großen Wagen geben wird und damit zu einer Betriebsverbilligung führt, die die Staatseisenbahnverwaltung sehr wohl brauchen kann.“

„Ich glaube ferner, daß man auf die Dauer ohne Gefährdung der Staatseisenbahneinnahmen an einen weiteren Ausbau unserer Rohstofftarife zu gegebener Zeit denken kann. Diesen Ausbau habe ich mir so vorgestellt, daß die Ermäßigung staffelförmig auf größere Entfernungen gewährt werden soll. Sie wird zunächst vorübergehende Einnahmeausfälle herbeiführen, die aber durch die Erfahrungen früherer Jahre später doch ausgeglichen werden.“

Diesen Ausbau der Rohstofftarife mit Ermäßigungen hofft die Industrie in absehbarer Zeit realisiert zu sehen. Heute möchten wir uns vor allem an die Ermäßigung der Abfertigungsgebühren halten, wie sie in dem von Eurer Exzellenz vorgezeichneten Rahmen allseitig im Abgeordnetenhause gebilligt wurde. Es war zugleich bemerkenswert, daß im Laufe der Debatten auch auf anfänglich sehr wenig geneigt scheinender konservativer Seite eine entgegenkommendere Stimmung sich geltend machte. Dort hatte zunächst Herr Graf von der Groeben den Ton angegeben, indem er betreffs der Tarife sagte: „Ich möchte den Herrn Minister bitten, auf das äußerste vorsichtig zu sein und zu überlegen, ob wir nicht in manchen Punkten eher zu einer Erhöhung der Tarife kommen müssen." Diesem Standpunkt wurde nicht nur von den nationalliberalen Rednern Macco und Hirsch und den freisinnigen Gyßling und Pachnike entgegengetreten, sondern auch der freikonservative Abgeordnete Freiherr v. Zedlitz erklärte: „Man wird daher den vom Herrn Abgeordneten Grafen von der Groeben ausgesprochenen Gedanken, die Gütertarife eher zu erhöhen als zu verbilligen, grundsätzlich abweisen müssen." Aus dem Zentrum bemerkte Abgeordneter Schmedding: „Was die Gütertarife anlangt, so haben meine Freunde nichts dagegen zu erinnern, wenn die Eisenbahnverwaltung allmählich den Plan durchsetzt, die Abfertigungsgebühr bei Verwendung größerer Wagen zu ermäßigen und die Rohstofftarife abzustaffeln." Und schließlich wies der konservative Abgeordnete Stroßer, unter Beifall aus den Reihen seiner Partei, die von einigen Vorrednern aus anderen Parteien geäußerte Meinung energisch zurück, „daß die konservativen Redner hier für die Verteuerung der Tarife eingetreten seien". Er hielt dem entgegen, Graf von der Groeben habe nur gesagt, daß, wenn in kritischen Zeiten von einer Verteuerung oder Verbilligung die Rede sei, dann in einigen Punkten noch eher einer Verteuerung als einer Verbilligung das Wort geredet werden könne. Abgeordneter v. Quast habe dann aber ausdrücklich hinzugefügt, daß die Konservativen sich enthalten würden, irgendwelche Anträge auf Erhöhung der Tarife zu stellen.

Im Abgeordnetenhause war man also allgemein für die Ermäßigung der Abfertigungsgebühren und auf konservativer Seite wenigstens nicht dagegen. Liegen nun, so möchten wir weiter fragen, genügende Gründe vor, um die Durchführung der von Euer Exzellenz selbst schon seit einigen Jahren in Aussicht genommenen Verkehrserleichterung weiter auf unbestimmte Zeit zu verschieben? Wir glauben nicht. Es ist anerkannt, daß die Leistungen der Eisenbahnverwaltung bei der Abfertigung nicht eigentlich von der Größe des Wagens und dem Gewicht der Ladung abhängen, daß sie vielmehr im wesentlichen für jeden Wagen die gleichen sind. Es hat also keine innere Berechtigung, wenn jetzt beim Gebrauch der größeren Wagen von 15 oder 20 t, den doch die Staatsbahnverwaltung zur Erleichterung ihres Betriebs selber wünscht und fördern will, ihr für gleiche Leistungen 50 oder 100 pCt. mehr gezahlt werden müssen als bei der Verwendung der früher allgemein üblichen 10-Tonnenwagen. Ein solches unbilliges und unrationelles Verfahren sollte unter allen Umständen so bald als möglich beseitigt werden.

Zurzeit liegen aber noch besondere Gründe für eine endliche Verwirklichung vor. Es steht das Wirtschaftsleben nach harter Krise vor neuen Hoffnungen und leisen Anzeichen der Besserung. Da ist es doch wohl Aufgabe und eigenes Interesse des Staats und der Staatsbahnen, diesen Weg so schnell und so weit immer möglich zu ebnen und nicht Maßnahmen hintanzuhalten, welche, wie die Ermäßigung der Abfertigungsgebühren für größere Wagen, der einfachen geschäftlichen Billigkeit entsprechen und finanziell der Staatskasse keine großen und keine dauernden Ausgaben veranlassen. Es kommt weiter hinzu, daß nach der vom Abgeordnetenhause unter grundsätzlicher Zustimmung der Regierung angenommenen Resolution nunmehr eine neue Regelung der Finanzgebarung der Staatsbahnverwaltung geschaffen werden soll, um eine bessere Abgrenzung der allgemeinen Staatsfinanzen und der Eisenbahnfinanzen und größere Stetigkeit zu schaffen. Laut Ankündigung des Herrn Unterstaatssekretärs von Dombois hofft die Staatsregierung im nächsten Jahre eine solche Vorlage zu machen, wozu natürlich baldigst Vorbereitungen notwendig sind. Gerade bei bzw. vor einer solchen durchgreifenden und wichtigen Reform wäre es angebracht, Einzelfragen, die mit ihr zusammenhängen und auf sie von Einfluß zu sein vermögen, zu regeln. Laut eigener Erklärung haben Eure Exzellenz, als Sie das Ministerium der öffentlichen Arbeiten übernahmen, also schon vor drei Jahren, erwogen, die Abfertigungsgebühren zu ermäßigen, es ist aber bis heute noch kein Beschluß des Staatsministeriums darüber herbeigeführt. Es wäre sehr zu begrüßen, wenn eine solche sichere Bodenstellung für das Werk nunmehr erfolgte, auf Grund deren doch noch eingehendere Detailarbeiten vorzunehmen sein werden.

Im einzelnen möchten wir für die Durchführung noch folgendes der geneigten Erwägung empfehlen. Eure Exzellenz erklärten im Abgeordnetenhause, daß die Ermäßigung der Abfertigungsgebühren für Beförderung in Wagen großer Tragfähigkeit einen starken Anreiz für die Benutzung dieser großen Wagen geben werde und damit zu einer Betriebsverbilligung führe, „soweit nicht schon jetzt Ausnahmetarife unter der Bedingung der Ausnutzung der Tragfähigkeit gewährt werden". Es kann nicht angenommen werden, daß damit die Absicht ausgedrückt werden soll, die hierunter fallenden Güter von der Ermäßigung auszuschließen, da dann unter gleichen Voraussetzungen Inkonsequenzen und Benachteiligungen einzelner Güterarten eintreten würden, besonders solcher, für die eine Abfertigungsgebühr von 7 oder 6 Pf. gilt. Wenn die Ermäßigung der Abfertigungsgebühren in der vorbezeichneten Weise beschränkt werden sollte, so würde davon eine große Reihe von Rohstoffen ausgeschlossen sein, namentlich die in den Ausnahmetarifen 2, 4b, 5, 6 und 7 genannten Massengüter, die für die Industrie zum Teil von außerordentlicher Bedeutung sind.

Tatsächlich ist für folgende Güterarten durchweg die Anwendung der Ausnahmetarife an die Bedingung der Ausnutzung des Ladegewichts der gestellten Wagen geknüpft:

Gaskoks, von Gasanstalten versandt; Erde, gewöhnliche; Kies, Grand, Sand, Mergel, Lehm, Pfeifenerde, Schlick, Schlamm, Erze, wie im Spezialtarif III genannt, auch Schwefelkies; Rüben des Spezialtarifs III, sowie Schnitzel und Abfälle; Schlacken, ungeformt, auch Schlackenmehl, Schlackensand, Schlackenkies, Steingruß, Ton.

Steine der verschiedenen Arten zu Wegebauten.

Brennstoffe (Steinkohlen, Braunkohlen, Koks, Briketts), Koksasche usw.; Abbrände von Schwefelkies, Kupferkies usw.; Abfälle, eisenhaltige, der chemischen Industrie; Blechwaren, alte u. dgl., sämtlich zum zollinländischen Hochofenbetrieb und Bleihüttenbetrieb.

Diejenigen Güterarten, die ebenfalls hierhin gehören, für die die betreffenden Ausnahmetarife jedoch nur für bestimmte Verkehrsbeziehungen gelten, sind nicht aufgeführt.

Als große Wagen bzw. Wagen von größerer Tragfähigkeit müssen alle über 10 t fassenden Wagen gelten. In dieser Beziehung vermag eine Aeußerung des konservativen Abgeordneten Herrn von Quast im Abgeordnetenhause Irrtümer hervorzurufen, indem er sagte: „Auf der anderen Seite können wir dem Herrn Minister zustimmen, daß er die Abfertigungsgebühr für Wagen mit 20 t herabsetzen will." Tatsächlich haben Eure Exzellenz nichts davon gesagt und es hat auch wohl keiner der anderen Abgeordneten so aufgefaßt, daß die Maßregel auf 20-Tonnenwagen beschränkt werden soll. Es würde dies auch den gegebenen Verhältnissen und Erfordernissen keineswegs entsprechen. Die Beschränkung auf 20-Tonnenwagen mit der Begründung, daß dadurch ein starker Anreiz für die Benutzung

— das soll wohl heißen Ausnutzung — gegeben wäre, stellt die rein fiskalischen Interessen so sehr in den Vordergrund, daß wohl nicht daran gedacht werden kann, es solle hiermit auch das Verkehrsbedürfnis befriedigt werden.

Wir haben schon in unserer Eingabe vom 15. Oktober 1906 zahlenmäßig nachgewiesen, wie sich das Verhältnis der verschiedenen Wagenarten im gesamten Güterwagenpark der preußisch-hessischen Staatsbahnen stellte, und daß am 30. September 1905 durchschnittlich 100 000 Wagen ein Ladegewicht von insgesamt 1348 755 t besaßen. Damals betrug also das durchschnittliche Ladegewicht eines Wagens fast 13½ t, und wir konnten berechnen, daß eine Herabsetzung der Abfertigungsgebühr von 0,70 auf 0,52 M. für die Tonne lediglich den alten zuungunsten der Befrachter verschobenen Zustand wiederherstellen würde. Seither ist der Prozeß der allgemeinen Wagenvergrößerung noch erheblich fortgeschritten. Laut der amtlichen Nachweisung über die Bestände an Güterwagen des Staatswagenverbandes war der Gesamtbestand der Betriebswagen am 1. Oktober 1907: 351 141 mit 4 883 566 t Ladegewicht; am 1. Oktober 1908: 377 965 mit 5 323 641 t Ladegewicht. Die Zunahme der Stückzahl betrug 26 824, die Zunahme an Ladegewicht 440 075 t, so daß im Durchschnitt das Ladegewicht der vom 1. Oktober 1907 bis 1. Oktober 1908 eingestellten Güterwagen fast 16½ t ausmachte. In Prozenten belief sich der Zuwachs an Stück auf 7,6, an Ladegewicht auf 9 pCt. Das durchschnittliche Ladegewicht der am 1. Oktober 1908 vorhandenen Wagen betrug für bedeckte Wagen je 13,8 t, für offene Wagen (O, Ok, Oc) 13,9 t, für lange offene Wagen und sogenannte Spezialwagen 16,5 t und für sämtliche Wagen zusammen je 14 t. Der Durchschnitt hat sich also seit drei Jahren wieder um mehr als eine halbe Tonne gehoben.

Wenn man hiernach das in unserer Eingabe vom 15. Oktober 1906 angewendete, für den Rohstofftarif, den Eisenerztarif und den Kalitarif geltende Beispiel umrechnet, so würde in diesen Tarifen eine Herabsetzung der Abfertigungsgebühr von 0,70 M. für die Tonne auf 0,50 M. gerechtfertigt sein.

Bald aber werden wir bei dem 15-Tonnenwagen als Durchschnitts- und Normalwagen angelangt sein. Für die Zeit vom 1. Oktober 1908 bis 1. Oktober 1909 sind als Zugang vorgesehen 14 886 Wagen mit einem Gesamtladegewicht von 249 000 t oder mit einem durchschnittlichen Ladegewicht von ungefähr 17 t. Die zur Verladung von 15 t Koks und 20 t anderer Massengüter bestimmten Wagen (Omm) sind hier mit 20 t Ladegewicht angenommen.

Jedenfalls spricht auch die rasch fortschreitende Vergrößerung der Wagen für unsere dringliche Bitte, die dahin geht,

das Ministerium der öffentlichen Arbeiten möge die in Aussicht genommene Ermäßigung der Abfertigungsgebühren in einer allen Interessen möglichst gerecht werdenden Weise schleunigst durchführen.

10.

Institut für ausländisches Recht.

Rundschreiben an

sämtliche Mitglieder des Centralverbandes Deutscher Industrieller.

Berlin, den 15. Februar 1909.

Unter Bezugnahme auf unser Rundschreiben vom 8. Oktober 1908 — Nr. 13 Reihe B — gestatten wir uns mitzuteilen, daß das Direktorium des Centralverbandes Deutscher Industrieller nunmehr beschlossen hat, die Absicht der Errichtung eines Instituts für ausländisches Recht in die Tat umzusetzen.

Das Institut erteilt Auskunft und erstattet Gutachten in allen auswärtigen Rechtsfragen des öffentlichen und privaten Rechts, insbesondere wird es darüber Rat erteilen, ob sich eine Sache zur Rechtsverfolgung im Auslande eignet, und an welcher Stelle sie gegebenenfalls dort anhängig zu machen ist; es werden zuverlässige auswärtige Rechtsanwälte empfohlen und auch Honorare mit diesen vereinbart werden.

Die Geschäftsführung des Instituts, das vorläufig als eine besondere Abteilung dem Centralverbande Deutscher Industrieller angegliedert wird, liegt bis auf weiteres in den Händen des Regierungsrats Dr. Bartels; alle Anfragen sind an die Geschäftsführung des Centralverbandes und nicht an die Internationale Vereinigung für vergleichende Rechtswissenschaft und Volkswirtschaftslehre zu richten.

Um möglichst weiten Kreisen der dem Centralverbande angehörigen Industriellen die Vorteile des Instituts zugänglich machen zu können, wird ein Abonnement eröffnet, das mit 100 M. beginnt, hierfür werden 5 Auskünfte oder Gutachten erteilt. Abonnent kann jedes Einzelmitglied des Centralverbandes bzw. jedes Mitglied einer ihm angeschlossenen Vereinigung werden; die Vereinigungen können nur für sich selbst, nicht für ihre Mitglieder abonnieren.

Außerhalb des Abonnements erhalten Angehörige des Centralverbandes oder einer ihm angeschlossenen Vereinigung Einzelgutachten und Auskünfte zum Betrage von je 30 M.

Es bleibt vorbehalten, wenn für Beschaffung eines Gutachtens oder einer Rechtsauskunft ganz besondere Arbeiten oder Aufwendungen erforderlich werden, sowohl von Abonnenten als auch von Nichtabonnenten ausnahmsweise eine Sondervergütung zu verlangen, wenn irgend möglich soll hiervon vorher Mitteilung gemacht werden.

Die Einzelmitglieder und Vereinigungen, die sich bereits zur Zahlung von Beiträgen über 100 M. verpflichtet haben, gelten als Abonnenten, sie erhalten im Rahmen ihrer Zeichnung Gutachten und Auskünfte, die auf ihren Beitrag angerechnet werden. Soweit die gezeichneten Beiträge sich unter 100 M. befinden und nicht erhöht werden, werden sie den Zeichnern bei der Erteilung von Gutachten und Auskünften angerechnet werden. Alle diejenigen, die für das Institut gezeichnet haben, bitten wir, den Beitrag für das laufende Jahr baldgefälligst an die Direktion der Diskontogesellschaft, Unter den Linden Nr. 35, auf das Konto des Centralverbandes mit der Bezeichnung „Institut für ausländisches Recht" einzahlen zu wollen.

Diejenigen Vereinigungen, die bisher sich zu Beiträgen nicht entschlossen haben, bitten wir, uns zur Deckung der allgemeinen Unkosten für die nächsten drei Jahre eine Summe zur Verfügung zu stellen; die Vereinigung wird hierdurch, je nach der Höhe des zur Verfügung gestellten Betrages unter den vorstehenden Bedingungen für sich, nicht aber für ihre Mitglieder, Abonnent oder erhält in Anrechnung auf ihren Beitrag Einzelgutachten oder -Auskünfte. Weitere Druckstücke dieses Rundschreibens werden den Vereinigungen zur Versendung an ihre Mitglieder auf Wunsch zur Verfügung gestellt.

Alle Mitglieder des Centralverbandes machen wir auf die Vorteile des Abonnements ganz besonders aufmerksam, das im Vergleiche zu den sehr hohen Gebühren, die an Rechtsanwälte des In- und Auslandes für Rechtsauskünfte und Gutachten zu zahlen sind, als ganz außerordentlich niedrig zu bezeichnen ist. Wir bitten auch darum, nach Möglichkeit das Institut benutzen zu wollen, es wird sich dadurch am besten erweisen, daß wirklich zuverlässige und praktische Ratschläge erteilt werden können.

Schließlich besteht die Absicht, das Institut auch solchen zugänglich zu machen, die in gar keinen Beziehungen zum Centralverbande Deutscher Industrieller stehen; diese erhalten Einzelauskünfte und Gutachten für 50 M. vorbehaltlich besonderer Vereinbarungen.

11.

Handelsverträge — Export.

Rundschreiben an **die körperschaftlichen Mitglieder des Central-verbandes Deutscher Industrieller.**

Berlin, den 15. Mai 1909.

Vom Reichsamt des Innern ist eine Aufzeichnung über die Gestaltung der deutschen Ausfuhr im verflossenen Jahre herausgegeben worden, welche dartun soll, daß die Klagen über ungünstige Wirkungen der neuen Handelsverträge auf unseren Außenhandel nicht zutreffend seien. Unseres Erachtens ist ein solcher Nachweis in der vorliegenden Regierungsausarbeitung nicht erbracht. Die Folgen der Handelsverträge nach ungünstiger oder günstiger Richtung lassen sich heute überhaupt noch nicht genügend feststellen; aber es ist von hoher Wichtigkeit, zur gegebenen Zeit tunlichste Klarheit auf diesem hochwichtigen Gebiet zu schaffen. Und zu diesem Zwecke, glauben wir, kann allerdings die jetzige Publikation des Reichsamts des Innern Verwendung finden. Es werden darin Angaben über einzelne Industriezweige — chemische Industrie, Textilindustrie, Eisenindustrie, Maschinenindustrie und Elektrotechnik, Lederindustrie, Kautschukindustrie, Papierindustrie, Tonwarenindustrie, Glasindustrie, Musikinstrumentenindustrie, Fahrradindustrie, Uhrenindustrie, Kinderspielzeug — vorgeführt, die übrigens auf Vollständigkeit keinen Anspruch machen können, sondern verschiedentlich nur dürftig sind und sich zumeist auf unseren Export nach Oesterreich-Ungarn beziehen.

In einer längeren, den Einzeldarlegungen vorausgeschickten allgemeinen Betrachtung hebt das Reichsamt des Innern die bekannte Tatsache hervor, daß unter der Depression des wirtschaftlichen Lebens der Rückgang unserer Ausfuhr im Jahre 1908 relativ nicht stark gewesen ist. Der Gesamtausfall im Jahre 1908 gegenüber 1907 wird mit 97,8 Millionen Mark, d. h. noch nicht 1 ½ pCt. unseres Gesamtexports berechnet. Diese verhältnismäßig geringe Gesamtabnahme ist im wesentlichen zurückzuführen auf den sehr stark gesteigerten Export land- und forstwirtschaftlicher Erzeugnisse, der 1908 gegen das Vorjahr um 86,5 Millionen Mark zunahm; die ungewöhnlich große deutsche Getreideausfuhr hat sogar wirtschaftlich bedenkliche Erscheinungen gezeitigt. Auf dem industriellen Gebiet dagegen stehen, wie die Darlegung des Reichsamts des Innern selbst zugibt, neben einigen unerheblichen Zunahmen doch auch sehr bedeutende Exportausfälle in gewichtigen Industriezweigen. So hat die Ausfuhr an Textilprodukten um 152 Millionen Mark abgenommen, die an Erzeugnissen der chemischen Industrie um rund 26 Millionen, Edelmetallwaren um 37 Millionen, Tonindustrie um 12½ Millionen, Glasindustrie 10,6 Millionen, Papier und Papierwaren 4,7 Millionen usw. Wenn andererseits die Ausfuhr von Leder und Lederwaren und namentlich von Eisen und anderen unedlen Metallen und Waren daraus (+ 35,6 Millionen Mark), sowie an Maschinen und elektrotechnischen Erzeugnissen (+ 31,2 Millionen Mark) bemerkenswert sich gehoben hat, so ist hier besonders wie überhaupt betreffs der gesamten Ausfuhrstatistik in Betracht zu ziehen, daß bei den jetzigen Zusammenstellungen aus dem Jahr 1908 noch die für 1907 ermittelten, zweifellos im ganzen höheren Warenwerte zugrunde gelegt sind, daß also das Bild unserer Ausfuhr sich erheblich weniger befriedigend gestalten dürfte, wenn erst die richtigen, für 1908 noch zu ermittelnden, vielfach bedeutend gesunkenen Wertzahlen eingestellt werden. Es muß weiter berücksichtigt werden, daß der Export des Jahres 1908 von Eisen, unedlen Metallen und Waren daraus und besonders von Maschinen zu einem recht erheblichen Teile auf Grund von Abschlüssen und Aufträgen erfolgt ist, die in dem noch guten Jahre 1907 eingegangen waren. Bei Beachtung dieser Umstände dürfte der Verfasser der in Rede stehenden Arbeit des Reichsamts des Innern aus dem Ergebnis des Exports wohl wenige günstiger Schlüsse für die Wirkung unserer neuen Handelsverträge ziehen können.

Besonders hervorheben möchten wir einen Passus, der dafür spricht, wie man an den maßgebenden Regierungsstellen nunmehr den vom Centralverband Deutscher Industrieller von Anfang an und wiederholt beklagten schweren Fehler einzusehen scheint, welcher damit begangen wurde, daß auf industriellem Gebiet mit unserem neuen Zoltarif ein zum Abschluß neuer Handelsverträge ganz ungenügendes Rüstzeug geschaffen ward. Da waren andere Länder klüger und ungenierter. Das Reichsamt des Innern schreibt nämlich:

„Nicht wegen der neuen Handelsverträge, nicht durch diese Verträge, sondern trotz derselben sind die Auslandszölle häufig höher geblieben als sie früher waren. Die Sachlage war einfach so, daß das Ausland, um seiner Industrie gegen unseren Wettbewerb einen erhöhten Schutz zu bieten, seine Zollsätze autonom sehr stark in die Höhe setzte, daß es uns dann bei den Handelsvertragsverhandlungen zwar durchgängig gelang, diese Erhöhungen wieder herabzumindern, daß auch in den Verträgen unserer Vertragsstaaten mit dritten Ländern noch ein weiteres Herabdrücken erfolgte, daß aber trotz alledem noch für wichtige Gruppen nicht unerhebliche Zollerhöhungen verblieben sind."

Hätten wir ebenfalls, wie das Ausland, zunächst unsere Industriezölle stark heraufgesetzt, um bessere Kompensationen für uns, ebenso starke Waffen wie unsere Gegner, bei den Handelsvertragsverhandlungen zu haben, dann wären wir wohl bei den Handelsverträgen weniger schlimm gefahren, als es wirklich der Fall ist. Wenn übrigens das Reichsamt des Innern hervorragenden Wert auf den versuchten Nachweis legt, daß unsere Ausfuhr gerade mit einzelnen Vertragsländern, die ihren Zolltarif erhöhten, relativ auf befriedigender Höhe geblieben sei, während der deutsche Export nach anderen Staaten, mit denen wir keine Tarifverträge besitzen, weniger gut abgeschnitten habe, so würde diese Tatsache wenigstens nicht für die Nützlichkeit unseres allgemeinen Meistbegünstigungssystems sprechen.

Zwar läuft die Mehrzahl unserer Handelsverträge noch bis zum Jahre 1917; aber der wichtige schwedische Vertrag endet schon 1910, mit Portugal schwebt ein Handelsvertrag, die nur halbjährige Kündigung unseres Vertrags mit den Vereinigten Staaten von Nordamerika ist schon im Werke. So liegt es im dringenden Interesse der deutschen Industrie, rechtzeitig gerüstet zu sein, um nicht wieder das Opfer zu werden, wie sie es bei den im März 1906 in Kraft getretenen Verträgen geworden ist. Und die eifrige Pflege, die bei aller grundlegenden Bedeutung des inneren Marktes unserem Export zuteil werden muß, hat der Centralverband Deutscher Industrieller nie verkannt; er wird dafür auch weiterhin mit allen Kräften Sorge tragen.

In diesem Sinne, um weiteres Material zur Aufklärung zu gewinnen, beehren wir uns, umstehend den Ihren Industriezweig betreffenden Teil der jetzigen Kundgebung des Reichsamts des Innern zu übersenden mit der ergebensten Bitte, uns Ihre Bemerkungen zur Sache bzw. Aeußerungen Ihrer Mitglieder bis zum 1. Oktober d. J. zu übersenden. Weitere Exemplare dieses Rundschreibens bis zum 1. Juni stehen auf Wunsch gern zur Verfügung.

Zum Entwurf

einer

Reichs-Versicherungsordnung.

Von Direktor Meesmann-Mainz.

Allgemeines.

I. Aeußeres.

Die Reichs-Versicherungsordnung stellt eine Kodifikation der bestehenden Gesetze über Kranken-, Unfall- und Invaliditätsversicherung dar, unter Neuanfügung der Hinterbliebenenversicherung.

Die einzelnen Versicherungszweige sind getrennt behandelt, für die Unfallversicherung sind außerdem besondere Abschnitte für die gewerbliche, landwirtschaftliche und See-Unfallversicherung vorhanden. Nur das seitherige besondere Bau-Unfallversicherungsgesetz ist mit der Gewerbe-Unfallversicherung verschmolzen. Für alle Versicherungszweige gemeinsame Bestimmungen sind im I., V. und VI. Buch zusammengefaßt.

Diese Behandlung der ganzen Materie bringt es mit sich, daß erstens das Werk sehr umfangreich ausgefallen ist (1793 Paragraphen), zweitens daß man, um auch nur über eine Versicherungsart sich zu informieren, verschiedene Teile des Buches aufschlagen muß, ja daß man über eine einzelne Frage eines einzelnen Versicherungszweiges oft erst durch Heranziehung der verschiedensten Stellen des Buches Auskunft erhält. Eine besondere Erschwerung in der Handhabung des Gesetzes liegt ferner in der durch seine Anordnung bedingten häufigen Bezugnahme auf andere Paragraphen.

Die Anordnung hat gewisse Vorteile für Behörden, die sich mit der ganzen Versicherungsmaterie berufsmäßig beschäftigen müssen und scheint insbesondere auf die neuen Versicherungsämter zugeschnitten, für den Laien und die ehrenamtlichen Organe der Versicherungsträger dürfte sie die Orientierung von vornherein sehr erschweren. Der Vergleich mit der Gewerbeordnung trifft nicht zu, weil in der Gewerbeordnung jede einzelne Frage nur an einer bestimmten Stelle behandelt ist. Auch ist die Gewerbeordnung keineswegs populär, was doch die Versicherungsgesetze in hervorragendem Maße sein sollen. Die übrigen umfangreichen Gesetze, wie das Bürgerliche Gesetzbuch und die Zivilprozeßordnung, sind von vornherein für den Berufsjuristen, nicht für den Laien bestimmt. Auch bei dem Gesetz über den Versicherungsvertrag liegen ganz andere Verhältnisse vor in bezug auf den Gegenstand und die Verwaltung.

Die Sprache und die Gliederung der Abschnitte im einzelnen enthalten manche Verbesserungen gegenüber den bestehenden Gesetzen.

II. Stellung der Denkschrift zur Frage der Verschmelzung der Versicherungszweige.

Die Reichsregierung hat sich von der Absicht einer Verschmelzung der Versicherungszweige und von der Auffassung des Grafen Posadowski, nach welcher die gegenwärtigen Organisationen im wesentlichen das „Zufallsprodukt einer chronologischen Entwickelung“ seien, völlig abgewandt. Die Begründung sagt sehr richtig, die Schwierigkeiten einer Zusammenlegung „müssen um so mehr beachtet werden, als sie zu einem großen Teil im inneren Wesen der einzelnen Versicherungszweige selbst, besonders in der ganz verschiedenen Natur ihrer Risiken begründet sind“ (S. 4). Sie konstatiert, daß die Stimmen derjenigen Kenner in neuerer Zeit an Zahl und Bedeutung zugenommen habe, „welche von der völligen Verschmelzung aller oder wenigstens einzelner Zweige der Versicherung abraten und auf die mannigfachen Vorteile hinweisen, die gerade der Sonderung der Organisation zu danken seien und deren Mängel mindestens das Gleichgewicht hielten“ (S. 4). Den Ausschlag gibt aber die Erwägung, daß „immer noch keine Organisation gefunden ist, von der sich auch nur mit einiger Sicherheit sagen ließe, sie vereinige in sich die Vorzüge der seitherigen Organisationen, vermeide aber deren Mängel“ (S. 4). Die Freunde der Verschmelzung bestehen fast ausschließlich aus Vertretern der Invalidenversicherung, die schon jetzt bureaukratisch verwaltet wird, übrigens auch eine bureaukratische Verwaltung ihrer Natur nach am ehesten verträgt und aus solchen Theoretikern, die sich mit dem inneren Wesen der Selbstverwaltung bei Krankenkassen und Berufsgenossenschaften augenscheinlich nicht näher beschäftigt haben, sondern denen es nur um einfache Konstruktionen zu tun ist, die äußerlich sehr schön aussehen, praktisch aber nicht zu gebrauchen sind.

Die Denkschrift geht auch (S. 7) auf die Frage ein, ob durch die Verschmelzung eine Verminderung der Kosten zu erwarten sei und verneint sie. Die Leistungen der Versicherung seien von der Organisation unabhängig; eine Herabsetzung der Unfallrenten auf die Höhe der Invalidenrenten sei unvereinbar mit den Interessen der Versicherten und mit den Beziehungen der Unfallversicherung zur allgemeinen Haftpflicht, während an eine Erhöhung der Invalidenrenten auf die Leistungen der Unfallversicherung wegen der finanziellen Folgen nicht zu denken sei.

Die Verwaltungskosten würden bei der Verschmelzung dadurch beeinflußt, daß die einheitlichen Versicherungsträger örtliche Organe gebrauchen würden; in den Centralorganen könnten vielleicht einzelne Arbeitskräfte erspart werden, dafür müßten aber viele ehrenamtliche Organe durch Berufsbeamte ersetzt werden: „Alles in allem spricht demnach die Vermutung nicht für ein nennenswertes Herabgehen der Kosten als Folge der Vereinheitlichung der Versicherungsträger."

Auch die verschiedene Form der Beiträge sei durch eine Vereinheitlichung nicht zu beseitigen. „Die Gründe dafür, daß die Beiträge für die einzelnen Versicherungszweige jetzt in verschiedener Form aufzubringen sind, beruhen nur zum kleinsten Teil auf der Verschiedenheit der Versicherungsträger. Sie liegen vielmehr überwiegend in der inneren Verschiedenheit der einzelnen Versicherungsarten und ihres Risikos und würden deshalb insoweit auch bei einer Verschmelzung kaum wegfallen können."

III. Urteil der Denkschrift über die Bewährung der bisherigen Gesetze.

Die Denkschrift sagt (S. 1): „Sie" (die Grundgedanken der bestehenden Gesetze) „haben sich vollauf bewährt; nur einzelne Unvollkommenheiten will der Entwurf beseitigen, die ... geringfügig erscheinen, wenn sie an der Größe und dem Erfolg des Ganzen gemessen werden." Besonders warme Anerkennung zollt die Denkschrift den Betriebskrankenkassen und Berufsgenossenschaften.

Bezüglich der Betriebskrankenkassen zitiert sie (S. 56) aus dem Kommissionsbericht zum ersten Krankenversicherungsgesetz: „Eine gut eingerichtete Betriebskrankenkasse ist die für den Arbeiter erwünschteste Form der Krankenversicherung." Die Leistungen der Betriebskrankenkassen seien erheblich höher wie die der übrigen: auf je einen Versicherten berechnet sich nach der Denkschrift (S. 57) der Mehrempfang für Krankheitskosten gegenüber der Leistung der Arbeiter bei den Betriebskrankenkassen auf 8,67 Mk., bei den Ortskrankenkassen dagegen nur auf 5,28 Mk. (1907). Sie sagt hierzu: Es liegt auf der Hand, wie vorteilhaft diese Art der Regelung für den Versicherten ist."

Zurückgewiesen werden die Vorwürfe gegen den Mißbrauch der Arbeitgeberautorität in den Betriebskrankenkassen (S. 56). „Ein Mißbrauch der Arbeitgeberautorität ist nirgends erwiesen und auch bei den abgehaltenen Besprechungen von den Arbeitnehmervertretern aus den Vorständen der Betriebskrankenkassen, die dazu doch am nächsten berufen wären, nicht behauptet worden." Zu dem Vorwurf, daß die Betriebskrankenkassen das Risiko der Ortskrankenkassen verschlechtern, werden Erklärungen der Arbeitgeber zitiert (S. 57) dahingehend, daß, wenn in vielen Betrieben die Arbeiter nach ihrem Gesundheitszustand ausgewählt und zu diesem Zweck vorher ärztlich untersucht würden, diese Maßnahme „nicht sowohl Sonderinteressen der Betriebskrankenkassen, als vielmehr die eigenen Interessen der Betriebe, namentlich aber der betreffenden Arbeiter selbst" verfolge und daß „das günstigere Risiko, das sich der Kasse etwa aus dem besseren Gesundheitszustand ihrer Mitglieder zur Zeit der Aufnahme darbiete, durch erhöhte Krankheitsgefahr des Betriebes meist mehr als aufgewogen" werde. Die Begründung fügt hinzu: „Man wird anerkennen müssen, daß diese Darlegungen wenigstens auf einen großen Teil der Fälle zutreffen. Sollten sie nicht alle erklären, so wird es sich doch immer nur um eine verhältnismäßig geringfügige Verschiedenheit des Risikos handeln, die gegenüber großen und leistungsfähigen Ortskrankenkassen, wie sie der Entwurf vorsieht, kaum ins Gewicht fällt."

Die Berufsgenossenschaften finden die gleiche Anerkennung, insbesondere sagt die Denkschrift (S. 15), „die Zweifel an der Sachlichkeit der Festsetzung von Unfallrenten entbehren jeder tatsächlichen Begründung." Diese Angabe bestätigt die Statistik. Im Jahre 1908 kamen nach dem Geschäftsbericht des Reichs-Versicherungsamtes auf hundert berufungsfähige Bescheide 17,67 Berufungen, also nur ein Sechstel der Bescheide ist von den Verletzten angefochten worden. Von den von den Schiedsgerichten zu bearbeitenden Streitsachen wurden nur 18,28 Prozent, also noch nicht ein Fünftel, zugunsten der Verletzten entschieden. Stellt man diese Zahl im Verhältnis zu der Zahl der berufungsfähigen Bescheide, so kann man sagen, daß etwa 3 Prozent der Bescheide von den Schiedsgerichten abgeändert wurden. Ferner betrugen 1908 die erledigten Rekurse der Versicherten 16,76 Prozent der rekursfähigen Schiedsgerichtsurteile und 3,31 Prozent der berufungsfähigen Bescheide; die Entscheidungen zugunsten der Versicherten machten aber nur 17,1 Prozent der Rekurse der Versicherten, 2,87 Prozent der Schiedsgerichtsurteile und 0,57 Prozent der Bescheide aus. Ein günstigeres Verhältnis läßt sich wohl nicht denken.

Das Reichs-Versicherungsamt äußert sich in seinem Geschäftsbericht für 1908 über die allgemeine Verwaltung bei den Berufsgenossenschaften folgendermaßen: „Die im Berichtsjahr durch Mitglieder des Reichs-Versicherungsamtes vorgenommenen Revisionen der Geschäftsführung in einer großen Anzahl von Genossenschafts- und Sektionsbureaus, welche sich insbesondere auf die Durchführung des Feststellungsverfahrens erstreckten, haben ein durchweg günstiges Ergebnis gehabt.“ Nach demselben Geschäftsbericht sind 1908 von dem Oberrechnungsrevisor das Kassen- und Rechnungswesen und die Vermögensverwaltungen bei 21 gewerblichen Berufsgenossenschaften, bei 54 Sektionen gewerblicher Berufsgenossenschaften und bei drei landwirtschaftlichen Berufsgenossenschaften geprüft worden. Außerdem haben mehrfach aus besonderem Anlaß auch Mitglieder des Reichs-Versicherungsamtes die Geschäftsführung einzelner Berufsgenossenschaften und Sektionen geprüft. Das Reichs-Versicherungsamt sagt in seinem Bericht über das Ergebnis folgendes: „Die Prüfungen ließen erkennen, daß die Verwaltungen mit Erfolg bemüht sind, den Anforderungen, die der wachsende Umfang des Kassenwesens und die Vermögensverwaltung an sie stellt, gerecht zu werden.“ Von irgendwelchen Beanstandungen ist nicht gesprochen.

Die Denkschrift erklärt denn auch (S. 14), daß die Erwartung des Gesetzgebers nicht getäuscht worden sei, „daß die Versicherungsträger bei der Rentenfestsetzung objektiv zu Werke gehen würden.“

Sie hebt ferner (S. 4) hervor, daß bei den Versicherungsträgern selbst wenig oder keine Neigung zu einer Verschmelzung bestehe, da sie im Laufe der Jahre Vermögen angesammelt hätten und Dritten gegenüber Rechte erworben und Verpflichtungen übernommen hätten. „Gesetzgeberische Maßnahmen, die wider ihren Willen ihren selbständigen Bestand in Frage stellen, müssen schon aus diesem Grund auf schwerwiegende Bedenken stoßen.“

IV. Gründe und Ziele der Reform.

Die Reform ist nach der Denkschrift begründet (S. 1):

1. durch einzelne Unvollkommenheiten der bestehenden Gesetze und durch Veränderungen des Volkslebens, namentlich in wirtschaftlicher Beziehung.

2. durch die Notwendigkeit des Ausbaues der Versicherung in bezug auf Erweiterung der Krankenversicherung, die Neuschaffung

der Hinterbliebenenversicherung und die Ermöglichung einer Selbstversicherung in erweitertem Umfang.

Die bestehenden Unvollkommenheiten werden hauptsächlich in folgenden Punkten erblickt:

1. Aus der Zersplitterung der Zuständigkeit und der nicht gleichmäßigen Gliederung der Versicherungsträger, sowie infolge der Mitwirkung zahlreicher staatlicher, kommunaler und polizeilicher Behörden und sonstiger Stellen ergäbe sich eine Unklarheit und Unsicherheit, die „trotz der milden gesetzlichen Vorschriften über die Wahrung von Fristen und dergleichen immer noch bisweilen dazu führt, daß der Versicherte um seinen Anspruch kommt. Zum mindesten aber hat sie für ihn sehr häufig unliebsame Verzögerungen im Gefolge (S. 6).

Die Zersplitterung der Zuständigkeit ist ein von den Versicherungsträgern seit langem beklagter Mißstand. Er äußert sich hauptsächlich auf dem Gebiete der Streitigkeiten zwischen Krankenkassen, Berufsgenossenschaften und Invaliditätsversicherungsanstalten; hier haben zurzeit teils die ordentlichen Gerichte, teils die Verwaltungsgerichte zu entscheiden. Die Urteile dieser Behörden, auch der höchsten Instanzen, gehen in den einzelnen Bundesstaaten auseinander. Durch eine verhältnismäßig geringfügige Aenderung der bestehenden Gesetze aber, etwa in der Weise, daß die Schiedsgerichte für Arbeiterversicherung allgemein als erste Instanzen, das Reichsversicherungsamt als zweite Instanz in allen derartigen Streitigkeiten eingesetzt werden, dürften sich diese Unvollkommenheiten, die praktisch übrigens von recht untergeordneter Bedeutung sind, leicht beheben lassen. Zu einer organischen Veränderung der Gesetze geben sie keinen Anlaß. Daß ein Versicherter wegen Ungewißheit über die zuständigen Behörden oder über die Wahrung einer Frist um seinen Anspruch kommt, oder daß sein Anspruch dadurch unliebsame Verzögerungen erleidet, erscheint bei den bestehenden Bestimmungen und angesichts der Tatsache, daß in jedem einem Verletzten erteilten Bescheid das Berufungsmittel und die Berufungsfrist genau anzugeben sind, daß an die Form der Berufung die geringsten Ansprüche gestellt werden, wie auch die Begründung hervorhebt, daß ferner alle beteiligten Behörden verpflichtet sind, irrtümlich bei ihnen eingehende Schriftstücke an die richtige Adresse weiter zu geben, wodurch der Fristlauf unterbrochen wird, in dem Maße ausgeschlossen, daß auch bei irgendeiner anderen Organisation eine größere Sicherheit wohl nicht gegeben werden kann.

2. Die wichtigsten Mängel erblickt die Denkschrift in dem Verfahren betr. die Rentenfestsetzung. Es erscheint dies auffallend, da doch die Denkschrift, wie oben dargelegt wurde, vollauf anerkennt, daß die Versicherungsträger gerade in dieser Hinsicht die auf sie gesetzten Erwartungen erfüllt haben. Sie weist auch noch ausdrücklich darauf hin, daß es falsch sei, eine Mitwirkung der Arbeiter zu verlangen, denn (S. 13) „auf allen Rechtsgebieten gelte die Regel, daß, wer eine Verpflichtung zu erfüllen hat, auch in der Lage sein muß, selbst zu der Forderung Stellung zu nehmen. Es fehlt an jedem Rechtsgrunde dafür, zuungunsten der Versicherungsträger von dieser allgemeinen Regel abzuweichen."

Auch der Einwand, daß die Ausstellung der Festsetzungsbescheide durch die Versicherungsträger als Partei erfolge, wird als hinfällig gekennzeichnet. Die Denkschrift sagt (S. 14): „Endlich aber trägt es sehr wesentlich zur Beschleunigung bei, wenn diese Urkunde vom Versicherungsträger selbst, nicht von einer dritten Stelle ausgestellt wird. Diese Beschleunigung dient gerade dem Interesse des Rentenbewerbers selbst."

Worin bestehen nun trotzdem die Mängel? Sie sollen bestehen erstens in dem Mißtrauen der Arbeiter. Die Denkschrift sagt (S. 15): „Wenn auch, wie schon hervorgehoben wurde, die Zweifel an der Sachlichkeit der Festsetzung von Unfallrenten jeder tatsächlichen Begründung entbehren, so ist es doch menschlich begreiflich, wenn die Versicherten in einer Stelle, die ihren Ansprüchen nicht in dem geforderten Maße (!) entgegenkommt und ihnen auch gegebenenfalls in den weiteren Instanzen als Prozeßpartei entgegentritt, oft nur den Gegner, die Partei erblicken." Also ein Verfahren, das nach der Denkschrift sachlich begründet und praktisch bewährt ist, soll deshalb mangelhaft sein, weil ein nach derselben Denkschrift völlig unbegründetes Mißtrauen bei den Arbeitern besteht! Dabei ist diese Annahme an sich gar nicht richtig. Wäre das Mißtrauen tatsächlich allgemein, so wäre es nicht möglich, daß nur ein Sechstel der Bescheide durch Berufung angegriffen würden. Mißtrauen gegen entscheidende Instanzen besteht natürlich immer bei Parteien, daß es gegenüber der Unfallversicherung aber besonders stark vorhanden sei, erscheint nach der Statistik der Rechtsprechung als eine von Agitatoren aufgebrachte Legende, der die Reichsregierung entgegentreten sollte, statt ihr auf dem Wege der Gesetzgebung Konzessionen zu machen.

Der zweite größere Beschwerdepunkt liegt nach Meinung der Denkschrift in der Unkenntnis des Versicherten über die instanziellen Vorgänge (S. 15). Die eine Partei, der Verletzte, sei prozessual mit der anderen Partei, dem Versicherungsträger, nicht auf den gleichen Fuß gestellt und deshalb nicht in der Lage, ihre Beweismittel genügend zur Geltung zu bringen. Dies sei auch schon bei der Novelle zu den Unfallversicherungsgesetzen 1900 anerkannt worden; damals habe man die Vorschrift aufgenommen, daß dem Beteiligten von der in Aussicht genommenen Entscheidung zur Aeußerung binnen zwei Wochen Mitteilung zu machen sei (sogen. Vorbescheid). „Allgemein wird indessen zugegeben, daß diese Vorschrift praktisch ohne die erhoffte Wirkung geblieben, daß also in dieser Form der beabsichtigte Zweck nicht erreicht ist.“ In dieser Darlegung liegt ein vollkommener Widerspruch. Denn wenn wirklich der Verletzte durch das gegenwärtige Verfahren nicht in der Lage wäre, seine Beweismittel genügend zur Geltung zu bringen, so sollte man meinen, daß von der durch die Erteilung des Vorbescheids gegebenen Gelegenheit, dies nachzuholen, reichlicher Gebrauch gemacht würde, dies um so mehr, als in dem Vorbescheid ausdrücklich die Erklärung enthalten sein muß, daß etwaige Einwände gegen den Inhalt des Bescheids bei der unteren Verwaltungsbehörde schriftlich vorgebracht oder mündlich zu Protokoll gegeben werden können. Die Behörde muß dabei genau bezeichnet werden. Leider besteht über die Zahl der Einwände auf Vorbescheide keine Statistik. Jeder, der in der Verwaltung steht, weiß aber, daß vielleicht auf zwanzig Vorbescheide einmal ein Einwand erfolgt und daß dieser in fast allen Fällen sich auf die Forderung einer höheren Rente beschränkt ohne irgendwelche Begründung. Dies ist auch für den Kundigen gar nicht auffallend. Denn die Annahme, die zwischen den Zeilen der Denkschrift zu lesen ist, als ob die Entschädigungsfestsetzung rein subjektiv durch die Vorstände der Berufsgenossenschaften erfolge, ist völlig unzutreffend. Nach dem Gesetz gehört zu den notwendigen Unterlagen einer Entschädigungsfestsetzung folgendes:

> Die von dem Unternehmer zu erstattende Unfallanzeige, das polizeiliche Unfalluntersuchungsprotokoll, bei welcher Untersuchung auch alle von dem Verletzten benannten Zeugen zu vernehmen sind, die Auskunft des Arbeitgebers über die Lohn- und Arbeitsverhältnisse des Verletzten, das Gutachten des behandelnden Arztes. Steht der Arzt mit der Berufsgenossenschaft in einem Vertragsverhältnis, so ist auf Verlangen des Verletzten außerdem ein anderer Arzt zu hören.

Das Beweismaterial ist also so ausgiebig, daß dem Verletzten eine weitere Ergänzung kaum möglich ist und hieraus erklärt sich, daß der

Vorbescheid „ohne die erhoffte Wirkung geblieben" ist, d. h. er war eine ganz überflüssige, einem unbegründeten Mißtrauen entsprungene Maßregel. Demgegenüber muß der obenerwähnte Einwand eines prozessualen Mangels des Verfahrens als Ausfluß einer rein formaljuristischen Auffassung betrachtet werden, die sich auch in Fragen der praktischen Verwaltung von dem Bann der Zivilprozeßordnung nicht frei zu machen vermag.

Ein weiterer Einwand gegen das bestehende Verfahren ist nach der Denkschrift (S. 17) darin zu finden, daß „erfahrungsgemäß zurzeit in den Streitsachen der Unfallversicherung die Feststellungen der Vorinstanzen, auch soweit sie rein tatsächlicher Art sind, nicht selten wesentliche Mängel und Lücken aufweisen, die erst durch das Eingreifen des Reichs-Versicherungsamts und im Verfolge seiner Ermittelungen beseitigt werden." Daß derartige Mängel vorkommen, wird kein Kundiger bestreiten. Solche Mängel werden aber stets von höheren Instanzen gerügt, mag es sich um die ordentlichen Gerichte, um ein Verwaltungsstreitverfahren oder um ein sonstiges prozessuales Vorgehen handeln. Es kommt hier demnach darauf an, ob in Unfallsachen die Zahl dieser Fälle besonders erheblich ist. Darüber fehlt es an jedem Beweis. Es darf aber wohl gesagt werden, daß, wenn nur 4 Prozent aller Bescheide vor das Reichs-Versicherungsamt kommen und wenn von diesen Bescheiden nur 0,57 Prozent abgeändert werden, es nicht gut möglich ist, daß es sich um eine erhebliche Zahl von Fällen handelt.

Nach dem Geschäftsbericht des Reichs-Versicherungsamts für 1908 wurde von diesem eine weitere Aufklärung des Sachverhalts in 4114 Fällen für notwendig erachtet, in 1710 Fällen bestand sie teils allein, teils neben anderen Beweismitteln in der Einholung eines ärztlichen Gutachtens. Rechnet man als Fälle, in denen nur neue ärztliche Gutachten eingezogen wurden, und die daher für die vorliegende Frage ausscheiden, 1000 ab, so bleiben 3114 Fälle übrig, das sind von der Zahl der in 1908 zu bearbeiten gewesenen Rekurse (32 696) nicht ganz 10 Prozent, von der Zahl der berufungsfähigen Bescheide (422 012) nicht ganz 0,8 Prozent. Aus dieser Zahl muß man aber auch noch diejenigen Fälle ausscheiden, die nicht durch mangelhafte Feststellungen der Vorinstanzen, sondern durch nachträgliches Vorbringen neuer Behauptungen oder durch nochmalige Prüfung der bereits von den Vorinstanzen erhobenen Beweismittel veranlaßt wurde. Diese Zahl dürfte weitaus die Mehrzahl aller Beweiserhebungen des Reichs-Versicherungsamts betreffen. Bei den Rekursfällen der Südd. Eisen- und Stahl-Berufsgenossenschaft (1908) befinden sich nur wenig Fälle, in denen von einer Ergänzung des Beweismaterials durch das Reichs-Versicherungsamt gesprochen werden kann. Bezeichnend erscheint auch, daß von den 20 418 im Jahre 1908 getroffenen Rekursentscheidungen nur 235 oder 1,1 Prozent eine Zurückverweisung an die Vorinstanzen zum Inhalt hatten.

Der Vorwurf ungenügender Feststellung würde sich übrigens nicht allein gegen die Berufsgenossenschaften, sondern in demselben Maße gegen die beteiligten Schiedsgerichte richten, durch deren Hände alle Fälle gehen, die vor das Reichs-Versicherungsamt kommen.

Die Denkschrift knüpft an die Darlegung der von ihr behaupteten Mängel die Bemerkung (S. 17), daß es nötig sei, insbesondere auch um eine Entlastung des Reichs-Versicherungsamts herbeizuführen, die Gewähr zu bieten, „daß die Vorinstanzen den Sachverhalt vollständig und richtig feststellen. . . . Wenn, wie es jetzt der Fall ist, das Schwergewicht auch der tatsächlichen Feststellung vielfach erst in die letzte Instanz gelegt wird, so ist dies ein regelwidriger, ungesunder Rechtszustand, der diese höchste Instanz von ihrer eigentlichen Aufgabe, der Schaffung und Erhaltung der Rechtsgleichheit und -einheit abzieht."

Die Denkschrift kommt also von unrichtigen Voraussetzungen naturgemäß zu unrichtigen Schlüssen, wobei sie ihre eigene Voraussetzungen nachträglich noch soweit verschiebt, daß sie von dem „Schwergewicht" der tatsächlichen Feststellungen spricht, das in der letzten Instanz liege, während vorher nur davon gesprochen war, daß „nicht selten" die Feststellungen der Vorinstanzen wesentliche Mängel und Lücken aufweisen.

Diesem Gedankengang entspricht der Vorschlag zur Abhilfe. Derselbe besteht im wesentlichen in der Schaffung einer neuen Behördenorganisation neben den bestehenden Organisationen.

V. Organisation.

In erster Linie handelt es sich um die Einrichtung eines lokalen Unterbaues, der

Versicherungsämter.

Die Versicherungsämter sollen in der Regel für den Bezirk einer unteren Verwaltungsbehörde (Landratsamt usw.) errichtet werden, wobei die Zusammenlegung mehrerer Bezirke oder die Zerlegung eines Bezirks in mehrere Aemter vorbehalten bleibt. Die Zahl dieser Aemter wird auf etwa 800 angegeben.

Vorsitzender soll ein von dem Staat, dem Kommunalverband oder der Gemeinde bestellter Versicherungsamtmann sein, von dem im allgemeinen die Befähigung zum Richteramt oder höheren Verwaltungsdienst vorausgesetzt wird. Ihm zur Seite steht ein Stellvertreter. Das Laienelement wird durch Beisitzer aus dem Stand der Arbeitgeber und Arbeitnehmer vertreten (mindestens je zehn), die durch die Krankenkassenvorstände gewählt und abwechselnd zu den Spruchsitzungen herangezogen werden. Dazu kommen die nötigen Hilfskräfte. Die Aufgabe der Aemter soll zunächst darin bestehen, daß sie die erste Entschädigungsfestsetzung vorbereiten und das gesammelte Aktenmaterial mit ihrem Vorschlag dem Versicherungsträger zusenden. An sie sind künftig die Unfallanzeigen zu richten, sie sorgen dafür, daß eine ortspolizeiliche Untersuchung stattfindet, der sie auch selbst beiwohnen oder die sie leiten können, und sie ziehen ärztliche Gutachten und Auskünfte des Arbeitgebers ein. Will der Versicherungsträger von dem Vorschlag des Amtes abweichen, so hat er dem Entschädigungsberechtigten den Vorschlag des Amtes mitzuteilen und zu erklären, aus welchem Grunde er von dem Vorschlag abweicht. Abänderungen der ersten Rente kann der Versicherungsträger überhaupt nicht mehr vornehmen, vielmehr hat er in diesen Fällen nur das Recht, die Abänderung bei dem Versicherungsamt zu beantragen, und dieses entscheidet. Gegen die Entscheidung des Versicherungsamtes steht die Berufung an das Ober-Versicherungsamt (seither Schiedsgericht) zu, gegen dessen Entscheidungen nur die Revision an das Reichs-Versicherungsamt zulässig sein soll.

Nach der Denkschrift soll hierdurch die Selbstverwaltung der Versicherungsträger nicht beeinträchtigt sein. Das vorgeschlagene Verfahren sei ein solches, „in dem sich die Kenntnisse und Erfahrungen beider Organe (der Versicherungsämter und Versicherungsträger) gemeinsam verwerten lassen.“ Es sollen auch die Organisationen der Berufsgenossenschaften durch die Versicherungsämter nicht berührt werden. Die Sektionen, an die die Unfallanzeigen von dem Versicherungsamt innerhalb 24 Stunden weiter zu geben sind, können ihnen notwendig erscheinende Feststellungen vornehmen, sie können auch später nach Eingang des Vorschlags die Erhebungen der Versicherungsämter ergänzen, und sie werden sich, wie die Denkschrift annimmt (S. 129), örtliche Organe ausbilden, die eine ausreichende Vertretung des Versicherungsträgers vor dem Versicherungsamt ermöglichen.

Es ist schwer zu verstehen, wie die Schaffung eines solchen neuen und gewaltigen behördlichen Apparats unter diesen Umständen eine Vereinfachung, Verbilligung und Verbesserung des seitherigen Zustandes herbeiführen soll. Die Versicherungsämter tragen rein bureaukratischen Charakter. Die Beisitzer, die von den Krankenkassen gewählt werden, haben weder direkte Beziehungen zu den Versicherungsträgern, noch können sie, da sie nur, und zwar abwechselnd an den Sitzungen teilnehmen, einen bestimmenden Einfluß auf die Praxis des Amtes ausüben. Das Versicherungsamt hat auch als solches keine Verantwortlichkeit gegenüber den Versicherungsträgern und besitzt einen so vielseitigen Geschäftskreis, daß es unmöglich so intensiv und sachverständig wirken kann, wie die für die einzelnen Versicherungszweige und nur für einen bestimmten Kreis von Versicherten tätigen Organe der Versicherungsträger. Das im Bismarckschen Sinne ausschlaggebend gewesene Moment für die Bildung der Berufsgenossenschaften, daß sie gleichzeitig unfallverhütend und entschädigend wirken sollen, findet in den Versicherungsämtern keinen Raum. Zwar ist es den Berufsgenossenschaften überlassen, für die Unfallverhütung und für das Heilverfahren nach wie vor zu sorgen, dadurch aber entstehen nicht nur doppelte Kosten, sondern auch doppelte Inanspruchnahme von Behörden, Arbeitgebern und Arbeitnehmern. Die Reibungsflächen werden statt vermindert vermehrt, das fortwährende Akten hin- und hersenden und Verhandeln zwischen Versicherungsträgern und Versicherungsämtern muß zu den größten Unzuträglichkeiten führen, die Verletzten werden nicht mehr wissen, an wen sie sich zu halten haben, und die ehrenamtlichen Organe der Versicherungsträger werden jede Lust an der Mitwirkung verlieren. Und doch sagt die Begründung, daß es „zur erfolgreichen Durchführung der Reichsversicherung in Zukunft wie bisher, ihrer freudigen Mitwirkung bedarf."

Die Kosten der Versicherungsämter sollen, abgesehen von dem Gehalt der leitenden Beamten, das der Staat oder die Kommune bezahlt, von den Versicherungsträgern aufgebracht werden nach dem Verhältnis der Streitigkeiten bei den Krankenkassen, der Unfallanzeigen bei Berufsgenossenschaften und der Bescheiderteilungen bei den Versicherungsanstalten. Bei Annahme von nur 20 000 Mk. für jedes Versicherungsamt, ergäbe sich also eine **Mehrausgabe von jährlich 16 Millionen Mark.**

Es sollen nun den Versicherungsämtern noch eine Reihe anderer Aufgaben als der bereits gedachten übertragen werden, nämlich

1. bei der Krankenversicherung die Tätigkeit der Aufsichtsinstanz;

2. bei der Unfallversicherung die Entscheidung von Streitigkeiten über Kataster-, Beitrags-, Gefahrentarif- und Strafbeschwerden und

die Befugnis, die Durchführung der Unfallverhütungsvorschriften zu überwachen;

3. bei allen Versicherungszweigen die Entscheidung von Streitigkeiten zwischen den Versicherungsträgern;

4. die Aufgaben, die die unteren Verwaltungsbehörden in der sozialen Versicherungsgesetzgebung jetzt zu erfüllen haben.

Hierzu ist folgendes zu bemerken:

Zu 1. Die Aufsichtsinstanz bei den Krankenkassen erfordert nur geringe Arbeit; sie dürfte für die Errichtung besonderer Behörden nicht ins Gewicht fallen.

Zu 2. Für die Entscheidung von Beschwerden in Verwaltungssachen der Unfallversicherung sind lokale Versicherungsämter völlig ungeeignet. Die Entscheidungen erfordern eingehendste Kenntnis der gewerblichen Verhältnisse, namentlich in technischer Hinsicht und vor allem eine zentrale Erledigung, insbesondere bei Kataster- und Gefahrentariffragen, da diese Fragen für den Bestand der Berufsgenossenschaften, für die Durchführung des berufsgenossenschaftlichen Prinzips der Unfallversicherung und für die wirtschaftliche Lage der Betriebe von großer Bedeutung sind.

Von einer „festen Verwaltungspraxis", die sich nach Annahme der Denkschrift bei den Berufsgenossenschaften inzwischen herausgebildet habe, kann insofern nicht die Rede sein, als die immer weiter schreitende Verzweigung der Industrie gerade auf diesem Gebiet wachsende und stets wechselnde Aufgaben stellt, die nur durch eine zentrale Instanz gelöst werden können und müssen. Daß gar bei der Durchführung der Unfallverhütung den Versicherungsämtern eine Mitwirkung eingeräumt werden soll, muß als direkt widersinnig bezeichnet werden. Sind schon die staatlichen Gewerbeaufsichtsbeamten, wie von vielen derselben selbst anerkannt worden ist, nicht in der Lage, in gleichem Maße wie die technischen Aufsichtsbeamten der Berufsgenossenschaften, die eine eingehende Kenntnis der einzelnen Betriebsarten erfordernde Ueberwachung der Unfallverhütung vorzunehmen, so ist den Versicherungsämtern diese Möglichkeit gänzlich verschlossen. Ihre Tätigkeit auf diesem Gebiet würde nur die Kollisionen vermehren und zur fortwährenden Beunruhigung der Betriebe beitragen.

Zu 3. Die Zahl der in Streitigkeiten zwischen den Versicherungsträgern derzeit zu treffenden Entscheidungen ist so gering, daß sie voraussichtlich auch nicht einmal für ein einziges Amt im Reich genug Beschäftigung bieten würde.

Zu 4. Der Mitwirkung der unteren Verwaltungsbehörden werden die Versicherungsämter auch nicht entraten können. Der Unterschied liegt nur darin, daß die unteren Verwaltungsbehörden an sich über die nötigen Hilfskräfte und die nötige Autorität, sowie über die Fühlung mit den persönlichen und örtlichen Verhältnissen verfügen, während die Versicherungsämter sich die erforderlichen Kenntnisse besonders erwerben müssen, außerdem aber dennoch genötigt sein werden, staatliche und kommunale Behörden in weitestgehender Weise in Anspruch zu nehmen. Hieraus wird aber vielfach nur eine Verschleppung, gewiß keine Beschleunigung des Geschäftsganges entstehen.

. Als zweite Instanz über den Versicherungsämtern sind die

Ober-Versicherungsämter

gedacht, die, ähnlich organisiert wie die Versicherungsämter, eine Weiterbildung unserer heutigen Schiedsgerichte bedeuten. Sie sollen nicht von den Versicherungsanstalten abhängig sein, was an sich zu begrüßen wäre, sondern selbständige Behörden bilden, angegliedert an die oberen Verwaltungsbehörden. Die Kosten für sie sollen wiederum in der Hauptsache von den Versicherungsträgern aufgebracht werden. Der Staat bestreitet nur das Gehalt des Vorsitzenden (Direktors), außerdem ein Viertel der Kosten für Hilfskräfte. In der Mehrzahl der Entschädigungsfälle sollen die Ober-Versicherungsämter endgültig entscheiden.

Die dritte Instanz, auch künftig für die Krankenversicherung zuständig, bilden

das Reichs-Versicherungsamt und die Landes-Versicherungsämter.

Die Organisation des Reichs-Versicherungsamts bleibt im wesentlichen unverändert, nur die Zahl der Mitglieder, der ständigen und nichtständigen wird vermehrt. Eine Entlastung des Reichs-Versicherungsamts ist in zweierlei Hinsicht in Aussicht genommen. Einmal durch eine stärkere Heranziehung der Landes-Versicherungsämter, die gewissermaßen als auswärtige Senate fungieren sollen, ferner durch die Ersetzung des Rekurses durch die Revision. Die Revision kann nur gegründet werden:

1. auf Gesetzesverletzungen (wenn eine Rechtsnorm nicht oder nicht richtig angewendet wurde);
2. auf einen Verstoß gegen den klaren Akteninhalt;
3. auf wesentliche Mängel des Verfahrens.

Durch beide Maßnahmen wird die Rechtseinheit in bedenklicher Weise gefährdet. Durch die stärkere Beteiligung der Landes-Versicherungsämter würden schon infolge des Mangels persönlicher Fühlung mit dem Reichs-Versicherungsamt erhebliche Divergenzen nicht zu vermeiden sein, die auch durch Einsetzung eines großen Senats bei dem Reichs-Versicherungsamt nur unvollkommen behoben werden können, da die Frage, ob eine von früheren Entscheidungen des Reichs-Versicherungsamts grundsätzlich abweichende Beurteilung vorliegt, oft sehr schwer zu entscheiden ist. Aehnlich verhält es sich mit der Ersetzung des Rekurses durch die Revision. Hier ist zwar auch vorgesehen, daß die Ober-Versicherungsämter an die veröffentlichten grundsätzlichen instanziellen Entscheidungen des Reichs-Versicherungsamts oder des Landes-Versicherungsamts gebunden und gezwungen sein sollen, in Fällen, in denen sie von einer solchen Entscheidung abweichen wollen, die Sache zur Entscheidung an das Reichs-Versicherungsamt oder das Landes-Versicherungsamt zur Entscheidung abzugeben. Diese Vorschrift genügt aber nicht, zumal es sich bei den Angelegenheiten der Sozialversicherung zumeist nicht um bestimmte Rechtsfragen, sondern um wirtschaftliche und soziale Auffassungen handelt.

Es ist nun noch die Frage zu untersuchen, ob, wie die Denkschrift sagt, die Errichtung der Versicherungsämter wirklich eine unerläßliche Voraussetzung zu der beabsichtigten Entlastung des Reichs-Versicherungsamts bilde. Die Denkschrift geht hierbei zunächst von dem einseitigen Standpunkt aus, von bureaukratischen Stellen sei an sich eine gründlichere und bessere Vorbereitung der Entschädigungsfeststellung zu erwarten, als von den auf ihrem Gebiet doch besonders sachverständigen Organen der Versicherungsträger, die mit diesen zugleich die volle Verantwortung für ihr Handeln tragen. Dafür fehlt jeder Beweis. Man weiß nur, daß die Organe der Versicherungsträger bisher gut gearbeitet haben; ob bureaukratische selbständige Stellen ebenso gut oder gar besser arbeiten werden, weiß man zum mindesten nicht. Die Denkschrift nimmt auch darauf Bezug, daß schon die bisherigen Gesetze einseitige Abänderungsbescheide in Unfallsachen nach Ablauf der ersten fünf Jahre nicht zulassen, vielmehr habe die Berufsgenossenschaft die Aenderung beim Schiedsgericht zu beantragen. Aus dieser Beschränkung die Schlußfolgerung abzuleiten, daß man die Beschränkung nunmehr auf alle Fälle der Abänderung einer Rente ausdehnen kann, erscheint unberechtigt, zumal schon für die bestehende Beschränkung irgendwelche günstigen Erfahrungen nicht angeführt werden können. Im Gegenteil kann behauptet werden, daß die Bestimmung sich als gänzlich unnötige Erschwerung erwiesen hat. Da allgemeine statistische Zahlen nicht vorliegen, so sei aus dem Verwaltungsbericht der Süddeutschen Eisen- und Stahl-Berufsgenossenschaft hervorgehoben, daß im Jahre 1908 von 226 durch die zuständigen Organe der Genossenschaft auf Grund des § 88 Abs. 3 gestellten Anträgen 182 zugunsten der Genossenschaft erledigt wurden, das sind 80 Prozent der Fälle. Bei der Papiermacher-Berufsgenossenschaft betrug dieses Verhältnis 90 Prozent. Aehnliche Ergebnisse dürften bei den übrigen Berufsgenossenschaften zu verzeichnen sein. Demnach sind die Schiedsgerichte mit der fünf- bis zehnfachen Zahl von Entscheidungen belastet worden, als es der Zahl der zugunsten der Verletzten getroffenen Entscheidungen entspricht. Dieses Ergebnis spricht nicht für eine Ausdehnung der vorhandenen Beschränkung, sondern dafür, auch diese Beschränkung der Entschädigungsfeststellung der Versicherungsträger wieder aufzuheben.

Eine weitere Voraussetzung für die Annahme der Denkschrift ist die, daß der Rekurs vorwiegend eine höhere Rechtsgarantie für den Versicherten darstelle. Tatsächlich liegen aber die Verhältnisse umgekehrt, denn nach dem Geschäftsbericht des Reichs-Versicherungsamts hatten im Jahre 1908 bei den gewerblichen Berufsgenossenschaften die Rekurse der Verletzten nur in 16,7 Prozent, die der Berufsgenossenschaften aber in 53,2 Prozent der Fälle Erfolg.

Faßt man das Urteil über die Neu-Organisation der Versicherungsämter zusammen, so muß man zu dem Ergebnis gelangen, daß durch sie im Gegensatz zu den Wünschen der Interessenten und auch des Reichstages nicht eine Vereinfachung, sondern eine Komplizierung der Verwaltung, nicht eine Verbilligung, sondern eine wesentliche Verteuerung, nicht eine größere Rechtssicherheit, sondern eine größere Rechtszersplitterung, endlich nicht eine Beschleunigung, sondern eine Verlangsamung des Verfahrens zu erwarten ist.

Die Verbesserungen, die durch die Errichtung von Versicherungsämtern bezweckt werden, sollten auf anderem Wege angestrebt werden, etwa

1. durch bessere Ausstattung der unteren Verwaltungsbehörden mit solchen Kräften, die mit dem sozialen Versicherungswesen vertraut sind; wenn die Landesregierungen in dieser Hinsicht die nötigen Maßregeln ergreifen, könnten ganz bedeutende Verbesserungen ohne erheblichen Mehraufwand erzielt werden;

2. durch eine selbständigere Stellung der Schiedsgerichte, die mit älteren, mit dem praktischen Leben erfahrenen Vorsitzenden zu besetzen wären und denen gewisse Aufsichtsbefugnisse, sowie namentlich die Tätigkeit einer ersten Instanz in allen Streitigkeiten zwischen den Versicherungsträgern übertragen werden könnten.

Würde man alsdann das Reichs-Versicherungsamt von solchen Rekursen entlasten, bei denen es sich nur um die Schätzung des Grades der Erwerbsfähigkeit und die Veränderung dieses Grades handelt, das sind etwa 75 Prozent aller Fälle, so läge gar keine Veranlassung vor, diese mit Recht sich des allgemeinsten Ansehens erfreuende und einheitliche Durchführung der Versicherungsgesetze verbürgende Behörde in ihrer Tätigkeit zu schwächen und zu lähmen.

Ich wende mich nun zu den Veränderungen, die in den einzelnen Versicherungszweigen vorgesehen sind.

Krankenversicherung.

Die Krankenversicherung wird in Buch II der Versicherungs-Ordnung behandelt.

Zunächst soll eine Erweiterung des Kreises der versicherungspflichtigen Personen in dem Umfange stattfinden, daß die Personenkreise für die Kranken- und Invalidenversicherung künftig die gleichen sind. Damit wird ein, bisher — auch von den übrigen Versicherungsträgern — sehr mißlich empfundener Zustand beseitigt. Die Ausdehnung der Krankenversicherung erstreckt sich insbesondere auf die Land- und Forstwirtschaft, das Gesinde und die Hausgewerbetreibenden.

Für die Landbezirke ist eine besondere Kassenart, die Landkrankenkassen vorgesehen, die bezirksweise errichtet werden. Die Versicherung der Landwirtschaft wird tunlichst den örtlichen Verhältnissen angepaßt, weshalb den Landeszentralbehörden und der Satzung ein großer Spielraum eingeräumt ist.

Die Versicherung des Gesindes war bisher in verschiedenen Bundesstaaten landesgesetzlich geregelt. Jetzt soll die reichsgesetzliche Regelung an die Spitze gestellt werden. Diejenigen landesrechtlichen Bestimmungen, welche den Dienstberechtigten eine Sorge für Kur und Pflege des erkrankten Gesindes auferlegen, sollen insoweit wegfallen, als sie nicht ausdrücklich durch die Landesregierungen aufrecht erhalten werden. Hervorzuheben ist ferner, daß der Dienstberechtigte das Krankengeld des Dienstboten auf den Lohn anrechnen darf, den er diesem während der Krankheit weiter zu gewähren hat.

Schwierigkeiten bereitet die Einbeziehung der unständigen Arbeiter, d. h. solcher, die weniger als eine Woche beschäftigt werden.

Da man, um das Beschäftigungsverhältnis dieser Personen nicht ungünstig zu beeinflussen, nicht denselben Weg wie bei der Invalidenversicherung gehen will, nämlich demjenigen Unternehmer die Versicherungsbeiträge aufzuerlegen, bei welchem der Arbeiter in den ersten Wochentagen beschäftigt ist, so soll den Gemeinden oder Kommunalverbänden die Verpflichtung zugewiesen werden, den Beitragsanteil für alle versicherten unständigen Arbeiter ihres Bezirks in einer Summe an die Krankenkasse abzuführen mit dem Recht, den Betrag auf die Beteiligten umzulegen.

Für das Wandergewerbe ist die Lösung gefunden, daß die Landkrankenkasse des Ortes, wo der Wandergewerbeschein ausgestellt wird, für die Versicherung zuständig ist. An diese sind die Beiträge zu entrichten, einheitlich für das Reich und im Voraus, vorbehaltlich der Zulassung von Teilzahlungen. Lohnsatz und Wochenbeitrag werden auf dem Wandergewerbeschein vermerkt; die jeweils um Unterstützung angegangene Krankenkasse ersieht daraus die zu gewährende Unterstützung und leistet diese vorbehaltlich des Ersatzes durch die zuständige Kasse.

Besonders schwierig ist die Versicherung der Hausgewerbetreibenden, weil die Unternehmer meist gar nicht wissen, wer die Mitarbeiter sind und wie sich der Lohn auf die Einzelnen verteilt. Der Gesetzgeber will nun das Problem dadurch lösen, daß er dem Arbeitgeber die Pflicht zur Leistung von Zuschüssen an die Landkrankenkasse seines Bezirks in Höhe eines einheitlich für das Reich bestimmten Prozentsatzes vom Lohn — zunächst sind 2 Prozent in Aussicht genommen — auferlegt. Der Wert der etwa vom Hausgewerbetreibenden gestellten Roh- und Hilfsstoffe ist abzuziehen. Die Hausgewerbetreibenden zahlen für sich und ihre Hilfspersonen die Beitragsanteile, für sich selbst die vollen Beiträge, für das Personal die Hälfte, die sie diesem am Lohn abziehen können.

Mit diesem Verfahren könnte man sich einverstanden erklären.

Ein weiteres Ziel der Versicherungsordnung ist die größere Konzentrierung des Kassenwesens. Die Grundgedanken der früheren Organisation: sofortige Leistung, nahe Beziehungen der Organe zu den Versicherten, Bevorzugung der Berufszusammengehörigkeit, sparsame Verwaltung, Berücksichtigung des historisch Gewordenen, erkennt die Denkschrift als noch heute richtig an. Eine größere Zusammenfassung sei aber zur Stärkung der Leistungsfähigkeit und zur Beseitigung der durch häufig wechselnde Mitgliedschaft bei verschiedenen Kassen für den Versicherten entstehenden Nachteile notwendig. Dieselbe soll bei den Betriebskrankenkassen (34 Prozent aller Kassen, mit 26,8 Prozent der Versicherten) darin bestehen, daß künftig für Errichtung einer Kasse eine Arbeiterzahl von mindestens 500 (seither 50) nötig ist. Von der Landeszentralbehörde kann die

Zahl auf 250 herabgesetzt werden; dies gilt auch für bestehende Kassen. Die Verpflichtung zur Errichtung besonderer Betriebskrankenkassen für gesundheitsgefährliche Betriebe wird beseitigt.

Für Baukrankenkassen verbleibt es bei der seitherigen Voraussetzung, nämlich der Beschäftigung „einer größeren Zahl von Arbeitern"; ebenso für Innungskassen, die der Genehmigung der zuständigen Behörde bedürfen.

Für Ortskrankenkassen sind größere Bezirke vorgesehen, auf beruflicher Grundlage sollen keine neuen derartigen Kassen mehr errichtet werden. Die Gemeindekrankenversicherung, von vornherein ein subsidiäres Aushilfsmittel, wird beseitigt. Mehrere Kassen sollen sich freiwillig zu einem Kassenverband zusammenschließen dürfen.

Das Streben nach größerer Konzentrierung ist anzuerkennen. Bei den Betriebskrankenkassen dürfte es aber zu weit gehen, da weitaus die Mehrzahl dieser Kassen weniger als 500 Versicherte haben, trotzdem aber gut arbeiten. Die Beseitigung der Gemeindekrankenversicherung ist zu begrüßen, die Errichtung von Landkrankenkassen erscheint als ein gesunder Gedanke.

Erheblich sind die vorgesehenen Aenderungen in der inneren Verfassung der Kassen. Die Notwendigkeit hierfür liegt nach der Denkschrift in dem Eindringen parteipolitischer Einflüsse in die Verwaltung der Kasse und ferner in der ungünstigen Stellung der Arbeitgeber, die nur ein Drittel der Stimmen besitzen. Ersterem Mißstand soll durch Einführung der Verhältniswahl begegnet werden, so daß nicht die größte Partei ausschließlich die Sitze beherrscht, sondern auch die Minderheiten zur Geltung kommen. Das wird in vielen Bezirken günstig wirken. Der Einfluß der Arbeitgeber soll durch Halbierung der Beiträge und Stimmen gestärkt, also das gleiche Verhältnis wie bei der Invalidenversicherung hergestellt werden.

Die Entschließung über diese Vorschläge hängt meines Erachtens davon ab, ob die Arbeitgeber gewillt sind, die Hälfte der Beiträge zu übernehmen. In dieser Hinsicht scheint keine Einigkeit zu bestehen. Im übrigen halte ich dafür, daß vielfach die Vorwürfe gegen die Krankenkassenverwaltungen übertrieben sind, daß manche Mängel durch entsprechende strenge Aufsicht beseitigt werden könnten. Den von anderer Seite gemachten Vorschlag, den Beitrag der Arbeitgeber auf ein Drittel zu belassen, ihnen aber trotzdem die Hälfte der Stimmen zuzubilligen, hält die Denkschrift zwar nicht für eine offensichtliche Unbilligkeit, „indessen muß die Rücksicht auf das näherliegende Interesse der Versicherten an der zweckmäßigsten Fürsorge für die eigene Gesundheit ausgleichend in die Wagschale fallen".

Bezüglich des Vorsitzenden hält zwar die Denkschrift die Besorgnis vor einer Bureaukratisierung bei Bestellung eines unparteiischen Vorsitzenden für „mindestens außerordentlich übertrieben", sie trägt ihr aber Rechnung dadurch, daß der Vorsitzende von dem Vorstand aus seiner Mitte gewählt werden soll. Jedoch soll die Wahl nur gelten, wenn der Gewählte die Mehrheit beider Parteien besitzt (paritätische Beschlußfassung). Fehlt diese, so soll bis zum Zustandekommen einer Einigung der Kommunalverband den Vorsitzenden „vorläufig" bestellen.

Nimmt man die Halbierung der Beiträge an, so scheint mir diese Lösung nicht unzweckmäßig.

An Stelle der Generalversammlung soll künftig ein gewählter Ausschuß treten, der bei allen wichtigeren Angelegenheiten der Kasse herangezogen werden muß.

Für die Angestellten der Krankenkassen schreibt der Entwurf eine von der Aufsichtsbehörde zu genehmigende Dienstordnung vor. Kommt eine Stellenbesetzung auf Grund paritätischer Beschlußfassung nicht zustande, so soll zwar die einfache Mehrheit entscheiden, aber mit dem Erfordernis der Bestätigung durch die Aufsichtsbehörde.

Besondere Bedeutung beansprucht nach den schweren Kämpfen der letzten Jahre die Regelung des Verhältnisses der Kassen zu den Aerzten und Apothekern. Die Denkschrift bestreitet, daß die Einführung der Krankenversicherung im ganzen den Interessen des ärztlichen Standes Abbruch getan habe. Dagegen bestünden berechtigte Klagen über Abhängigkeit, Willkür, Unsicherheit und Herabsetzung des Entgeltes. Dem Vorschlag von ärztlicher Seite auf zwangsweise Einführung der freien Arztwahl in dem Sinne, daß jeder approbierte Arzt zu den mit der Standesvertretung vereinbarten Normativbestimmungen zur Praxis zuzulassen sei, folgt der Gesetzentwurf nicht. Einmal in Rücksicht auf den Widerspruch der Mehrzahl der Krankenkassen und vieler Aerzte; die Denkschrift befürchtet ferner eine zu starke Lockerung der Beziehungen zwischen Kasse und Aerzten, eine Minderung des Interesses der Aerzte am Gedeihen der Kasse, eine Förderung des Simulantentums, eine zu große Steigerung der Kasseausgaben und eine Förderung der Abhängigkeit von den Kassenmitgliedern. Der Entwurf will überhaupt kein bestimmtes Arztsystem einführen — und er tut meines Erachtens gut daran —, sondern schreibt vor, daß für jede Kasse eine Arztordnung festzustellen sei, die nach Wahl der Kasse mit einzelnen

Aerzten, mit allen Aerzten des Bezirks oder mit bestimmten Aerzte-Organisationen abgeschlossen werden kann. Ihre Erfüllung kann im instanziellen Verfahren erzwungen werden. Die Beilegung von Zwistigkeiten erwartet der Entwurf in erster Linie durch aus freier Vereinbarung beider Parteien hervorgegangenen Einigungskommissionen, in zweiter Linie von amtlichen Schiedsinstanzen, angelehnt an die Beschlußausschüsse und Beschlußkammern der Versicherungs- und Ober-Versicherungsämter. Bei vermögensrechtlichen Streitigkeiten soll zunächst der Schiedsausschuß, dann eventuell das ordentliche Gericht entscheiden, in anderen Streitigkeiten ist die Schiedskammer beim Ober-Versicherungsamt zweite und letzte Instanz. Außerdem kann sie als letzte Instanz für alle Fälle vereinbart werden. Für die Vereinbarung gegenseitiger Bedingungen gilt zunächst der freie Wille der Parteien, eventuell der Spruch der Schiedskammer. Für den äußersten Fall, d. h. wenn Aerzte gegen den Beschluß der Schiedskammer die Behandlung der Mitglieder nicht aufnehmen, soll den Kassen gestattet werden, ihren Mitgliedern, statt ärztliche Hilfe zu gewähren, einen angemessenen Barbetrag zu zahlen, und so von sich das Odium der mangelnden Fürsorge abzuwälzen.

Die Frage einer befriedigenden gesetzlichen Regelung der Aerztefrage ist so außerordentlich schwierig, die Verhältnisse sind so verschieden, daß große Vorsicht gerechtfertigt erscheint. Unter diesem Gesichtspunkt dürfte die Regelung des Entwurfs wohl zu berücksichtigen sein. Den Aerzten wird dadurch entgegengekommen, daß als ärztliche Hilfeleistung, abgesehen von Fällen der Not, nur diejenige von approbierten Aerzten angesehen werden soll. Dasselbe gilt mit etwas weitergehenden Ausnahmen für Zahnärzte.

In dem Verhältnis mit Apothekern ist vorgesehen, daß jeder Apotheker berechtigt sein soll, einem zwischen der Kasse und einzelnen Apothekern abgeschlossenen Vertrag mit gleichen Rechten beizutreten. Diese Regelung dürfte der Billigkeit und dem öffentlichen Interesse entsprechen. Die Schlichtung von Streitigkeiten ist ähnlich geregelt wie bei den Aerzten.

Sehr einschneidend sind die Vorschriften des Entwurfs über die freie Hilfskassen, die etwa 7,6 Prozent aller Versicherten umfassen. Ihnen wird vorgehalten, daß sie auf Kosten der Ortskrankenkassen sich die günstigsten Risiken aussuchen, daß sie keine Mindestleistungen zu gewähren brauchen, aber die Beiträge beliebig hoch bemessen können, und daß, da die Arbeitgeber bei ihnen von Beiträgen frei sind, von manchen Arbeitgebern ein Druck auf ihre Angestellten zum Eintritt in diese Kassen ausgeübt werde. Andererseits wird der Vorteil erwähnt, der namentlich im Kaufmannsstand, bei häufigem Wechsel des Ortes der Beschäftigung, aus der Zugehörigkeit zu einer freien, das Reichsgebiet umfassenden Hilfskasse entsteht. Der Entwurf schlägt vor, die bestehenden Hilfskassen als Ersatzkassen zu dulden, neue derartige Kassen aber nicht mehr zuzulassen. Die bestehenden Kassen aber müssen sich folgenden Beschränkungen unterwerfen:

1. Jeder Versicherte muß trotz seiner Mitgliedschaft bei der Hilfskasse bei der zuständigen Pflichtkasse angemeldet werden; hier ruht die Versicherung während der Dauer der Mitgliedschaft bei der Hilfskasse.

2. Der Arbeitgeber hat auch für die Mitglieder von Hilfskassen seinen gesetzlichen Beitragsanteil an die zuständige Pflichtkasse zu zahlen, ohne daß diese Gegenleistungen übernimmt.

3. Der Beitrag zur Hilfskasse darf weder vom Lebensalter, noch vom Geschlecht oder Gesundheitszustand der sich Meldenden abhängig gemacht werden.

4. Die Leistungen der Hilfskasse müssen den Regelleistungen der gesetzlichen Krankenkasse mindestens gleichkommen.

5. Nur Hilfskassen mit einer bestimmten Mindestzahl von Mitgliedern werden als Ersatzkassen zugelassen.

Es dürfte zu erwägen sein, ob diese Bedingungen, die ja manches Berechtigte an sich haben, die aber den Hilfskassen doch die Existenz kaum noch ermöglichen würden, nicht zu hart sind.

Von den übrigen Neuerungen sind noch zu erwähnen die Erweiterungen der Leistungen (für Krankenschwestern im Hause, Krankengeld an Sonn- und Feiertagen, Verlängerung der Wöchnerinnen-Unterstützung, Möglichkeit der Gewährung letzterer Unterstützung an nicht versicherte Ehefrauen von Mitgliedern, Beseitigung des Eintrittsgeldes usw.), denen man wohl zustimmen kann, und die erfreuliche Bestimmung, daß in Zukunft das Reichs-Versicherungsamt auch in Krankenversicherungsfragen zu entscheiden hat.

Unfallversicherung.

Für die Unfallversicherung (III. Buch) sind die wichtigsten Aenderungen in bezug auf das oben ausführlich behandelte Entschädigungsverfahren vorgenommen.

Eine Ausdehnung der Versicherungspflicht ist nur für kaufmännische Lagerungsbetriebe vorgesehen. Hier haben sich sehr unerquickliche Verhältnisse herausgebildet, indem bei derartigen Betrieben nicht nur zwischen versicherten und nicht versicherten Personen, sondern auch zwischen der versicherten und nicht versicherten Tätigkeit derselben Person in einer gar zu diffizilen Weise unterschieden wird. Diese Unterscheidung soll in der Hauptsache beseitigt werden dadurch, daß die mit einem Teil ihrer Tätigkeit versicherten Personen auch mit ihrer übrigen Diensttätigkeit versichert gelten. Einen weiteren Mangel will der Entwurf dadurch beseitigen, daß die Versicherungspflicht kaufmännischer Lagerungsbetriebe nicht mehr von dem Eintrag in das Handelsregister abhängig gemacht wird, sondern davon, ob der Betrieb „über den Umfang des Kleingewerbes" hinausgeht. Richtig ist, daß die Eintragung in das Handelsregister im Deutschen Reiche sehr verschieden gehandhabt wird, und daß dadurch Verschiedenheiten in der Versicherungspflicht gleichartiger Betriebe geschaffen werden, andererseits bietet dieser Eintrag für die Berufsgenossenschaft ein einfaches und klares Kriterium. Dies kann von der neuen Bestimmung nicht gesagt werden. Der Vorteil erscheint daher zweifelhaft. Ausgedehnt ist die Versicherung auf das gesamte Fahr- und Stallpersonal, einschließlich der Bedienung von Kraftfahrzeugen, Motorbooten und Luftschiffen.

Bedeutsam ist der Vorschlag, daß die Leistungen des Unternehmers während der Wartezeit (nach der fünften Woche), soweit später entschädigungspflichtige Unfälle in Frage kommen, künftig auf die Berufsgenossenschaft übergehen sollen und daß durch Statut diese Uebernahme auf alle Fälle ausgedehnt werden kann.

Sodann beschäftigt sich der Entwurf mit den kleinen Renten. Renten bis zu 20 Prozent sollen auf bestimmte Frist bewilligt werden können, nach deren Ablauf sie von selbst wegfallen; dem Verletzten soll alsdann überlassen bleiben, ihre Weitergewährung auf dem Instanzenweg zu fordern. Die Rente soll ruhen, so lange der Verletzte denselben Lohn, den er, ohne den Unfall erlitten zu haben, beziehen würde, erhält, ferner insoweit, als er eine ihm von der Berufsgenossenschaft gebotene, angemessene Arbeitsgelegenheit unbenutzt läßt und die Rente zusammen mit dem versäumten Verdienst den Lohn übersteigt, den er ohne den Unfall bezogen hätte. Eine Abfindung von Renten soll künftig bis zu 20 Prozent (seither 15 Prozent), und zwar auch ohne Antrag des Verletzten, jedoch unter Zustimmung des Versicherungsamtes zulässig sein.

Insoweit vorstehende Vorschläge eine Verkürzung der Rechte der Arbeiter enthalten, erscheinen sie bedenklich. Die Fristbestimmung für kleine Renten steht im Gegensatz zu dem Grundgedanken der Versicherung, daß eine vorhandene Erwerbsbeschränkung nach ihrem Grade für die Dauer ihrer Wirksamkeit zu entschädigen ist. Letztere ist aber für die einzelnen Fälle sehr verschieden. Das Ruhen der Rente von dem verdienten Lohne abhängig zu machen, hat auch seine Bedenken, da nicht die absolute Höhe des Lohnes, sondern die besonderen Umstände entscheidend sein müssen. Die Bestimmung wird mindestens zu einer Quelle vieler Streitigkeiten werden und dahin führen, daß viele Arbeitgeber den Lohn um den Betrag der Rente kürzen. Besser als neue gesetzliche Bestimmungen dürfte hier eine den praktischen Verhältnissen angepaßte Rechtsprechung sein, die, wie das auch von seiten des Reichs-Versicherungsamts neuerdings geschieht, gebührend mit der Bedeutung der Gewöhnung rechnet.

Die von den Berufsgenossenschaften seit Jahren bekämpften Bestimmungen über die Ansammlung der Reservefonds erfahren durch den Entwurf eine Milderung insofern, als die Rücksicht auf die Höhe der Verpflichtungen mit bestimmend für die Höhe des Reservefonds sein soll und die Zuschläge im Einverständnis mit dem Reichs-Versicherungsamt nach den besonderen Verhältnissen der einzelnen Berufsgenossenschaften rationeller verteilt werden können. Im allgemeinen soll in 21 Jahren (von 1901 ab gerechnet) der Kapitalbestand das Dreifache der Entschädigungssumme erreichen. Die Hälfte des Deckungskapitals der jeweiligen Entschädigungsverpflichtung soll nicht überschritten werden. Das Reichs-Versicherungsamt kann die Frist, in welcher die Zuschläge zur Rücklage zu machen sind, bis zu zehn Jahren verlängern.

Diese Bestimmungen bedeuten ein gewisses Entgegenkommen gegenüber den berechtigten Wünschen der Berufsgenossenschaften, allerdings in sehr mäßigen Grenzen, da der Wunsch der Berufsgenossenschaften in erster Linie dahin ging, tunlichst die Höhe der Reservefonds nach dem alten Gesetz (das 1½fache der Entschädigungslasten) wieder hergestellt zu sehen.

Invaliden-, Witwen- und Waisenversicherung.

Die Invaliden-, Witwen- und Waisenversicherung ist im IV. Buch behandelt.

In der Invalidenversicherung ist eine freiwillige Zusatz-Versicherung mittels besonderer Zusatzmarken vorgesehen, die namentlich dem Handwerker die Möglichkeit gibt, seinen Rentenanspruch zu erhöhen, ohne daß hieraus finanzielle Nachteile für den Versicherungsträger oder eine Mehrbelastung für das Reich erwächst.

Von der Einfügung neuer Lohnklassen sieht der Entwurf dagegen ab mit der Begründung, daß in diesem Falle ein Mißverhältnis zwischen dem Grundbetrag der zu gewährenden Invalidenrente, die nach den 500 höchsten Beiträgen berechnet werde und den Leistungen des Versicherten entstehen würde, d. h. der Grundbetrag würde durch diese Beiträge nicht mehr seine Deckung finden. Es fragt sich aber doch, ob nicht durch eine andere Berechnung der Invalidenrente, sei es aus den Beiträgen einer größeren Anzahl von Jahren, sei es durch Zugrundelegung der insgesamt geleisteten Beiträge, dieses Mißverhältnis beseitigt werden könnte.

Auch von der Herabsetzung der Altersgrenze für den Bezug der Altersrente sieht der Entwurf ab. Die Begründung weist, meines Erachtens mit Recht, darauf hin, daß die Bedeutung der Altersrente stark überschätzt werde. Bei 108 627 Altersrenten liefen am 1. Januar 1909 868 086 Invalidenrenten, und diese Spannung vergrößert sich voraussichtlich noch weiter. Die zur Herabsetzung der Altersgrenze auf das 65. Lebensjahr erforderlichen Mittel werden auf 28,5 Millionen Mark jährlich berechnet. Es erscheint in der Tat bedenklich, eine derartige Mehrbelastung zumal in der jetzigen Zeit und bei der sonstigen starken Ausdehnung der Versicherung herbeizuführen. Man berücksichtige, daß die Altersrente nur gezahlt wird, solange der Versicherte noch erwerbsfähig ist, im anderen Falle erhält er die höhere Invalidenrente.

Die Hinterbliebenenversicherung ist naturgemäß an die Invalidenversicherung angeschlossen. Bekanntlich sollten erhebliche Reichszuschüsse aus den Lebensmittelzöllen auf Grund des § 15 des Zolltarifgesetzes (lex Trimborn) gewonnen werden. Diese Hoffnung hat sich als irrig erwiesen. 1906 floß nichts herein, 1907 waren es 42 Millionen Mark, für 1908 steht wiederum kein Mehrertrag in Aussicht. Der Entwurf sieht daher einen jährlichen festen Reichszuschuß vor, dessen Höhe noch unbestimmt gelassen ist. Im übrigen werden Beiträge von Arbeitgebern und Arbeitnehmern in gleicher Höhe erhoben. Von einer Heranziehung der Gemeinden wird abgesehen, obgleich sie durch Entlastung der Armenpflege berechtigt wäre. Die praktischen Schwierigkeiten sind nach der Denkschrift zu groß.

Der Kreis der Versicherten deckt sich mit dem der Invalidenversicherung, auch hinsichtlich der Selbstversicherten und freiwillig weiter Versicherten. Für letztere, da sie wohl fast immer verheiratet sind, während vom Durchschnitt der Versicherten nur 46 Prozent verheiratet sind, wird die Zahl der geleisteten Beiträge bei Bemessung der Hinterbliebenen-Bezüge nur mit der Hälfte angerechnet.

Fürsorgeberechtigt sind nur erwerbsunfähige Witwen und Kinder, auch Kinder erwerbsfähiger Witwen. Die Wartezeit beträgt 200 bzw. 500 Wochen, wie bei der Invalidenversicherung. Die Witwenrente richtet sich nach der Höhe der Invalidenrente des Mannes. Zahlt die Ehefrau selbst während der Ehe Beiträge zur Invalidenversicherung, so erwirbt sie die höhere Invalidenrente. In diesem Falle erhält die Witwe als Gegenleistung für die Beiträge zur Hinterbliebenenversicherung noch ein einmaliges Witwengeld. Auch der erwerbsunfähige Witwer erhält Rente, wenn die verstorbene Ehefrau ganz oder überwiegend den Unterhalt der Familie bestritten hat, aber kein Witwergeld.

Waisenrente erhalten die hinterlassenen ehelichen Kinder eines männlichen und die hinterlassenen vaterlosen Kinder einer weiblichen Versicherten, auch die hinterlassenen Kinder einer versicherten Ehefrau, die den Lebensunterhalt der Familie ganz oder überwiegend aus ihrem Arbeitsverdienst bestritten hat, weil entweder der Mann erwerbsunfähig ist oder sich der häuslichen Gemeinschaft entzogen hat. Die Witwen- und Witwerrente fällt bei Wiederverheiratung fort.

Die Witwenrente setzt sich zusammen aus 50 Mk. Reichszuschuß und drei Zehntel derjenigen Invalidenrente, die dem verstorbenen Versicherten zugestanden hätte; die Waisenrente aus 25 Mk. Reichszuschuß und drei Zwanzigstel der Invalidenrente für die erste, ein Vierzigstel für jede weitere Waise. Berechnet man nach einer Verteilung der Versicherten über die einzelnen Lohnklassen eine Durchschnittsrente nach Ablauf der mittleren Aktivitätsdauer (etwa 1763 Beitragswochen), so beträgt die Invalidenrente 274,80 Mk., die Witwenrente 117,60 Mk., die Waisenrente bei einer Waise 58,80 Mk., bei zwei Waisen 89,40 M., bei drei Waisen 120 Mk., bei vier Waisen 150,60 Mk., bei fünf Waisen 181,20 Mk., bei acht Waisen 273,00 Mk. Der Gesamtbetrag der Waisenrenten darf nicht höher werden, wie die Invalidenrente des verstorbenen Versicherten, die Witwen- und Waisenrenten zusammen dürfen nicht mehr wie das 1½fache derselben betragen.

Die Beiträge für männliche und weibliche Versicherte sind gleich, auch Unverheiratete müssen zur Hinterbliebenen-Versicherung beitragen. Die Beiträge für Invaliden und Hinterbliebene werden in einheitlichen Beträgen festgesetzt. Die Beiträge der Invalidenversicherung steigen dadurch um 25 Prozent; sie betragen alsdann für die fünf Lohnklassen wöchentlich 16, 24, 30, 38 und 46 Pfg. Diese Beiträge gelten zunächst bis zum 31. Dezember 1910 und werden dann von zehn zu zehn Jahren neu festgesetzt.

Die Teilung der Gesamtlast in Gemein- und Sonderlast wird beibehalten. Es werden aber zu Gemeinlast noch hinzugefügt das eine Viertel der Altersrenten, das seither der Sonderlast zufiel, ferner die auf militärische Dienstleistungen entfallenden Rentenanteile und die Hinterbliebenenbezüge. Die Sonderlast aus der Hinterbliebenenversicherung wird nur gebildet durch die Heilverfahrenskosten für Witwen, durch die Kosten der etwaigen Errichtung von Waisenhäusern usw., durch die Kosten der Verwaltung und etwaige Mehrleistungen. Als Entlastung des Sondervermögens tritt der Wegfall der Beitragsleistungen ein. Alles übrige ist durch das Gemeinvermögen zu decken. Von den Beitragseinnahmen ist dem Gemeinvermögen und dem Sondervermögen je die Hälfte zu überweisen.

Stellen sich die Leistungen der Versicherung im Einzelnen nicht sehr hoch dar und möchte man auch wünschen, daß sowohl die Invaliden- wie die Hinterbliebenen-Bezüge etwas reichlicher bemessen werden könnten, so muß doch dem Entwurf darin beigestimmt werden, daß gerade auf dem vorliegenden Gebiet, auf dem Deutschland wiederum den übrigen Kulturstaaten vorausgeht, Vorsicht durchaus am Platze ist, zumal die gegenwärtige wirtschaftliche Lage keineswegs zu einem raschen Vorgehen geeignet ist. Die Hauptsache ist, daß mit der Hinterbliebenen-Fürsorge ein Anfang gemacht und damit die noch in unserer sozialen Versicherung vorhandene Lücke ausgefüllt wird. Eine Erhöhung der Leistungen kann der Zukunft überlassen werden. Die vorgesehene Organisation der Hinterbliebenen-Fürsorge scheint im großen und ganzen durchaus zweckmäßig. Ebenso dürften sich die Aenderungen, die bei der Invalidenversicherung vorgesehen sind, empfehlen. Die Verschiebungen zugunsten der Gemeinlast dürften vielleicht vom Standpunkte derjenigen Versicherungsanstalten, die finanziell günstig arbeiten, zu kritisieren sein.

Beziehungen der Versicherungsträger untereinander.

Das V. Buch der Reichs-Versicherungsordnung behandelt die Beziehungen der Versicherungsträger unter einander und zu anderen Verpflichteten. Zu begrüßen ist die Klarstellung der in den §§ 25 bis 27 enthaltenen verworrenen Vorschriften über das Ineinandergreifen von Kranken- und Unfallentschädigungen. Es scheint, daß dieselbe befriedigend ausgefallen ist. Andere Fürsorge und Unterstützungsverpflichtungen werden durch die Reichs-Versicherung nicht berührt, es ist aber Vorsorge getroffen, daß Doppelleistungen vermieden oder gegenseitig ausgeglichen werden. Klargestellt ist ferner die von den Instanzen seither verschieden beurteilte Frage, daß für Aufrechnung der verschiedenen Ansprüche die Einheit des Leistungsgrundes die Voraussetzung bildet.

Ein besonderes Kapitel behandelt die Beziehungen der Versicherungsträger auf dem Gebiet des Heilverfahrens. Zur Förderung des Heilverfahrens sind neue Bestimmungen getroffen. Die Krankenkasse hat der Berufsgenossenschaft jede Erkrankung, die durch einen entschädigungspflichtigen Unfall herbeigeführt ist, anzuzeigen. Während bisher die Anzeige erst nach Ablauf von vier Wochen binnen einer weiteren Woche zu erstatten ist, bestimmt der Entwurf die Frist auf drei Tage. Ferner begünstigt der Entwurf ein wirksames Heilverfahren durch reichlichere Bemessung des Ersatzes für die Kosten. Die Krankenkasse hat nicht wie bisher nur das Krankengeld, sondern dasjenige, was der Erkrankte von der Krankenkasse selbst als Krankenunterstützung beanspruchen könnte, zu ersetzen.

Für den Umfang der Ersatzpflicht der Krankenkasse bleibt die Sachlage die gleiche, ob der andere Versicherungsträger Krankenhausbehandlung eintreten läßt oder nicht. Im übrigen ist für das Maß des Ersatzes, den die Krankenkasse dem anderen Versicherungsträger bei Uebernahme des Heilverfahrens leisten soll, der Einfachheit halber ein Pauschbetrag für die Kosten der freien Krankenpflege wie seither bestimmt. Derselbe soll jedoch von der Hälfte des Mindestbetrages des Krankengeldes auf drei Achtel des für das Krankengeld des Verletzten maßgebenden Grundbetrages erhöht werden. Bei Uebertragung der Fürsorge durch die Berufsgenossenschaft oder Invalidenversicherungsanstalt auf die Krankenkasse erhält diese volle Entschädigung.

Die in diesen Bestimmungen enthaltenen Maßnahmen erscheinen wohl geeignet, auf dem Gebiet des Heilverfahrens förderlich zu wirken.

Wenn schließlich für Streitigkeiten aus der Unterstützungspflicht der verschiedenen Versicherungsträger der Entwurf einheitliche Instanzen vorsieht, so kommt er damit den Wünschen aller Versicherungsträger entgegen. Zu bemerken ist jedoch, daß alle diese Erleichterungen und Klarstellungen auch ohne Einführung der neuen Organisationen erreicht werden können.

Das VI. Buch der Reichs-Versicherungsordnung behandelt ausführlich das Verfahren in Entschädigungsangelegenheiten, worüber das Wesentliche in den früheren Ausführungen gesagt wurde.

Liste der Anwesenden

in der

Delegiertenversammlung am 29. April 1909 in Berlin.

Vertreter der Reichs- und Preußischen Staatsbehörden:

Vertreter des Herrn **Ministers für Handel und Gewerbe** Herr Geh. Ober-Regierungsrat Neumann, Berlin.

An der Sitzung nahmen als **Vertreter von befreundeten industriellen Organisationen** teil:

Der Zentralstelle für Vorbereitung von Handelsverträgen:

Herr Ravené, Geh. Kommerzienrat, Berlin.

Des Vereins zur Wahrung der Interessen der chemischen Industrie Deutschlands:

Herr Lepsius, Professor, Dr., Griesheim a. Main.

Der Ständigen Ausstellungskommission für die deutsche Industrie:

Herr Goldberger, Geh. Kommerzienrat, Berlin.

Mitglieder des Direktoriums:

Herr Rötger, Landrat a. D., Vorsitzender des Direktoriums der Firma Fried. Krupp, Akt.-Ges., Essen (Ruhr), Vorsitzender.

„ Koenig, G., Geh. Regierungsrat, Vorsitzender des Direktoriums des Vereins der Deutschen Zucker-Industrie, zweiter stellvertretender Vorsitzender, Berlin W, Kleiststr. 32.

„ von Vopelius, R., Hüttenbesitzer, Mitglied des Herrenhauses, Vorsitzender des Verbandes der Glasindustriellen Deutschlands und der Glas-Berufsgenossenschaft, Sulzbach bei Saarbrücken.

Herr Kirdorf, E., Geh. Kommerzienrat, Generaldirektor der Gelsenkirchener Bergwerks-Aktiengesellschaft, Rheinelbe bei Gelsenkirchen.
„ Semlinger, H., Kommerzienrat, Vorsitzender des Vereins Süddeutscher Baumwollindustrieller, Bamberg.
„ Hilger, Geh. Bergrat, Vorsitzender der Oestlichen Gruppe des Vereins Deutscher Eisen- und Stahlindustrieller, Berlin NW, Dorotheenstr. 50.
„ Vogel, Geh. Kommerzienrat, Vorsitzender des Verbandes der Textilindustriellen Chemnitz, Chemnitz.
„ Bueck, H. A., Generalsekretär, geschäftsführendes Mitglied im Direktorium, Berlin.

Mitglieder der Geschäftsführung:

Herr Bartels, Dr. jur., Regierungsrat, stellvertretender Geschäftsführer, Berlin.
„ Zakrzewski, Dr., Berlin.
„ Ballerstedt, Dr., Berlin.

Mitglieder:

Herr Ahlefeld, Bremen.
„ Baer, Dr., Forst i. L., Vertreter des Fabrikanten-Vereins Forst i. L. und des Forster und Lausitzer Arbeitgeber-Verbandes.
„ Bauriedel, Paul, Kommerzienrat, Nürnberg, Vertreter des Verbandes Deutscher Müller, Berlin.
„ Bertelsmann, A., Bielefeld, Vertreter des Verbandes Deutscher Leinen-Industrieller.
„ Beumer, W., Dr., M. d. A., Generalsekretär des Vereins zur Wahrung der gemeinsamen wirtschaftlichen Interessen in Rheinland und Westfalen und der Nordwestlichen Gruppe des Vereins Deutscher Eisen- und Stahl-Industrieller, Düsseldorf.
„ Bitta, Justizrat, Neudeck, O.-Schl.
„ Boecker, Generaldirektor, Friedenshütte.
„ Böker, Moritz, Remscheid, Vertreter des Bergischen Fabrikanten-Vereins, Remscheid.
„ Boelicke, Dr., Vertreter des Gesamtverbandes Deutscher Metallindustrieller, Berlin.

Herr von Borsig, Ernst, Kommerzienrat, Vorsitzender der Norddeutschen Gruppe des Vereins Deutscher Eisen- und Stahl-Industrieller, Berlin.

„ Brandt, Dr., Syndikus der Handelskammer Düsseldorf, Geschäftsführer des Vereins Deutscher Eisengießereien, Düsseldorf.

„ Graf von Brockdorff, Dr., Syndikus der Handelskammer für den Regierungsbezirk Oppeln, Oppeln.

„ Brückner, Richard, Calbe a. Saale, Vorsitzender des Vereins Deutscher Papierfabrikanten.

„ Budde, Professor, Dr., Berlin.

„ Buschmann, Charlottenburg, Geschäftsführer der Ziegelei-Berufsgenossenschaft Charlottenburg.

„ von Caron, Rittergutsbesitzer, Schloß Eldingen bei Celle.

„ Clauß, Ernst, Stephan, Mitglied der II. Sächsischen Kammer, Plaue bei Flöha in Sachsen.

„ Clauß, C., Augsburg.

„ Claußen, Lippstadt, Vertreter der Mechanischen Bindfadenfabrik Lippstadt.

„ van Delden, Gerrit, Kommerzienrat, Gronau.

„ Dierig, Oberlangenbielau.

„ Dietel, Franz, Geh. Kommerzienrat, Vorsitzender des Vereins Deutscher Wollkämmer und Kammgarnspinner, Coßmannsdorf.

„ Dietrich, Dr., Handelskammer-Syndikus, Plauen i. V.

„ Dilloo, Dr., Syndikus, Vertreter von Chr. Dierig, G. m. b. H., Oberlangenbielau.

„ Ditges, Generalsekretär, Geschäftsführer des Vereins Deutscher Papierfabrikanten und des Vereins Deutscher Schiffswerften, Berlin.

„ Dittmar, Max, Direktor, Vertreter der Vereinigung Deutscher Baumwollstrickgarn-Fabrikanten, Magdeburg.

„ Düwell, Heinr., Kommerzienrat, Kempten i. Schwaben.

„ Eck, Halle a. S., Vertreter der Portlandzementfabrik, Halle.

„ Fasolt, Dr., Geschäftsführer des Vereins zur Wahrung der gemeinsamen wirtschaftlichen Interessen der deutschen Elektrotechnik, Berlin.

„ Fiebelkorn, Dr., Geschäftsführer des Verbandes Deutscher Tonindustrieller und der Sektion der Dachziegelfabrikanten, Berlin.

Herr Fischer, Bernhard, Dresden, i. Fa. Dresdener Bohrmaschinenfabrik, A.-G., vorm. Bernhard Fischer & Winsch, Dresden.
„ Fleitmann, R., Kommerzienrat, Düsseldorf.
„ Fröhlich, Wilhelm, Bismarckhütte.
„ Frölich, Fr., Ingenieur, stellvertretender Geschäftsführer des Vereins Deutscher Maschinenbau-Anstalten, Düsseldorf.
„ Fuchs, Hermann, Direktor der Norddeutschen Wagenbau-Vereinigung, Charlottenburg.
„ Funcke, Bergrat, Bergwerksdirektor, Vorstandsmitglied der Gelsenkirchener Bergwerks-Aktiengesellschaft, Kamen.
„ Garvens, E., Hannover, Vertreter der Nordwestlichen Eisen- und Stahl-Berufsgenossenschaft.
„ Gerlach, Stolberg, Vertreter der Handelskammer Stolberg, Rhld.
„ Gerstein, M., Syndikus der Handelskammer Hagen und Geschäftsführer des Vereins der Märkischen Kleineisenindustrie, Hagen.
„ Goldschmidt, Karl, Dr., Essen.
„ Götze, Emil, Generalsekretär des Verbandes der Glasindustriellen Deutschlands und der Glasberufsgenossenschaft, Berlin.
„ Grabenstedt, Dr., Generalsekretär des Gesamtverbandes Deutscher Metallindustrieller, Berlin.
„ Gradner, Gustav, Direktor, Uhingen, Vertreter der Bleicherei und Färberei Uhingen.
„ Grau, B., Generaldirektor, Kratzwieck bei Stettin, Vertreter des Vereins der Industriellen Pommerns, Stettin.
„ Großberger, Kneuttingen, Generaldirektor des Lothringer Hüttenvereins Aumetz-Friede.
„ Großmann-Herrmann, Erich, Fabrikbesitzer, Bischofswerda i. Sachsen.
„ Großmann-Herrmann, Willy, Fabrikbesitzer, Bischofswerda.
„ Grunenberg, Dr., Bergwerksdirektor, Vorsitzender des Niederschlesischen Kohlensyndikats und des Vereins für die bergbaulichen Interessen Niederschlesiens, Hermsdorf bei Waldenburg in Schlesien.
„ Haasemann, A., Direktor, Bremen.
„ Hallbauer, Kommerzienrat, Lauchhammer.
„ Hampke, Dr., Geschäftsführer der Gewerbekammer Hamburg, Hamburg.
„ Heckel, Georg, Saarbrücken.
„ Heitmann, Direktor, Vertreter von Habersang & Zinzen, Düsseldorf.

Herr **Hennings**, Berlin, Vertreter des Centralverbandes der Dampfwäschereien Deutschlands, Berlin.

„ **Herbst**, Triebes, Vertreter der Jute-Spinnerei Triebes und des Verbandes Deutscher Jute-Industrieller.

„ **Heymann**, Vertreter der Firma Felten & Guilleaume, Köln.

„ **Hirsch**, W., M. d. A., Syndikus der Handelskammer für den Kreis Essen, Essen (Ruhr).

„ **Hoffmann**, Fabrikdirektor, Vertreter der Jute-Industrie, Berlin-Stralau.

„ **Hoffmann**, Generaldirektor, Vertreter der Oppelner Portland-Zementfabrik, vorm. F. W. Grundmann, Oppeln.

„ **Hübner**, Direktor der Akt.-Ges. Fried. Krupp, Germania-Werft, Kiel-Gaarden.

„ **Hummel**, Friedrich, Generaldirektor, Ettlingen.

„ **Janson**, K., Dr., Neusalz a. O.

„ **Jehle**, Ernst, Rechtsanwalt, Geschäftsführer des Württembergischen Industriekartells, Stuttgart.

„ **John**, W., Dr., Syndikus des Verbandes Ostdeutscher Industrieller, Danzig.

„ **Junk**, Henry, Direktor, Vertreter der Sächsischen Maschinenfabrik vorm. Rich. Hartmann, A.-G., Chemnitz.

„ **Kaesemacher**, H., Generaldirektor, Vertreter des Vereins der Industriellen Pommerns, Stettin.

„ **Kamp**, Kommerzienrat, Grunewald bei Berlin.

„ **von Kiesenwetter**, Vertreter der Kaliwerke Ummendorf-Eisleben, A.-G., Berlin.

„ **König**, Rechtsanwalt, Nürnberg.

„ **Korton**, R., Hüttendirektor, Saarbrücken.

„ **Kraner**, R., Vertreter des Vereins süddeutscher Baumwoll-Industrieller, Erlangen.

„ **Kratz**, Bergassessor, Vertreter des Vereins für die bergbaulichen Interessen im Oberbergamtsbezirk Dortmund, Essen-Ruhr.

„ **Krause**, A., Direktor, Schedewitz, Vertreter der Handelskammer Plauen i. S.

„ **Krawinkel**, Vertreter des Vereins der Industriellen des Regierungsbezirks Köln, Vollmershausen.

„ **Kreß**, Fr., Bergwerksdirektor, Potsdam, Vertreter des Braunkohlen-Brikettsyndikats, Helmstedt.

„ **Kreutz**, Jacob, Siegen i. W., Vertreter des Siegerländer Eisensteinvereins, G. m. b. H., und der Vereinigten Siegerländer Hütten, G. m. b. H., Siegen.

Herr Krieger, B., Berlin, Vertreter des Vereins der Kalkwerke und des Zementwarenfabrikantenvereins Deutschland.

„ Krüger, Generalleutnant z. D., Exzellenz, Geschäftsführer des Vereins der Fabrikanten landwirtschaftlicher Maschinen und Geräte und des Verbandes Deutscher Maschinenfabrikanten für Brauerei- und Mälzerei-Anlagen, Berlin.

„ Kuhlo, Dr., Syndikus des Bayerischen Industriellen-Verbandes, München.

„ Langen, C. O., Kommerzienrat, Präsident der Handelskammer und Vorsitzender des Vereins rheinisch-westfälischer Baumwollspinner, M.-Gladbach.

„ Langen, Otto H., M.-Gladbach.

„ von Langen, Gottlieb, Fabrikbesitzer, Köln.

„ Laval, C., Fabrikdirektor, Magdeburg, Vertreter des Gesamtverbandes Deutscher Metallindustrieller, Berlin.

„ Lehmann, Professor, Dr., Handelskammersyndikus, Geschäftsführer des Vereins Deutscher Tuch- und Wollwarenfabrikanten und des Vereins für die berg- und hüttenmännischen Interessen im Aachener Bezirk, Aachen.

„ Lochmüller, W., Dr., Syndikus des Verbandes Deutscher Baumwollgarn-Verbraucher, Dresden.

„ Lohmann, H., Oberbergrat, Breslau, Vertreter von C. Kulmiz, G. m. b. H., Saarau.

„ Mannstaedt, C., Kalk b. Köln.

„ Marcus, Art. P., Berlin, Vertreter des Verbandes Deutscher Schlosserinnungen.

„ Marwitz, G., Kommerzienrat, Vorsitzender des Vereins der Baumwollgarnkonsumenten, Dresden.

„ Mathies, Regierungs- und Baurat, Dortmund.

„ Meidel, Direktor, Vertreter des Vereins Deutscher Brücken- und Eisenbaufabriken, Berlin.

„ Meyer, Paul, Dr., i. Firma Paul Meyer A.-G., Berlin.

„ Meyer, Glauchau, Vertreter der Oelsnitzer Bergbaugewerkschaft, Oelsnitz.

„ Mittelstaedt, Wilhelm, Vertreter von Christian Dierig, G. m. b. H., Oberlangenbielau.

„ Moeller, Bergwerksdirektor, Waldenburg i. Schl., Vertreter der von Kulmizschen Steinkohlenbergwerke.

„ Mundt, Artur, i. Fa. Berliner Gipswerke L. Mundt vorm. H. Köhne, Berlin.

Herr Neißer, Dr., Justizrat, Geschäftsführer des Verbandes Schlesischer Textilindustrieller, Breslau.
„ Neubarth, Eugen, Kommerzienrat, Vorsitzender des Forster Fabrikantenvereins, Forst i. L.
„ Pferdekämper, Weida, Vertreter der Jute-Industrie.
„ Peltzer, Adolf Fr., Fabrikbesitzer, M.-Gladbach.
„ Piatschek, Bergwerksdirektor, Halle.
„ Piper, Berlin, Vertreter der Portland-Zementfabrik, Rüdersdorf.
„ Preißler, Dr., Vertreter des Vereins der deutschen Zuckerindustrie, Linden-Hannover.
„ Probst, Paul, Vertreter der mechanischen Bindfadenfabrik, Immenstadt.
„ von Prondzynski, F., Vertreter der Zentralverkaufsstelle Schlesischer Portland-Zementfabriken und der Groschowitzer Portland-Zementfabrik, Groschowitz O.-Sp.
„ Prüßing, Paul, Dr., Fabrikbesitzer, Vorsitzender der Sächsisch-Thüringischen Portland-Zementfabrik, Prüßing & Co., Schönebeck a. Elbe.
„ Prüßing, C., Hamburg.
„ Ramelow, H., Rechtsanwalt, Geschäftsführer der Deutschen Exportvereinigung zur Förderung gemeinsamer deutscher Exportinteressen und zum Schutze der Mitglieder bei Auslandsprozessen, Berlin.
„ Rocke, Dr., Syndikus der Handelskammer und Geschäftsführer des Fabrikantenvereins Hannover-Linden, Hannover.
„ Röchling, L., Hüttenbesitzer, Völklingen.
„ Roesch, Fabrikbesitzer, Mühlheim-Ruhr.
„ Roitzsch, Ernst, Geschäftsführer des Verbandes von Arbeitgebern der Sächsischen Textilindustrie, Chemnitz.
„ Rommeler, Berlin, Vertreter der Fa.: Felten & Guilleaume, Lahmeyerwerke.
„ Rudolph, Salinendirektor, Vertreter des Mitteldeutschen Salinenvereins, Salzungen.
„ Sachsenberg, Kommerzienrat, Roßlau, Vertreter des Anhaltischen Industrievereins, Dessau.
„ Saeftel, Direktor, Dillingen a. d. Saar.
„ Saße, Vertreter der Rheinisch-Westfälischen Zeitung, Berlin.
„ Selle, Dr., Vertreter des deutschen Braunkohlen-Industrie-Vereins, Halle a. S.
„ Senftleben, W., Fabrikant, Forst i. L.

Herr Siemens, Vertreter des Deutschen Braunkohlen-Industrie-Vereins, Halle a. S.

" von Skal, Bergassessor, Bollingen i. Lothr., Geschäftsführer des Vereins für die bergbaulichen Interessen Lothringens.

" von Skene, Carl, Geh. Kommerzienrat, Klettendorf bei Breslau.

" von Skene, Th., Berlin.

" Springorum, Kommerzienrat, Generaldirektor, Vorsitzender des Vereins Deutscher Eisenhüttenleute, Dortmund.

" Schaafhausen, Bergwerksdirektor, Neu-Welzow (Niederlausitz).

" Schäfer, Dr., Neusalz a. O.

" Schaltenbrand, Direktor, Vorsitzender des Stahlwerksverbandes, A.-G., Düsseldorf.

" Scheibner, F., Vertreter des Sächsisch-Thüringischen Verbandes, Gera.

" Scheiding, O., Schlettau b. Halle, Hallesche Kaliwerke, A.-G., Halle a. S.

" von Schenk, Friedrich, Arnsberg, Vorsitzender des Arbeitgeberverbandes, Oberruhr.

" Schieß, Ernst, Geh. Kommerzienrat, Vorsitzender des Vereins Deutscher Werkzeugmaschinenfabriken, Düsseldorf.

" Schilling, Suhl.

" Schönstedt, M., Duisburg, Vertreter des Verbandes Deutscher Baumwollgarnverbraucher.

" Schmid, Th. W., Spinnereidirektor, Hof i. B., Vertreter des Vereins süddeutscher Textilindustrieller.

" Schreckenbach, Solingen, Vertreter der Kgl. Musterbleiche.

" Schrey, Geh. Regierungs- und Baurat, Vorsitzender des Verbandes Ostdeutscher Industrieller, Danzig.

" Schroers, A., Kommerzienrat, Vorsitzender des Vereins der Deutschen Textilveredelungsindustrie, Düsseldorf, Crefeld.

" Schrödter, E., Dr.-Ing., Ingenieur, Geschäftsführer des Vereins Deutscher Eisenhüttenleute und des Vereins Deutscher Maschinenbauanstalten, Düsseldorf.

" von Schubert, Generalleutnant z. D., Exzellenz, M. d. R. u. A.-H., Berlin.

" Schulz, Fr., Lünen, Vertreter der Gewerkschaft Eisenhütte Westfalia.

" Schumann, Generaldirektor, Grube Ilse, N.-L., Vertreter des Deutschen Braunkohlen-Industrievereins, Halle a. S.

" Schwerin, Dr., Breslau, i. Fa.: J. Schwerin & Söhne, Breslau.

Herr Steinegger, L., Mittweida, Vertreter der Baumwollspinnerei Mittweida.
„ Steinle, Herm., Burg.
„ Steller, Paul, Generalsekretär des Vereins der Industriellen des Regierungsbezirks Köln und des Vereins Deutscher Werkzeugmaschinenfabriken, Köln.
„ Stumpf, F., Generalsekretär des Georgs-Marien-Bergwerks- und Hütten-Vereins, Syndikus der Handelskammer zu Osnabrück, Osnabrück.
„ Tänzler, Dr., Syndikus der Hauptstelle Deutscher Arbeitgeberverbände, Berlin.
„ Thalheim, Leipzig, Vertreter des Verbandes Deutscher Schlosser-Innungen.
„ Tiemann, Vertreter des Verbandes Deutscher Leinenindustrieller, Bielefeld.
„ Ugé, Kommerzienrat, Kaiserslautern.
„ Voelcker, Dr., Regierungsrat, Vertreter des Verbandes Deutscher Messingwerke, Berlin.
„ Voltz, Dr., Geschäftsführer des Oberschlesischen Berg- und Hüttenmännischen Vereins und der Oestlichen Gruppe des Vereins Deutscher Eisen- und Stahl-Industrieller, Kattowitz.
„ Voye, Dr., Vertreter der Handelskammer Hagen und des Vereins der Märkischen Kleineisenindustrie, Hagen.
„ Waibel, Adolf, Direktor, Vertreter der Mechanischen Baumwollspinnerei und -Weberei, Augsburg.
„ Walter, W., Direktor, Hannover-Linden, Vertreter der Hannoverschen Baumwollspinnerei und Weberei, Hannover.
„ Weber, Herm., Kommerzienrat, Gera, Vertreter der Handelskammer Gera.
„ Websky, Ernst, Fabrikbesitzer, Tannhausen.
„ Weichelt, Carl, Eisengießereibesitzer, Leipzig.
„ Weinlig, Generaldirektor, Burg Lede b. Beuel.
„ Weismüller, Kommerzienrat, Auerbach (Hessen).
„ Wiebe, Dr., Syndikus der Handelskammer Bochum, Bochum.
„ Williger, Generaldirektor, Kattowitz.
„ Winkler, Direktor, Grünberg i. Schl.
„ Wolf, E., Fabrikbesitzer, Essen.
„ Wolff, F., Magdeburg, i. Fa.: R. Wolff, Maschinenfabrik, Magdeburg.
„ Zellweger, Rudolf, Vertreter der Allgäuer Baumwollspinnerei und Weberei Blaichach, vorm. Heinr. Gye, Blaichach.

Herr Ziese, Carl A., Geh. Kommerzienrat, Elbing, Vertreter von F. Schichau, Elbing.
„ Zoger, Bonn.

Als Gäste waren anwesend:

Herr von Liebert, Generalleutnant, Exzellenz, Berlin.
„ Peters, Dr., Berlin.
„ Steinmann-Bucher, Herausgeber der „Deutschen Industrie-Zeitung", Berlin.
„ Walter, Dr., Berlin.

Als Vertreter der Presse waren anwesend:

Herr Friedländer, Hugo, Journalist, Berlin.
„ Herzberg, Vertreter des Korrespondenz-Bureaus, Berlin.
„ Jorke, Berlin.
„ Kronsbein, Dr., Berlin, Chefredakteur der „Post", Berlin.

Entschuldigt haben sich:

Vom Direktorium:

Herr von Rieppel, Dr.-Ing. h. c., Baurat, Vorsitzender des Bayerischen Industriellen-Verbandes, Nürnberg, Aeußere Cramer-Klettstr. 12, Erster stellvertretender Vorsitzender.
„ Jencke, H., Dr.-Ing. h. c., Geh. Finanzrat a. D., Mitglied des Preußischen Staatsrats und der Sächsischen Ersten Kammer, Dresden, Parkstr. 8.
„ Vorster, Jul., Geh. Kommerzienrat, M. d. H. d. Abg., Vorsitzender des Vereins der Industriellen des Reg.-Bez. Köln, Köln.
„ Schlumberger, Th., Geh. Kommerzienrat, Vorsitzender des Elsässischen Industriellen-Syndikats, Mülhausen i. Els.

Von Mitgliedern:

Herr Aust, H., Kommerzienrat, Vertreter von Kathreiners Malzkaffeefabriken, G. m. b. H., München.
„ Blauel, A., Direktor, Breslau.
„ Clouth, Franz, Fabrikbesitzer, Köln-Nippes.
„ Curtius, Richard, Fabrikbesitzer, Duisburg.
„ Euler, Kommerzienrat, Bensheim.
„ Flechtner, Reinhold, Langenbielau, Vertreter des Verbandes Schlesischer Textilindustrieller, Breslau.
„ Flohr, Kgl. Baurat, Stettin-Bredow.
Felten & Guilleaume-Lahmeyerwerke, Carlswerk in Mülheim a. Rh.
Herr Goecke, E., Geh. Kommerzienrat, Duisburg-Meiderich.

Herr von Guilleaume, Arnold, Köln, Vertreter der Firma Felten & Guilleaume, Köln.
„ Haas, Karl, Geh. Kommerzienrat, Erster stellvertretender Vorsitzender des Vereins Deutscher Zellstoffabrikanten, Waldhof bei Mannheim.
„ Hoeter, Ministerialdirektor a. D., Berlin.
Hoffmanns Stärkefabriken, A.-G., Salzuflen (Lippe).
Herr Jüngst, C., Geh. Bergrat, Berlin.
„ Kaiser, Generaldirektor, Wetzlar.
„ Kusel, Friedrich, Direktor, Gelenau.
„ Klemme, Dr.-Ing. h. c., Generaldirektor, Bergassessor a. D., St. Avold (Lothringen).
„ Krabler, E., Geh. Bergrat, Altenessen.
„ Laurenz, A., Kommerzienrat, Ochtrup i. W.
„ Linke, Fürstl. Hohenlohescher Generaldirektor, Slawentzitz.
„ Lueg, H., Geh. Kommerzienrat, Düsseldorf.
„ Lindgens, Adolf, Mülheim am Rhein.
„ von und zu Loewenstein, Bergassessor, Geschäftsführer des Vereins zur Wahrung der bergbaulichen Interessen im Oberbergamtsbezirk Dortmund, Essen (Ruhr).
„ Massenez, Joseph, Wiesbaden.
„ Meesmann, Direktor, Mainz.
„ Mollat, Dr., Syndikus der Handelskammer Siegen und Geschäftsführer des Berg- und Hüttenmännischen Vereins, Siegen.
„ Müllensiefen, Theodor, Kommerzienrat, Crengeldanz.
„ Nasse, Dr., Fürstlicher Generaldirektor, Schädlitz b. Pleß, Ob.-Schl.
„ Niedt; Generaldirektor, Gleiwitz.
„ Oswald, W., Kommerzienrat, Coblenz.
„ Rickel, Ferd., Direktor, Harburg.
„ Servaes, Geh. Kommerzienrat, Düsseldorf.
„ Sedlmayr, Gabriel, Geh. Kommerzienrat, München.
„ Siegert, Direktor, Hildesheim.
„ Selve, Geh. Kommerzienrat, Altena i. W.
„ Stahl, Dr.-Ing., Kommerzienrat, Düsseldorf.
Stettiner Oderwerke, A.-G., Stettin.
Herr Winkler, Paul, Kommerzienrat, Fürth i. Bayern.
„ Zanders, Hans, Kommerzienrat, Bergisch-Gladbach.
„ Zörner, Bergrat, Kalk b. Köln.
„ Zschille, Georg, Dresden.

Geschäftsbericht

für die Zeit vom 28. Oktober 1907 bis zum 29. März 1909.

Seit der Versammlung der Delegierten am 28. Oktober 1907 sind drei Delegiertenversammlungen zu Berlin, am 13. März und 7. November 1908 sowie am 30. Januar 1909, abgehalten worden. Ferner haben drei Sitzungen des Ausschusses an den genannten Tagen stattgefunden. Das Direktorium des Centralverbandes ist zu zehn Sitzungen zusammengetreten, die der Interessengemeinschaft angehörenden Verbände haben sieben Sitzungen abgehalten.

Namens der Interessengemeinschaft wurde vom Centralverbande eine Versammlung von Interessenten zum 2. Mai 1908 nach Berlin einberufen, um Stellung zu der Frage zu nehmen, ob eine deutsche Außenhandelsstelle, bzw. auf welchen Grundlagen und in welchem Umfange zu errichten sei. An der Versammlung nahmen teil neben den Vertretern des Reichsamts des Innern, des Auswärtigen Amts, des Preußischen Handelsministeriums, des Bayerischen Ministeriums des Aeußern und des Großherzoglich Badischen Ministeriums des Innern, Abgeordnete von 35 Handelskammern und 41 Verbänden und Vereinen.*)

Der Centralverband hat in Gemeinschaft mit dem Wasserwirtschaftlichen Verbande der westdeutschen Industrie und dem Zentralverband für Wasserbau und Wasserwirtschaft eine Versammlung am 26. November 1908 in Berlin zur Beratung des preußischen Wassergesetzentwurfs von 1906 abgehalten, an der auch Vertreter des Ministeriums der öffentlichen Arbeiten, des Handelsministeriums und des Landwirtschaftlichen Ministeriums teilnahmen; die Verhandlungen

*) Der Bericht über diese Versammlung befindet sich in Heft 110 dieser „Verhandlungen, Mitteilungen und Berichte", S. 22 ff.

haben zu einer einheitlichen Stellungnahme der Industrie in bezug auf diesen Entwurf geführt.*)

Außerdem hat eine Reihe von Kommissionen des Centralverbandes ihre Sitzungen abgehalten, auf die wir weiter unten des näheren eingehen werden.

Seit der Versammlung der Delegierten am 28. Oktober 1907 sind dem Centralverbande folgende neue Mitglieder beigetreten:

Sektion der Dachziegelfabrikanten des Verbandes Deutscher Tonindustrieller, Berlin.
Verein Deutscher Tafelglashütten, G. m. b. H., Bonn.
Deutscher Gips-Verein, E. V., Berlin.
Verein der Kalksandsteinfabriken, Berlin.
Verein Deutscher Kalkwerke, Berlin.
Verein der Textilindustriellen von M.-Gladbach und Umgegend.
Zementwaren-Fabrikanten-Verein Deutschlands, E. V., Berlin.
Verkaufsvereinigung Oberschlesischer Kalkwerke, Oppeln.
Verein zur Wahrung gemeinsamer Wirtschaftsinteressen der deutschen Elektrotechnik, Berlin.
Verein Deutscher Brücken- und Eisenbau-Fabriken, Berlin.
Verein Deutscher Ingenieure, Berlin.
Verband Deutscher Mühlenbauanstalten, Berlin.
Vereinigte Siegerländer Hütten, G. m. b. H.
Verein für die Interessen der Rheinischen Braunkohlen-Industrie, Köln a. Rh.
Verband Bayerischer Metallindustrieller, Nürnberg.
Deutsche Export-Vereinigung.
Wirkwarenfabrikanten-Vereinigung Chemnitz und Umgegend.
Portland-Cementwerk Saxonia Akt.-Ges., Glöthe.
Dresdner Bank, Berlin.
Chemische Fabrik, Oranienburg.
E. Albers & von Drathen, Meldorf i. Holstein.
Oppelner Portland-Cement-Fabriken vorm. F. W. Grundmann, Oppeln.
Braunkohlen- und Briket-Industrie Akt.-Ges., Berlin.
Geh. Hofrat Dr. Felix Hecht, Mannheim.
Kommerzienrat Fr. Blezinger, Stuttgart.
Englische Gardinenweberei Blezinger & Co., Stuttgart.
Mechanische Bindfadenfabrik, Memmingen i. Bayern.

---

*) Bericht über diese Versammlung ist in Heft 113 a. a. O., S. 5 ff. veröffentlicht.

Direktor G. Gradner, Uhingen i. Württemberg.
Dr. jur. Georg Doertenbach, Stuttgart.
Allgäuer Baumwoll-Spinnerei und -Weberei Blaichach vorm. Heinrich Gyr, Bleichach i. Allgäu.
Carl Feuerlein, Feuerbach-Stuttgart.
Se. Hoheit Herzog Ernst Günther zu Schleswig-Holstein.
Niederlausitzer Briket-Verkaufs-Gesellschaft m. b. H., Neu-Welzow, N.-L.
Fürstlich Plessische Generaldirektion, Schädlitz b. Pleß.
A. Melchior & Co., Nürtingen i. Württemberg.
Holzhandel, G. m. b. H., Beuthen, O.-S.
Kommerzienrat Adolf Schiedmayer, Stuttgart.
Baumwollspinnerei Akt.-Ges. Gelenau i. Erzgebirge.
Generaldirektor von Prondzynski, Groschowitz.
H. D. Gruschwitz & Söhne, Neusalz a. O.
Kommerzienrat Franz Hallström, Nienburg a. Saale.
Bergmann-Elektrizitätswerke Akt.-Ges., Berlin.
Treuhand-Vereinigung Akt.-Ges., Berlin.
Raab, Karcher & Co., Duisburg.
Commerz- und Diskontobank, Berlin.
Tüllfabrik Lindau, Kintzinger & Schmückle, Lindau i. B.
Portland-Cementfabrik Halle, Halle a. S.
Geh. Kommerzienrat Arnhold, Berlin.

Ausgeschieden aus dem Centralverbande sind:
Oberschlesischer Stahlwerks-Verband, G. m. b. H., Berlin (infolge Liquidation).
Vereinigung Rheinisch-Westfälischer Bandeisen-Walzwerke, Schlebusch-Manfort.
Verband deutscher Grobblech-Walzwerke, Essen a. d. Ruhr (infolge Liquidation).
Roheisen-Syndikat, G. m. b. H., Düsseldorf (infolge Liquidation).
Kommerzienrat Aug. Schoeller, Elberfeld.
Norddeutsche Braunkohlenwerke, Akt.-Ges., Helmstedt.
W. Behrens, Hanau.
Verlagsbuchhandlung R. Oldenbourg, München.
Simons & Frowein, Elberfeld.

Es gehören nunmehr dem Centralverbande Deutscher Industrieller, abgesehen von den Einzelmitgliedern, 193 Vereine, Verbände, Handelskammern, Syndikate und Berufsgenossenschaften an. Alle Industriezweige, sowohl diejenigen, welche man heute zu der sogenannten schweren Industrie rechnet, als auch die, welche zur leichten (den

Industrien der Fertigfabrikate) gehören, sind im Centralverbande vertreten. Die von manchen Seiten unermüdlich vorgebrachte gegenteilige Behauptung ist um so weniger zu verstehen, da der Centralverband das Verzeichnis der ihm angeschlossenen Verbände, Vereine und Korporationen regelmäßig in jedem Monat veröffentlicht.

Der Verkehr zwischen den Behörden und dem Centralverbande ist auch in dieser Berichtsperiode lebhaft gewesen. Die dem Centralverbande zugegangenen Mitteilungen seitens des Reichskanzlers, des Reichsamts des Innern, des Reichskolonialamts, des Ministeriums für Handel und Gewerbe usw. sind, wo es angezeigt erschien, durch Rundschreiben verbreitet oder auch in unserem Organ, der „Deutschen Industrie-Zeitung“ bekanntgegeben worden, wo aber der vertrauliche Charakter eine solche Verbreitung nicht zuließ, ist den Interessenten in anderer Weise Kenntnis gegeben worden. Es sind ferner Gutachten von dem Centralverbande eingefordert worden, die er in entsprechender Weise abgegeben hat.

Auf dem Gebiet der Handelspolitik hat der Centralverband sich sehr eingehend mit der von dem französischen Parlament geplanten Erhöhung der einzelnen Zollsätze des französischen Zolltarifs beschäftigt und die Interessen seiner Mitglieder nach den verschiedensten Richtungen zu vertreten gesucht. Hinsichtlich der in den Vereinigten Staaten von Amerika geplanten Zollerhöhung hat der Centralverband gleichfalls die Interessen der Industrie in wirksamer Weise zu wahren unternommen.

Die geltenden Handelsverträge haben unseren Mitgliedern zu einer Reihe berechtigter Beschwerden Anlaß gegeben. Bei der Verfolgung dieser Zollbeschwerden usw. hat es sich herausgestellt, daß die einzelnen Handelsverträge nicht erschöpfend genug formuliert sind, insbesondere ist es zu beklagen, daß der deutsch-italienische Handelsvertrag in bezug auf die einzelnen Positionen des italienischen Zolltarifs nicht präzise genug von den deutschen Unterhändlern abgefaßt ist. Die Erfahrungen, die man früher bei den Beschwerden mit Italien gesammelt hat, sind von unseren Vertretern bei Abschluß dieses Vertrages nicht hinlänglich verwertet worden.

Durch Erlaß vom 24. April v. J. hat der Herr Minister für Handel und Gewerbe unter Rückerbittung eine ihm selbst von unbekannter Seite zugegangene Denkschrift „Die Unzulänglichkeit der heutigen Schutzzollgesetzgebung für die deutsche Eisenindustrie“ dem Direktorium des Centralverbandes mit dem Ersuchen übersandt, deren Angaben einer Prüfung zu unterziehen und ihm über das Ergebnis zu berichten. Es handelte sich um die Klagen der sogenannten reinen

Walzwerke, daß ihnen durch die im Stahlwerksverband vereinigten großen gemischten Werke die Möglichkeit der Existenz abgeschnitten werde. Von den reinen Walzwerken war daher die Aufhebung des Zolles auf Roheisen, Schrott und Halbzeug verlangt worden. Das Direktorium beschloß, diese Denkschrift dem Verein Deutscher Eisen- und Stahlindustrieller zu überweisen und ihn zu ersuchen, nach eingezogenem Gutachten von den einzelnen Gruppen des Vereins, das erforderliche Material zu liefern. Auf Grund der eingegangenen gutachtlichen Aeußerungen ist dem Herrn Minister eine sehr umfangreiche Denkschrift im November v. J. unterbreitet worden.*)

In dieser Sache haben am 18. Dezember v. J. in Düsseldorf unter dem Vorsitz des Herrn Handelsministers und im Beisein des Herrn Staatssekretärs des Innern kontradiktorische Verhandlungen zwischen Vertretern des Stahlwerksverbandes und denjenigen der reinen Walzwerke stattgefunden mit dem Ergebnis, daß alle die Anschuldigungen und Beschwerden, die von den reinen Walzwerken erhoben worden waren, sich als nichtig erwiesen. Leider hat die Agitation nicht aufgehört; sie ist wieder aufgenommen worden, und zwar von einer Seite, der es namentlich um Reklame zu tun ist. Demgegenüber muß betont werden, daß die Eisenzölle gewissermaßen das Rückgrat unserer ganzen Schutzzollpolitik bilden, das kann insbesondere von dem Zoll auf Roheisen gesagt werden. Die Aufhebung des letzteren würde den Fortfall aller anderen Eisenzölle unbedingt herbeiführen; was dann aus den übrigen Zöllen würde, das hat die Unglücksperiode in den 70er Jahren des vorigen Jahrhunderts gezeigt. Ob sich dann, wenn unsere Eisenindustrie schutzlos werden sollte, und wenn Deutschland in der Hauptsache vom Auslande mit Eisen- und Stahlerzeugnissen versorgt werden würde, die reinen Walzwerke nicht noch viel schlechter stellen würden als heute, diese Frage kann mit ziemlicher Bestimmtheit bejaht werden.

Sehr eingehende Gutachten hat der Centralverband unter Berücksichtigung der allgemeinen wirtschaftlichen Verhältnisse und unter Abwägung der einzelnen Wünsche der Interessenten erstattet in bezug auf den Veredlungsverkehr mit ausländischen Blechen zur Herstellung von mit Schmelz belegten Blechwaren; Veredlungsverkehr mit wollenen und baumwollenen Geweben zur Herstellung von Konfektionswaren; ständigen Eigenveredlungsverkehr mit ausländischem rohen Stahlwalzdraht; Veredlungsverkehr mit englischem Curl

*) Vgl. Heft 111 der „Verhandlungen, Mitteilungen und Berichte“ S. 125 ff.

(Krimmer); ständigen Eigenveredlungsverkehr mit rohen Maschinenbügeln aus schmiedbarem Eisenguß zur Herstellung von Luftdruck-Hebelnietmaschinen; Veredlungsverkehr mit Dampfkesselteilen der Tarifnummern 798 und 799; Veredlungsverkehr mit englischen Eisenblechen.

Um in der Bevölkerung Chinas immer mehr einzudringen und festen Fuß zu fassen, um den Handelsbeziehungen eine immer breitere und festere Grundlage zu geben, haben andere Länder, England, Frankreich und insbesondere die Vereinigten Staaten, mit großen Mitteln sehr viel und mit weitreichendem Erfolge für die Errichtung von Schulen und höheren Bildungsanstalten getan. Leider ist Deutschland in dieser Beziehung weit zurückgeblieben; erst in neuerer Zeit scheint man die Bedeutung derartiger Veranstaltungen auch in Deutschland zu erkennen. Eine dieser Maßnahmen ist die Errichtung einer deutschen Schule in Tientsin, die von der dortigen Kaufmannschaft unter dem Protektorat des deutschen Konsulats eingerichtet ist und sich gut bewährt. Zur Unterhaltung dieser Schule hat das Direktorium des Centralverbandes mit Rücksicht auf die prinzipielle Wichtigkeit derselben für die Stärkung des deutschen Einflusses in China zunächst für drei Jahre einen Jahresbeitrag von 2100 Mark bewilligt, der für die Jahre 1908 und 1909 bereits geleistet worden ist.

Auf Anregung aus dem Kreise der Mitglieder hatte das Direktorium eine Kommission zur Beratung der Lieferungsbedingungen für Auslandsgeschäfte eingesetzt. Neben den Vertretern der am Export beteiligten Industrien haben Delegierte des Vereins Hamburger Exporteure, des Verbandes deutscher Exporteure, des Vereins rheinisch-westfälischer Exporteure, der Vereinigung der Exportfirmen Frankfurt a. M. und Umgegend, der Vereinigung Berliner Exportfirmen, der Vereinigung der Exporteure Sachsens und Thüringens und des Vereins Bremer Exporteure an dieser Kommission teilgenommen. Die Verhandlungen dieser Kommission fanden am 3. Dezember 1908 unter dem Vorsitz des geschäftsführenden Mitgliedes im Direktorium H. A. Bueck statt und führten zu sehr eingehender Aussprache der Interessenten, die vertraulichen Charakter trug. Der Centralverband hat weitere Konferenzen dieser Kommission in Aussicht genommen.

Infolge einer Anfrage aus dem Kreise der Mitglieder lehnte das Direktorium den von einer Seite gemachten Vorschlag, die Schaffung eines Reichsamts für Handel und Gewerbe zu befürworten, ab und hielt insbesondere die Abtrennung der handelspolitischen Abteilung vom Auswärtigen Amt für undurchführbar.

Auf dem Gebiet des Gewerbewesens, der Gewerbe- und Sozialpolitik hat der Centralverband in Uebereinstimmung mit den von der

Versammlung der Delegierten gefaßten Beschlüssen eine Petition an den Reichstag zu dem Entwurf eines Gesetzes betreffend die Abänderung der Gewerbeordnung im April v. J. gerichtet. Hinsichtlich der Regelung der Frauenarbeit hat das Direktorium die Wünsche der Industrie in einer Eingabe vom November v. J. und in einer zweiten vom Dezember v. J. dem Bundesrat unterbreitet.*)

Nach § 120e der Gewerbeordnung kann durch Beschluß des Bundesrats für solche Gewerbe, in denen durch übermäßige Dauer der täglichen Arbeitszeit die Gesundheit der Arbeiter gefährdet wird, Dauer, Beginn und Ende der zulässigen Arbeitszeit und der zu gewährenden Pausen vorgeschrieben und die zur Durchführung dieser Vorschriften erforderlichen Anordnungen erlassen werden. Auf Grund dieses Paragraphen hat der Bundesrat Bestimmungen betreffend die Einrichtung und den Betrieb von Steinbrüchen und Steinhauereien (Steinmetzbetrieb) erlassen, durch die in § 9 der zehnstündige Maximal-Arbeitstag eingeführt ist. Infolge Anregung des Ausschusses der Ton-, Zement- und Kalkvereine hatte das Direktorium bei dem Herrn Staatssekretär des Innern und bei dem Herrn Minister für Handel und Gewerbe beantragt, eine Abänderung des § 9 dieser Bekanntmachung bei dem Bundesrat dahin zu erwirken, daß an Stelle des zehnstündigen Maximal-Arbeitstages die 60stündige Maximal-Arbeitswoche eingeführt werde. Da die Arbeiten in Steinbrüchen aufhören müssen, sobald Regenwetter einsetzt, so kann ein Teil des Zeitverlustes nach Regentagen wieder eingebracht werden ohne Betriebsgefahr, sofern die Zahl der Ueberstunden auf mehr als zwei täglich gestattet ist und dabei die Gesamtarbeitszeit einer Woche 60 Stunden nicht übersteigt.

Der Centralverband hat sich ferner in einer an den Bundesrat gerichteten Eingabe gegen alle weiteren Beschränkungen der Beschäftigung jugendlicher Arbeiter in Glashütten ausgesprochen, wobei er nachweist, daß die Gesundheitsverhältnisse in den Glashütten günstiger sind als in der Mehrzahl der anderen Betriebe.**)

Aus den Kreisen der Mitglieder, insbesondere von seiten des Ausschusses der Ton-, Zement- und Kalkvereine, ist auf Unzuträglichkeiten hingewiesen worden, die das Genehmigungsverfahren bei den sogen. „geräuschvollen Anlagen" (§ 16 ff. GO.) mit sich bringt. Das Direktorium hat sich daher veranlaßt gesehen, folgende Anträge dem Herrn Minister für Handel und Gewerbe auf Abänderung bzw. Ergänzung der gesetzlichen Bestimmungen zu unterbreiten. Zurzeit

*) Die Eingaben sind abgedruckt in Heft 112, S. 101ff.

**) Siehe Heft 109 der „Verhandlungen, Mitteilungen und Berichte" S. 20.

entscheiden über derartige Genehmigungen neben den Bezirksausschüssen die Kreis- und Stadtausschüsse, sowie in Städten von mehr als 10000 Einwohnern die Magistrate. Allen diesen Behörden fehlt infolge ihrer Zusammensetzung die genügende Sachkunde zur Beurteilung gewerblicher und industrieller Verhältnisse, so daß bei ihren Entscheidungen hauptsächlich die Gutachten der Gewerbeinspektoren den Ausschlag geben. Die Auffassungen der letzteren sind aber, mangels erschöpfender Bestimmungen, je nach ihrem persönlichen Standpunkt sehr verschieden. Hierdurch entstehen bei der Ausführung der Bestimmungen der Gewerbeordnung vielfach Ungleichheiten, die oft zu schweren Schädigungen der Unternehmer führen. Nicht selten werden als Voraussetzung für die Erteilung der nachgesuchten Genehmigung seitens der Gewerbeinspektoren kostspielige und betriebsstörende Anlagen gefordert, die sich sogar in zahlreichen Fällen in der Praxis als undurchführbar erwiesen haben.

Nicht minder bringt die Beteiligung der Medizinalbeamten, die nach der Ausführungsanweisung zur Gewerbeordnung vorgeschrieben ist, große Belästigungen für die Unternehmer mit sich. Auch von diesen Beamten werden häufig aus theoretischen Erwägungen kostspielige und dabei nutzlose Aufwendungen verlangt. Das Direktorium schlägt daher vor, an Stelle der verschiedenen zur Entscheidung befugten Stellen lediglich den Bezirksausschuß für zuständig zu erklären. Sollte es nicht angängig sein, im Wege der Landesgesetzgebung eine andere Zusammensetzung der Bezirksausschüsse zu erlangen, bei der eine stärkere Heranziehung der gewerblichen und industriellen Kreise in Betracht kommt, so wird mindestens die Schaffung von Beiräten gewünscht, die aus den verschiedensten Interessentenkreisen zusammengesetzt sind und je nach der Art der zur Entscheidung stehenden Sache Vertreter zu der betreffenden Sitzung zu entsenden hätten.

Ferner ist eine Abänderung des § 19a GO. dahin beantragt, daß nicht nur die „Bauausführung", sondern auch der sog. „Versuchsbetrieb" zugelassen wird. Häufig kann der Nachweis, daß einer neuen Konstruktion oder Betriebsart keine erheblichen Nachteile, Gefahren oder Belästigungen im Sinne des § 16 GO. entgegenstehen, am leichtesten und einwandfreiesten durch Ausführung und Inbetriebnahme der Anlage geführt werden. Natürlich müsse der Unternehmer auch hierbei, wie schon jetzt bei der Gestattung des Baues, eine Sicherheit leisten. Das Risiko, trotzdem die endgültige Genehmigung nicht zu erhalten, weil der Betrieb doch solche Nachteile usw. mit sich bringt, wird den Unternehmer von selbst abhalten, leichtsinnig die Zulassung eines Versuchsbetriebes nachzusuchen.

Auf besondere Schwierigkeiten stößt ferner in der Praxis die Auslegung des § 25 GO. Danach bedarf ein bestehendes Unternehmen einer neuen bzw. ergänzenden Genehmigung, wofern eine „Veränderung der Betriebsstätte" vorgenommen oder „wesentliche Veränderungen in dem Betriebe" einer Anlage erfolgen. Andere Veränderungen kann der Unternehmer ohne Genehmigung bewirken. Was eine „wesentliche Veränderung" sei, ist Tatfrage. Das Direktorium des Centralverbandes beantragt, daß auch bei diesen Aenderungen der Betriebsstätte und des Betriebes die Möglichkeit des „Versuchsbetriebes" zugelassen wird.

Endlich ist zu § 147 GO. folgender Zusatz vorgeschlagen: „Liegt zwar eine wesentliche Veränderung vor, hat aber der Unternehmer derartige Maßnahmen getroffen, daß solche Nachteile, Gefahren oder Belästigungen nicht entstehen, so tritt keine Bestrafung ein."

Endlich hat das Direktorium die an das Abgeordneten- und Herrenhaus gerichtete Petition des Vereins „Frauenerwerb" betreffend die obligatorische Ausgestaltung des hauswirtschaftlichen Unterrichts in den Schulen seinerseits befürwortet.

Das Einkommen der Privatbeamten sowie dasjenige der Arbeiter unterliegt nach dem Gesetz betreffend die Beschlagnahme des Arbeits- und Dienstlohnes vom 21. Juni 1869 in seiner jetzigen Fassung, insoweit der Gesamtbetrag die Summe von 1500 M. übersteigt, unbeschränkt der Pfändung. Diese Regelung ist neuerdings zufolge einer Agitation, die von dem Deutschen Bankbeamtenverein und anderen Privatbeamtenvereinen eingeleitet worden ist, als nicht mehr zeitgemäß angefochten. Von den Vereinen wurde namentlich eine Revision der gesetzlichen Bestimmungen nach der Richtung hin verlangt, daß die Privatbeamten in betreff der Pfändungsbeschränkung den öffentlichen Beamten gleichgestellt würden. Der Herr Staatssekretär des Innern ersuchte den Centralverband um eine gutachtliche Aeußerung darüber — da die Gleichstellung der Privatbeamten mit den Staatsbeamten nicht in Frage kommen könne —, ob die wirtschaftlichen Verhältnisse sich inzwischen wesentlich geändert hätten und ob die Grenze des pfandfreien Einkommens für Beamte und Arbeiter gleichmäßig zu erhöhen wäre. Das Direktorium gab sein Gutachten dahin ab, daß sich eine Abänderung des Lohnbeschlagnahmegesetzes vom 21. Juni 1869 in seiner jetzt geltenden Fassung nicht empfehle. Es wurde dabei u. a. darauf hingewiesen, daß für eine Arbeiterfamilie ein Einkommen von 1500 M. auch bei den heutigen Lebensverhältnissen ausreichend sei; eine Erhöhung der Pfändungsgrenze würde auf den Arbeiterstand nur weiter demoralisierend einwirken. Wenn auch nicht zu verkennen sei, daß der Durchschnitt der verheirateten Privatbeamten bedeutendere Aufwendungen benötigt als der Arbeiter, so spricht gegen eine Erhöhung der Pfändungsgrenze auch der Umstand, daß vielfach die Grenze zwischen beiden Klassen flüssig ist — man denke an die Werkmeister, Vorarbeiter, kleineren Betriebsleiter usw. —, so daß in der Praxis leicht Schwierigkeiten bei der Durchführung veränderter Bestimmungen zugunsten der Privatangestellten entstehen könnten.

Auf dem Gebiet des Patentwesens hat eine von dem Centralverbande eingesetzte Kommission sich in ihren Sitzungen am 9. und 10. März 1908 sehr eingehend mit folgenden Angelegenheiten beschäftigt: die Gestaltung des Vorprüfungsverfahrens; die Patentgebühren; die Gerichtsbarkeit in Patentsachen; die Abhängigkeit der Patente; der Ausübungszwang unter Bezugnahme auf die englische neueste Gesetzgebung; das Recht der Angestellten an ihren Erfindungen. Der ausführliche Bericht über diese Verhandlungen ist in Heft 109 dieser „Verhandlungen, Mitteilungen und Berichte" Seite 6 abgedruckt.

Der Verein Deutscher Werkzeugmaschinenfabriken hat im Jahre 1906 den Herrn Staatssekretär des Reichsmarineamts gebeten, seine Bestrebungen zur Einführung eines deutschen (metrischen) Bohrkegelsystems an Stelle des bisher allgemein gebräuchlichen amerikanischen Morsesystems durch entsprechende Anweisung der dem Reichsmarineamt unterstellten Behörden zu unterstützen. Gegen diese Bestrebungen ist von einem Teil deutscher Bohrerfabrikanten Einspruch erhoben worden, da von der Seite der Werkzeugfabrikanten durch die teilweise Einführung eines neuen Kegelsystems eine schwere wirtschaftliche Schädigung der gesamten Spiralbohrerindustrie befürchtet wurde.

Infolge dieser einander gegenüberstehenden Interessen hat der Herr Staatssekretär des Reichsmarineamts den Verein Deutscher Werkzeugmaschinenfabriken dahin beschieden, daß, bevor nicht eine Einigung zwischen den Werkzeugmaschinenfabriken und den Werkzeugfabrikanten zustande gekommen sei, er nicht in der Lage wäre, der Angelegenheit näherzutreten. Einen ähnlichen Standpunkt hat auch der Herr Minister der öffentlichen Arbeiten eingenommen. Neuerdings ist der Verein der Deutschen Werkzeugmaschinenfabriken nochmals auf diese Frage zurückgekommen und hat sich über den gegenwärtigen Stand derselben dahin geäußert: Die deutsche Werkzeugindustrie und der deutsche Werkzeugmaschinenbau seien bereit, erstere, die deutschen Kegel ohne Preisaufschlag zu liefern, letztere, sie zu verwenden. Wenn eine Gruppe von Werkzeugfabriken der Einführung dieses Kegels entgegenarbeite, so sei das kein triftiger Grund, eine solche nationalwirtschaftliche Neuerung in staatlichen Betrieben hintanzuhalten. Daraufhin hat der Herr Minister für Handel und Gewerbe den Centralverband um Aufklärung ersucht und zur Mitteilung der Stellungnahme des Direktoriums zu dieser Frage aufgefordert. Nach Benehmen mit den hier in Betracht kommenden Interessenten und Verbänden ist dem Herrn Handelsminister im Oktober vorigen Jahres berichtet worden, daß, rein technisch betrachtet, das metrische System das vollendetere sei. Es sei auch nicht zu bestreiten, daß bei dem Morsekonus eine gewisse Systemlosigkeit und Unbestimmtheit vorläge, die der Verbesserung bedürfte. Ausschlaggebend seien aber bei dieser Frage wirtschaftliche Gesichtspunkte, die entschieden von einem einseitigen Vorgehen deutscherseits abraten. Mit Rücksicht darauf, daß der Morsekonus in allen Ländern der Erde marktgängig und namentlich in England und Amerika der herrschende ist, und in Erwägung der wirtschaftlichen Schädigung sowohl der Fabrikanten wie der Verbraucher, falls man in Deutschland einseitig mit der Einführung des metrischen Bohrkegelsystems vorgehen würde, bat das Direktorium den Herrn Minister, dahin zu wirken, daß der metrische Konus im Wege internationaler Verständigung zur Einführung gelange.

Die vom Centralverband eingesetzte Kommission zur Beratung des Entwurfs eines Elektrizitäts- und Gassteuergesetzes, an der als Vertreter des Reichsschatzamts Herr Geh. Regierungsrat Dr. Weber teilnahm, hielt am 24. November 1908 ihre Sitzung ab. Der Bericht über die Verhandlungen und die von der Kommission gefaßten Beschlüsse sind in Heft 112 dieser „Verhandlungen, Mitteilungen und Berichte" Seite 1 ff. abgedruckt.

Auf Grund der Verhandlungen in der Interessengemeinschaft sind dem preußischen Herrn Finanzminister die großen Bedenken der Industrie gegen den Entwurf einer Gesellschaftssteuer und gegen die Doppelbesteuerung in einer eingehenden Denkschrift und auch mündlich von einer Abordnung der Interessengemeinschaft dargelegt worden. Ferner wurden die Wünsche und Anträge der Industrie zu dem Entwurf betreffend die Abänderung des Gesetzes zur Abwehr und Unterdrückung von Viehseuchen dem Reichstag übermittelt.

Für den Bereich der Königlich Preußischen und Großherzoglich Hessischen Staats-Eisenbahnverwaltung besteht die Bestimmung, daß der Lieferant für seine sämtlichen Lieferungen an preußische und hessische Eisenbahnbehörden eine Generalkaution bei einer dieser Behörden hinterlegen kann. Ein Mitglied des Centralverbandes hatte angeregt, diese Bestimmung auch auf die sämtlichen dem preußischen Herrn Handelsminister unterstehenden Bergbehörden auszudehnen. Der Centralverband hat nach gehaltener Rückfrage bei seinen Verbänden und Vereinen den Herrn Minister für Handel und Gewerbe gebeten, die Hinterlegung einer Generalkaution neben den bereits bestehenden Formen der Sicherheitsleistung für den Bereich eines Oberbergamts zu gestatten und als Form der Hinterlegung dieser Generalkaution in erster Linie Avalwechsel erstklassiger Bankhäuser zuzulassen.

Am 1. Januar 1910 wird das Gesetz über den Privatversicherungsvertrag in Kraft treten. Damit ist eine den Bestimmungen des Gesetzes entsprechende Aenderung der gegenwärtig geltenden allgemeinen Bedingungen für den Abschluß einer Feuerversicherung notwendig geworden. Die in Deutschland arbeitenden privaten, sowohl die Gesellschaften auf Aktien, wie die Gegenseitigkeitsgesellschaften (Versicherungsgesellschaften) haben inzwischen gemeinsam einen Entwurf für neue allgemeine Versicherungsbedingungen für Feuerversicherung, sowie einen Entwurf von Sicherheitsvorschriften für Fabriken und gewerbliche Anlagen aufgestellt. Das Direktorium des Centralverbandes hatte zur Beratung dieser Entwürfe die im Jahre 1902 gebildete Kommission des Centralverbandes für Feuerversicherungswesen, bestehend aus 27 Mitgliedern, zu einer Sitzung am 21. März d. J. berufen, die eine Reihe von Abänderungsvorschlägen beschlossen hat. Die Kommission hatte ferner drei Vertreter aus ihrer Mitte, die Herren: Direktor Correns, Gr.-Lichterfelde, Kommerzienrat C. O. Langen, M.-Gladbach, und Generaldirektor von Prondzynski, Groschowitz (Bez. Oppeln), benannt, die als Vertreter des Centralverbandes an der Beratung der Entwürfe teilgenommen haben, die am 30. April von dem Reichsaufsichtsamt zwischen Vertretern der Feuerversicherungsgesellschaften und Vertretern von Industrie, Gewerbe und Handel veranstaltet wären.

In der Sitzung des Direktoriums vom 6. Januar 1908 hat Herr Geh. Kommerzienrat Kirdorf sich wegen seines unbefriedigenden Gesundheitszustandes veranlaßt gesehen, sein Amt als erster stellvertretender Vorsitzender niederzulegen. An seine Stelle wurde Herr Landrat Rötger-Essen zum ersten stellvertretenden Vorsitzenden gewählt.

In der Sitzung des Direktoriums vom 6. Januar 1909 legte Herr Hüttenbesitzer Richard von Vopelius, Mitglied des Herrenhauses, aus Gesundheitsrücksichten und in Anbetracht des vorgerückten Alters sein Amt als Vorsitzender des Centralverbandes nieder. An seine Stelle wurde der bisherige erste stellvertretende Vorsitzende Herr Landrat Rötger zum Vorsitzenden und, da Herr Geh. Reg.-Rat Koenig, der zweite Stellvertreter, wegen der außerordentlichen Inanspruchnahme in seiner Stellung als Vorsitzender des Vereins der deutschen Zucker-Industrie, entschieden ablehnte, in die frei gewordene

Stellung einzurücken, Herr Baurat Dr.-Ing. von Rieppel zum ersten stellvertretenden Vorsitzenden gewählt.

Um den Mitgliedern des Centralverbandes bei der Besorgung ihrer Rechtsangelegenheiten im Auslande zuverlässige Rechtsauskünfte erteilen und bei der Rechtsverfolgung wirksame Unterstützung leisten zu können, hat das Direktorium in seiner Sitzung vom 16. September v. J. beschlossen, die Errichtung eines Instituts für ausländisches Recht zu bewerkstelligen. Hierzu ist der Centralverband mit dem Vorsitzenden der Vereinigung für vergleichende Rechtswissenschaft und Volkswirtschaftslehre, Herrn Kammergerichtsrat Dr. Felix Meyer, in Verbindung getreten. Die Geschäftsführung des Instituts, das vorläufig dem Centralverbande als besondere Abteilung angegliedert worden ist, liegt bis auf weiteres in den Händen des Regierungsrats Dr. Bartels, des ersten Stellvertreters des geschäftsführenden Mitgliedes im Direktorium. Alle Anfragen sind an die Geschäftsführung des Centralverbandes zu richten. Das Institut erteilt Auskünfte und erstattet Gutachten in allen ausländischen Rechtsfragen des öffentlichen und privaten Rechts, insbesondere gibt es auch im einzelnen Ratschläge darüber, ob sich eine Angelegenheit zur Rechtsverfolgung im Auslande eignet, und an welcher Stelle sie gegebenenfalls dort anhängig zu machen ist. Ferner werden von ihm zuverlässige auswärtige Rechtsanwälte empfohlen und auch Honorare mit diesen vereinbart. Um möglichst weiten Kreisen die Vorteile des Instituts zugängig machen zu können, ist ein Abonnement eingeführt worden, das mit 100 M. beginnt. Hierfür werden fünf Auskünfte oder Gutachten erteilt. Abonnent kann jedes Einzelmitglied des Centralverbandes, auch jedes Mitglied einer angeschlossenen Vereinigung werden. Letztere können nur für sich selbst, nicht für ihre Mitglieder abonnieren. Ohne Abonnement erhalten Mitglieder des Centralverbandes oder einer ihm angeschlossenen Vereinigung Gutachten und Auskünfte zum Betrage von je 30 M. Wir machen auch an dieser Stelle alle Mitglieder des Centralverbandes auf die Vorteile aufmerksam, die dieses Institut insbesondere durch sein Abonnement bietet; die Kosten sind im Vergleich zu den sehr hohen Gebühren, die an Rechtsanwälte des In- und Auslandes zu zahlen sind, als ganz außerordentlich niedrig zu bezeichnen.

Die Zollauskunftsstelle des Centralverbandes ist in der Berichtsperiode in sehr erheblichem Umfange von den Mitgliedern in Anspruch genommen worden, was wohl als ein Beweis dafür angesehen werden kann, daß die Auskünfte zuverlässig und erschöpfend gegeben werden. Es sind schriftlich sowie auch mündlich Auskünfte erteilt worden über die Handelsverträge und Zollverhältnisse folgender Länder: Belgien, Bulgarien, Dänemark, Finnland, Frankreich, Griechenland, Großbritannien, Italien, Niederlande, Norwegen, Oesterreich, Portugal, Rumänien, Rußland, Schweden, Schweiz, Serbien, Spanien und Türkei. Von den außereuropäischen Ländern kamen bei den Anfragen insbesondere folgende Staaten in Betracht: Vereinigte Staaten von Nordamerika, Bolivien, Brasilien, Canada, Chile, Paraguay, Uruguay, Venezuela, Aegypten, Südafrikanischer Zollverein, Australischer Bund, Neuseeland, China und Japan.

Von der Kartellstelle des Centralverbandes ist eine Reihe von Auskünften und Ratschlägen zur Bildung von Konventionen, Kartellen, Syndikaten und Interessengemeinschaften erteilt, sowie eine Schrift über „Kartellgesetzgebung und Kartellentwickelung" herausgegeben worden.

Auf Anregung des Germanischen Museums zu Nürnberg ist auch der Centralverband demselben seit dem Jahre 1908 als Mitglied beigetreten.

Im Verlage von R. Oldenbourg-München erscheinen die Veröffentlichungen des Deutschen Vereins für Volkshygiene, die für die weitesten Kreise, insbesondere auch für die industriellen Arbeiter von Wert und Bedeutung sind. Auf Anregung des Vereins für Volkshygiene hat der Centralverband mehr als 3000 Exemplare von den nachstehenden Heften in dem Kreise seiner Mitglieder zu dem Preise von 12 Pf. für das Stück zur Verteilung gebracht:

Heft 1: „Verhütung der Tuberkulose" von Prof. Dr. v. Leyden;
Heft 4: „Gesundheit und Alkohol" von Prof. Dr. Fraenkel;
Heft 11: „Grundsätze der Ernährung für Gesunde und Kranke" von Prof. Dr. v. Leyden.
Heft 13: „Die Pflege des Kindes in den zwei ersten Lebensjahren" von Prof. A. Schloßmann, und
Heft 7: „Die Gesundheitspflege auf dem Lande" von Kreisarzt Dr. Nickel.

Zu dem Werk „Der Centralverband Deutscher Industrieller 1876 bis 1901", verfaßt von dem geschäftsführenden Mitglied des Direktoriums H. A. Bueck, dessen I. Band 1902 und Band II und III 1905 erschienen, ist auf vielfachen Wunsch inzwischen ein „Sach- und Namenregister" herausgegeben worden, das den Gebrauch des für Nachschlagezwecke überall als wertvoll anerkannten 2200 Seiten umfassenden Werkes wesentlich erleichtert. Sämtlichen Besitzern dieses Werkes ist das Register von der Geschäftsstelle des Centralverbandes unentgeltlich zugesandt worden. Der Gesamtpreis für das Werk einschließlich Register ist nunmehr auf 10 M. festgesetzt. Wir gestatten uns, allen Mitgliedern und Freunden des Centralverbandes, die dieses Werk noch nicht besitzen, dasselbe zur Anschaffung angelegentlichst zu empfehlen. Neuerdings sind Bestrebungen in verschärftem Maße hervorgetreten, die Tätigkeit und die Tendenz des Centralverbandes in falschem Licht darzustellen. Seine Geschichte aber zeigt unwiderleglich, wie er von Anfang an unermüdlich und erfolgreich zum Schutze der nationalen Arbeit und zum Ausbau einer maßvollen, verständigen Sozialpolitik, sowie überhaupt für die allgemeinen Interessen der Industrie gewirkt hat. Gerade jetzt befinden wir uns in einer neuen Periode übermäßiger sozialpolitischer Reglementierung und Belastung der industriellen Betriebe durch die Gesetzgebung. Da erscheint ein Rückblick auf die Entwickelung der Dinge um so mehr angebracht und die Benutzung der im Centralverbande gemachten Erfahrungen in dem Kampfe für die berechtigten Interessen der Industrie wünschenswert. Das Bueck'sche Werk schildert im I. Bande die politische und wirtschaftliche Entwickelung Deutschlands im 19. Jahrhundert, es behandelt im II. Bande die Arbeiterversicherung und im III. Bande den Arbeiterschutz.

Die jetzt im Werke befindliche Umgestaltung der Arbeiterversicherungsgesetze durch die jüngst veröffentlichte „Reichsversicherungsordnung" wird die Aufmerksamkeit auf das hier in Rede stehende Werk lenken; denn in dem zweiten Bande sind bezüglich der Kranken-, Unfall- und Invalidenversicherung alle Phasen, die diese Gesetzgebung durchgemacht hat, alle Vorlagen der Verbündeten Regierungen, die betreffenden Reichstagsverhandlungen, die Verhandlungen im Centralverbande mit genauer Quellenangabe enthalten. Das Werk bietet ein leicht faßliches und gründliches Material zum Studium der Arbeiterversicherungsfrage.

Druck: Deutscher Verlag (Ges. m. b. H.), Berlin SW 11. 96737

FSC
www.fsc.org
MIX
Papier | Fördert gute Waldnutzung
FSC® C083411

Kolibri 360 GmbH
Ferdinand-Jühlke-Straße 7
99095 Erfurt, Deutschland
produktsicherheit@kolibri360.de